Read it as
it is

原汁原味的语文书

郭初阳／编

人民文学出版社

本书部分文字作品著作权由中国文字著作权协会授权，电话:010-65978917，
传真:010-65978926,E-mail: wenzhuxie@126.com。

图书在版编目(CIP)数据

原汁原味的语文书／郭初阳编. -- 北京 ：人民文
学出版社，2025（2025.6重印）. -- ISBN 978-7-02-019068-3

Ⅰ. G624.203

中国国家版本馆 CIP 数据核字第 2024JH3268 号

选题策划　脚　印
责任编辑　张梦瑶
装帧设计　李思安
责任印制　苏文强

出版发行　人民文学出版社
社　　址　北京市朝内大街 166 号
邮政编码　100705

印　　刷　三河市中晟雅豪印务有限公司
经　　销　全国新华书店等

字　　数　271 千字
开　　本　850 毫米×1168 毫米　1/32
印　　张　12.5 插页 4
印　　数　16001—20000
版　　次　2025 年 2 月北京第 1 版
印　　次　2025 年 6 月第 3 次印刷

书　　号　978-7-02-019068-3
定　　价　58.00 元

如有印装质量问题，请与本社图书销售中心调换。电话:010-65233595

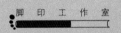

脚 印 工 作 室

·编选说明·

本书收录了小学语文教材中与原作内容有较大出入的经典篇目，将这些篇目的原作汇编成书。所选文章为编者核对原著遴选的可信版本，力求呈现名家名作的原貌。

由于书中文章的写作年代跨度较大，且现代汉语的使用标准历经多次修订，为避免给学生阅读带来困扰和误解，我们按照现行的汉语使用标准，对文章中的标点符号进行了规范处理，并纠正了明显的手误和排印错误。同时，针对民国时期及新中国成立初期常用，但现在看来不太规范的混用的同音字、异体字，我们也进行了仔细地核对和修正。

此外，为了保存作者语言的历史风貌，一些拗口的句式、拟声词或类似字词未做改动。其中《呼兰河传（节选一）》《呼兰河传（节选二）》两篇作为特例，完全按照所选版本呈现，未做任何改动，希望为读者提供作家创作的原始风貌，增加更为丰富的阅读体验。

目　录

·四年级·

一
年
级

大萝卜 *

老头种了萝卜，说："长呀，长呀，萝卜呀，要长得甜！长呀，长呀，萝卜呀，要长得壮！"

萝卜长得又甜，又壮，又大，大得了不得。

老头去拔萝卜，拔了又拔，也拔不动。

老头招呼老婆。

老婆拉着老头，老头拉着萝卜——拔了又拔，也拔不动。

老婆招呼孙女。

孙女拉着老婆，老婆拉着老头，老头拉着萝卜——拔了又拔，也拔不动。

孙女招呼黑狗。

黑狗拉着孙女，孙女拉着老婆，老婆拉着老头，老头

* 作者为苏联作家阿·托尔斯泰，选自《大萝卜》，司徒贞译，耕耘出版社，1950年6月版。

拉着萝卜——拔了又拔，也拔不动。

黑狗招呼女猫。

女猫拉着黑狗，黑狗拉着孙女，孙女拉着老婆，老婆拉着老头，老头拉着萝卜——拔了又拔，也拔不动。

女猫招呼老鼠。

老鼠拉着女猫，女猫拉着黑狗，黑狗拉着孙女，孙女拉着老婆，老婆拉着老头，老头拉着萝卜——拔了又拔，才把萝卜拔出来了。

影 子 *

影子在前，
影子在后，
影子是只小黑狗；
常常跟着我。

影子在左，
影子在右，
影子是个好朋友；
常常陪着我。

* 作者为中国台湾儿童文学作家林焕彰，选自《我的童年在长大》，浙江少年儿童
出版社，2017 年 7 月版。

口渴的冠乌 *

　　冠乌口渴，来到一只水罐旁边，使劲推它，但水罐立得很稳，推不倒。冠乌想起了他惯用的手法，把石子投在水罐里，罐底石子增多，水面逐渐上升。这样，冠乌便喝到水，解了渴。

　　由此可见，力气敌不过智慧。

大鸦和狐狸 *

大鸦抢到一块肉，落在大树上。狐狸看见了，想得到那块肉，便站在树下，夸大鸦高大、漂亮，说他最适于做鸟类的王，要是他能发出声音，那就毫无疑问了。大鸦想表明他能发出声音，便放开肉，大叫起来。狐狸跑上去，抢到那块肉，说道："喂，大鸦，假如你有头脑，你做鸟类的王就没有问题了。"

这故事适用于愚蠢的人。

* 选自《伊索寓言》，罗念生等译，人民文学出版社，1981 年 9 月版。

"咕咚" *

从前有一口湖，湖边有一片木瓜林。木瓜林里住着六只兔子。有一次，一个木瓜熟了，从高高的树上落进湖水里，"咕咚——"的一声。兔子听见了，不知道是什么，吓得连忙就跑。

一个狐狸看见它们跑，就问：

"你们跑什么？"

兔子答道：

"'咕咚'来了！"

狐狸听见，也连忙就跑。

猴子看见狐狸跑，就问：

"你们跑什么？"

狐狸答道：

"'咕咚'来了！"

猴子听见，也连忙就跑。

这样一个传一个，鹿、猪、水牛、犀牛、大象、狗熊、马熊、豹、老虎、狮子……一个跟着一个，都跑起来了。

＊ 选自《民间童话故事选》，中国社会科学院文学研究所民间文学室主编，董森、肖莉编，北京出版社，1979 年 4 月版。本故事流传于西藏，译者为王沂暖。

大家闷着头拼命跑，越跑越害怕。

山脚下有一个长毛狮子，看见狮子们这样跑，就问：

"你们有爪子，有牙，力气最大，跑什么？"

"'咕咚'来了！"跑的狮子回答道。

"'咕咚'是什么？在哪里？"长毛狮子问。

"不知道。"跑的狮子回答。

"别乱跑！要打听明白了！谁跟你们说的？"长毛狮子问。

"老虎说的。"跑的狮子回答。

长毛狮子又问老虎，老虎说："豹说的。"

问豹，豹说："马熊说的。"

问马熊，马熊说："狗熊说的。"

于是又问狗熊、大象、犀牛、水牛、猪、鹿，这样一个一个地追问，都说是别人说的。

最后问到狐狸，狐狸回答道：

"是兔子说的。"

长毛狮子又问兔子，兔子回答道：

"这个可怕的'咕咚'，是我们六个亲耳听见的。你跟我们来，我们指给你那个地方。"

于是兔子把长毛狮子领着，到了木瓜林旁边，指了一指，说：

"'咕咚'在那里。"

恰巧，这时候，又有一个木瓜从树上落下来，落进湖水里，"咕咚——"的一声。

长毛狮子说道：

"你们这些人！现在都看见了，这是木瓜落到水里的声音，有什么可怕的？看把你们的四只脚都要跑掉了！"

大家这才松了一口气，白受了一场虚惊。

二年级

一匹出色的马*

一个春天的傍晚，妈妈拉着妹妹，爸爸拉着我，一起到郊外去散步。

我们沿着一条小河走去：河水青碧，河岸上栽着一行垂柳。我们在下面走过，垂下来的柳叶，拂着了妈妈和爸爸的头发，我和妹妹看得都笑了。

路的一边是田野，青青绿绿的非常可爱，像一片柔软的绿毯。

春天的郊外，景色非常美丽，我们一边看，一边走，路已经走得不少，却还恋恋地不舍得回去。

当我们回去的时候，妹妹要求妈妈抱她，她说："我吃力，我走不动了。"

妈妈摇摇头回答她说："不，我也吃力，抱不起你走了。"

妹妹转过头来向爸爸要求。爸爸不作声，他放下了我的手，拿出小刀，从路旁一株柳树上，削下一根又长又细的丫枝，把这递给了妹妹说："这是一匹出色的马，你跑不动路了，就骑着回家吧。"

妹妹高兴地跨上马去，蹦蹦跳跳地奔向前去，等我们回到家里，她早已在门口迎接我们，笑着说："我早回来啦！"

---

* 作者为中国现代儿童文学作家、教育家陈伯吹，原载《小朋友》，1947年第831期。

小马过溪*

　　一座山里，住着一匹老马和一匹小马。小马整天跟着妈妈，从不离开一步。

　　一天，老马跟小马说："宝宝，你已经是个大孩子了，能独个儿帮妈妈做些事吗？"小马点点头说："怎么不能？我可挺愿意呢。"老马高兴透了："好哇，那么把这四十斤麦子背到面坊去吧！"小马说："可是，妈妈，——你得陪着我！"老马说："我陪着就不是你'独个儿'去啦，那还要你帮什么忙！"

　　小马没有办法，只好独个儿去了。半路上，遇到一条小溪，

溪水像匹大白布似的拦在前面，哗啦啦地响着。这一来，小马可呆住了："过去呢，还是不过去？妈妈不在身边，怎么办呵？"它拼命朝后面望，真希望妈妈会突然在自

*　作者为中国当代儿童文学作家彭文席，原载《新少年报》，1956 年 2 月 13 日第 6 版。文中三幅插图为中国当代导演、编剧、画家特伟所画。

己身边出现……但是，看来看去，只看见一头老牛在亭子里车水，便连忙"嘀嘀嗒嗒"地跑过去，叫着：

"牛伯伯，请你告诉我，我能过溪去吗？"

"水很浅呐，不到小腿，能过去的。"

小马一听，立刻便朝溪边跑去。这时，不知谁在树上"吱吱"地笑起来，抬头一看，是松鼠。松鼠摇着大尾巴，说："小马，你可别听老牛的话，一下水就会淹死的！"小马问："你怎么知道？"松鼠说："我怎么不知道——昨天，我们的伙伴就是落在水里淹死的！"小马说："牛伯伯说很浅呀！"松鼠说："浅？——浅一样会淹死的！你别听笨牛的话！"

小马只得把蹄子缩回来，不走了。

"唉，还是回家问妈妈吧！"它甩甩长尾巴，"嘀嘀嗒嗒"又往家里跑。

"怎么回来啦？"妈妈很奇怪。

"溪水很深，过……过不去……"小马难为情地说。

"怎么会深呢？昨天你表弟也能过去！它说水只到它肚子那里，很浅。"

"对是对的……牛伯伯也说很浅，说水只到小腿那儿……"

"那你为什么不过去呢？"

"嗯，松鼠说的……说水深，那里淹死过它的伙伴。"

"那到底深还是浅呢？你想过它们的话吗？"

"不……不知道，没有想过……"

"哦，宝宝，光听别人说，不动脑筋想是不行的。如果你一想，那什么都会知道了：牛这样高大，它看溪水当然是浅的；松鼠那么小，一点儿水就能把它淹死，它当然说深了呵！"

小马听妈妈一说，道理懂了，说："妈妈，我再去。"

在路上，小马又看见老牛，老牛笑笑，好像在说："你这个胆小的家伙！"一到河岸，小马刚把前蹄伸到水面，松鼠又"吱吱"地叫着："你这个不要命的家伙！……"小马没有理睬他们，心想：我现在不光听你们的话啦，我会自己动脑筋呢！

小马一下水，水刚好到膝盖，不像老牛说的那么浅，也不像松鼠说的那么深。

"扑通！""扑通！"小马跑过小溪去了。

小毛虫 *

一只小毛虫趴在一片叶子上，用新奇的目光观察着周围的一切：各种昆虫欢歌曼舞，飞的飞，跑的跑，又是唱，又是跳……到处生机勃勃。只有它，可怜的小毛虫，被抛弃在一旁，既不会跑，也不会飞。

小毛虫费尽九牛二虎之力，才能挪动一点点。当它笨拙地从一片叶子爬到另一片叶子上时，自己觉得，就像是周游了整个世界。

尽管如此，它并不悲观失望，也不羡慕任何人，它懂得：每个人都有各自该做的事情。它，一只小小的毛虫，应该学会吐纤细的银丝，为自己编织一间牢固的茧房。

小毛虫一刻也没有迟疑，尽心竭力地做着工作，临近期限的时候，把自己从头到脚裹进了温暖的茧子里。

"以后会怎么样？"与世隔绝的小毛虫问。

"一切都将按自己的规律发展！"小毛虫听到一个声音在回答，"要耐心些，以后你会明白的。"

时辰到了，它清醒过来，但它已不再是以前那只笨手笨脚的

* 作者为意大利画家、自然科学家、工程师达·芬奇，选自《达·芬奇寓言故事》，张复生译，人民文学出版社，2007 年 7 月版。

小毛虫。它灵巧地从茧子里挣脱出来，惊奇地发现自己身上生出一对轻盈的翅膀，上面布满色彩斑斓的花纹。它高兴地舞动了一下双翅，竟像一团绒毛，从叶子上飘然而起，它飞啊飞，渐渐地消失在蓝色的雾霭之中。

· 另一种译本 ·

毛　虫 *

　　世界在不停地变化中。自然界任何东西都在运动，而且没有终了。不论是谁和谁，都是如此，毛虫也不例外。

　　毛虫蜷缩在一片绿叶上，在他的四周，有的动物在歌唱，有的在奔跑，有的在飞翔。没有不在运动的昆虫，没有静止的水滴，没有静止的树叶。只有可怜的毛虫发不出声音，没有力量奔跑和飞翔。

　　如果说，他能动的话，只能动一点点，而且感到那么累，又那么迟缓。他从一片叶子爬到另一片叶子，就觉得整个世界都翻了一个个儿。

　　但是，毛虫从来不忌妒比他强的人。他知道，他只是一只毛虫，而且知道，他这样的毛虫应当学会拉出极细的丝，以精湛的技艺织出自己的小屋。

　　因此，他非常勤奋地工作。最后，把自己包在与世隔绝的丝的茧里。

* 选自《达·芬奇寓言集》，吴广孝译，浙江文艺出版社，1999 年 5 月版。

毛虫尽了自己的职责。今后他怎么办呢？他能做些什么呢？

"现在，我怎么办呢？"毛虫叹息着问。

"现在，你要等待，"一个声音回答他，"你要有点耐心，等着瞧吧！"

这种声音安慰着毛虫，使他进入梦乡。当他醒来时，一切都变得令人惊异，一切都变得与过去不同了。

他带着一双五彩缤纷的翅膀从茧中飞出来，立刻飞上了天空。

大自然赐给每个人相同的机会，毛虫具有善于等待的美德，他才脱颖而出，飞上天空。

三年级

花的学校 *

当雷云在天上轰响，六月的阵雨落下的时候，

润湿的东风走过荒野，在竹林中吹着口笛。

于是一群一群的花从无人知道的地方突然跑出来，在绿草上狂欢地跳着舞。

妈妈，我真的觉得那群花朵是在地下的学校里上学。

它们关了门做功课。如果它们想在散学以前出来游戏，它们的老师是要罚它们站壁角的。

雨一来，它们便放假了。

树枝在林中互相碰触着，绿叶在狂风里萧萧地响，雷云拍着大手。这时花孩子们便穿了紫的、黄的、白的衣裳，冲了出来。

你可知道，妈妈，它们的家是在天上，在星星所住的地方。

你没有看见它们怎样地急着要到那儿去吗？你不知道它们为

＊ 作者为印度诗人泰戈尔，选自《新月集 飞鸟集》，郑振铎译，湖南人民出版社，1981 年 8 月版。

什么那样急急忙忙么？

我自然能够猜得出它们是对谁扬起双臂来：它们也有它们的妈妈，就像我有我自己的妈妈一样。

卖火柴的小女孩 [*]

天气冷得可怕，正在下雪。黑暗的夜幕开始垂下来了。这是这年最后的一夜——新年的前夕。在这样的寒冷和黑暗中，有一个光头赤脚的小女孩正在街上走着。她离开家的时候还穿着一双拖鞋，那是一双非常大的拖鞋——那么大，最近她妈妈一直在穿着它。当她匆忙地越过街道的时候，两辆马车飞奔着闯过来，弄得这小姑娘把鞋跑掉了。有一只她怎样也寻不到，另一只又被一个男孩子捡起来，拿着逃走了。他还说，等他自己将来有孩子的时候，他可以把它当作一个摇篮来使用。

现在这小姑娘只好赤着一双小脚走。小脚已经冻得发红发青了。她有许多火柴包在一个旧围裙里，她手中还拿着一扎。这一整天谁也没有向她买过一根，谁也没有给她一个铜板。

可怜的小姑娘！她又饿又冻地向前走，简直是一幅愁苦的画面。雪花落到她金黄的长头发上——它拳曲地铺散在她的肩上，看起来非常美丽。不过她并没有想到自己的漂亮。所有的窗子都射出光来，街上飘着一股烤鹅肉 ❶ 的香味。的确，这是除夕。她在想

---

* 作者为丹麦儿童文学作家安徒生，选自《安徒生童话故事集》，叶君健译，人民文学出版社，2005 年 4 月版。

❶ 烤鹅肉是丹麦圣诞节和除夕晚餐中的一个主菜。

这件事情。

　　她在两座房子——有一座向着街心比另一座更伸出一点——所形成的一个墙角里坐下来，缩作一团。她把她的一双小脚也缩进来，不过这样她感到更冷。她不敢回到家里去，因为她没有卖掉一根火柴，没有赚到一个铜板，她的父亲一定会打她，而且家里也是很冷的。他们头上只有一个屋顶，风可以从那上面灌进来，虽然最大的裂口已经用草和破布堵住了。

　　她的一双小手几乎冻僵了。唉！哪怕一根小火柴对她也是有好处的。只要她抽出一根火柴，在墙上擦燃，就可以暖手！最后她抽出一根来了。哧！它燃起来了，冒出火光来了！当她把手覆在它上面的时候，它便变成了一束温暖、光明的火焰，像一根小小的蜡烛。这是一道美丽的小光！小姑娘觉得真像坐在一个铁火炉旁边一样：它有光亮的黄铜圆捏手和黄铜炉身。火烧得那么欢，那么暖，那么美！唉，这是怎么一回事儿？当小姑娘刚刚伸出她的一双脚、打算把它们暖一下的时候，火焰就忽然熄灭了！火炉也不见了。她坐在那儿，手中只有烧过了的火柴。

　　她又擦了一根。它燃起来了，发出光来了。墙上有亮光照着的那块地方，现在变得透明，像一片薄纱；她可以看到房间里的东西：桌上铺着雪白的台布，上面有精致的碗盘，盘中盛满了梅子、苹果和冒着香气的烤鹅。更美妙的是：鹅从盘子里跳出来了，它背上插着刀叉，蹒跚地在地上走着，一直向这个穷苦的小姑娘面前走来。这时火柴就熄灭了；她面前只有一堵又厚又冷的墙。

　　她点了另一根火柴。现在她是坐在美丽的圣诞树下面。它比上次圣诞节时她透过玻璃门所看到的一个富有商人家里的那株还要大，还要美。它的绿枝上燃着有几千支蜡烛，彩色的图画，跟橱窗里挂着的那些一样美丽，在向她眨眼。这个小姑娘把她的两只手伸过去，于是火柴就熄灭了。圣诞树的烛光越升越高，她看到它们现在变成了明亮的星星。这些星星有一颗落下来了，在天上划出一条长长的火丝。

"现在又有一个什么人死去了❶。"小姑娘说，因为她的老祖母——她是唯一对她好的人，但是现在已经死了——曾经说过：天上落下一颗星，地上就有一个灵魂升到上帝那儿去。

她在墙上又擦了一根火柴，它把四周都照亮了，在这亮光中老祖母出现了。她显得那么光明，那么温柔，那么和蔼。

"祖母！"小姑娘叫起来，"啊！请把我带走吧！我知道，这火柴一灭掉，你就会不见了，你就会像那个温暖的火炉，那只美丽的烤鹅，那棵幸福的圣诞树一样不见了！"

于是她急忙把剩下的火柴都擦亮了，因为她非常想把祖母留住。这些火柴发出强烈的光芒，照得比大白天还要明亮。祖母从来没有像现在这样显得美丽和高大。她把小姑娘抱起来，搂到怀里。她们两人在光明和快乐中飞走了，越飞越高，飞到既没有寒冷，又没有饥饿，也没有忧愁的那块地方——她们是跟上帝在一起。

就在一个寒冷的清晨，这个小姑娘坐在一个墙角里，她的双颊通红，嘴唇发出微笑，她已经死了——在旧年的除夕冻死了。新年的太阳升起来了，照着她小小的尸体！她坐在那儿，手中还

---

❶ 北欧民间传说：世界上有一个人，天上便有一颗星。一颗星的陨落象征一个人的死亡。

捏着火柴——其中有一束差不多都烧光了。

"她想把自己暖一下。"人们说。谁也不知道：她曾经看到过多么美丽的东西，她曾经是多么快乐地跟祖母一起，走到新年的幸福中去。

（1846）

总也倒不了的老屋*

老屋已经活了一百多岁了，窗户变成了黑窟窿，门板也破了洞。很久很久没人在这里住了。

"好了，我到了倒下的时候了！"老屋自言自语着，准备往旁边倒去。

"等等，老屋！"小小的声音在门前响起，"再过一个晚上，行吗？今天晚上有暴风雨，我找不到一个安心睡觉的地方。"

老屋低头看看，把老花的眼睛使劲往前凑："哦，哦，是小猫啊。好吧，我就再站一个晚上。"

第二天，天晴了，小猫从门上的破洞跳出去："谢谢老屋！"

老屋说："再见！好了，我到了倒下的时候了！"

"等等，老屋！"小小的声音在门前响起，"再过二十七天❶，行吗？主人想拿走我的蛋，可是我想孵出自己的鸡娃，我找不到安心孵蛋的地方。"

老屋低头看看，墙壁吱吱呀呀地响："哦，哦，是老母鸡啊。好吧，我就再站二十七天。"

---

* 作者为中国当代儿童文学作家慈琪，选自《我讲的故事都不是真的》，人民文学出版社，2020年12月版。
❶ 编者注：原文如此。孵小鸡一般需二十一天。

二十七天后，老母鸡从破窗户里扑簌簌地飞出来，九只小鸡从门板下面叽叽喳喳叫着钻出来："谢谢老屋！"

老屋说："再见！好了，我到了倒下的时候了！"

"等等，老屋！"小小的声音在门前响起，"再过一个冬天，行吗？外面有凶恶的猎人，想把我的皮围在他的脖子上，我找不到一个安心冬眠的地方。"

老屋低头看看，屋顶的灰哗啦啦地往下掉："哦，哦，是熊崽啊。好吧，我就再站一个冬天。"

墙角的小草发芽时，熊崽摇摇晃晃地爬出来："谢谢老屋！"

老屋说："再见！好了，我到了倒下的时候了！"

"等等，老屋！"一个小极了的声音在门前响起，不注意根本听不到，"请再站一会儿吧，我肚子好饿好饿，外面的树丛被砍光了，我找不到一个安心织网的地方。"

老屋低头看看，烟囱呼隆呼隆地响："哦，哦，是小蜘蛛啊。好吧，我就再站一会儿。"

小蜘蛛飞快地爬进屋子，在屋梁上织了一张又大又漂亮的网。一只虫子撞到网上，小蜘蛛马上爬过去吃掉了这顿美餐。

"小蜘蛛，你吃饱了吗？"老屋问。

"没有呢，没有呢。"小蜘蛛一边忙着补网，一边回答，"老屋老屋，我给你讲个故事吧！"

老屋想，这倒很有意思。于是老屋就开始听小蜘蛛讲故事。

小蜘蛛的故事一直没有讲完，因此，老屋到现在还站在那儿，边晒太阳，边听小蜘蛛讲故事呢。

胡萝卜先生的胡子 *

　　胡萝卜先生常常为胡子发愁。可他偏偏有着浓密的胡子，必须每天刮胡子。

　　有一天，胡萝卜先生匆匆忙忙刮了胡子，一边吃着果酱面包一边就上街去了。因为他是个近视眼，就没有发现漏刮了一根胡子。

　　这根胡子长在下巴的右边，胡萝卜先生吃果酱面包的时候，胡子蘸到了甜甜的果酱。对一根胡子来说，果酱是多么好的营养啊！

　　于是胡萝卜先生一步一步走的时候，这根胡子就在一点一点地变长，只要回头看看胡萝卜先生走了多长的路，就可以知道胡萝卜先生的这根胡子已经长了多长。

　　胡萝卜先生还在继续走，因为长胡子被风吹到了身体后面，胡萝卜先生是完全不知道的。

　　在很远的街口，有一个正在放风筝的男孩。他风筝的线实在太短了，他的风筝才飞过了屋顶。

　　胡萝卜先生的胡子刚好在风里飘动着。

---

* 作者为中国当代儿童文学作家王一梅，选自《大头鱼在雨天和晴天》，人民文学出版社，2007年2月版。

"这绳子真是够长的，就是不知道够不够牢固。"小男孩说完就扯了扯胡子。

胡萝卜先生马上觉得有人在后面拉他。

男孩已经确定绳子是牢固的，就剪了一段用来放风筝。

胡萝卜先生就继续往前走。

当他走过鸟太太的树底下时，鸟太太正在找绳子晾小鸟的尿布。

胡萝卜先生的胡子刚好在风里飘动着。

于是，鸟太太剪了长长的一段胡子，系在两根树枝的中间："这下好了，我总算找到了一根够长的绳子。"

胡萝卜先生就这样一直走，他的胡子就这样一直长。当胡萝卜先生走进一家眼镜店的时候，他的胡子就不再发疯一样地长了。由于一路上胡子派了许多用处，已经不是那么长了，就挂在他的肩膀上。胡萝卜先生开始掏钱为他的近视眼买眼镜。

眼镜店的白菜小姐是个非常机灵的女孩，她一边给胡萝卜先生戴上眼镜，一边说："如果你怕不小心把眼镜摔了，那么就在眼镜框上系一根绳子，然后挂在脖子上。"白菜小姐说这些话的时候，就用那根胡子系住了眼镜。

当胡萝卜先生的眼镜不小心从鼻子上滑落下来的时候，他的胡子系住了眼镜。胡萝卜先生说："我的胡子真是太棒了。"

是的，胡萝卜先生的胡子确实是太棒了。大家都这么说。

不会叫的狗 *

　　从前，有一条不会叫的狗。它不会像狗叫，不会像猫叫，也不会像牛那样哞哞叫，更不会像马那样嘶鸣，它真的什么都叫不出来。它是一只孤零零的小狗，不知道它是怎么到了一个没有狗的国家。它并没有发现自己有什么缺陷，是别人使它明白的，它们对它说：

　　"你怎么不叫？"

　　"我不会……我是外来的……"

　　"你这算什么回答呀。你难道不知道狗是会叫的？"

　　"干吗要叫？"

　　"狗会叫，因为它们是狗。它们对过路的二流子叫，对惹人讨厌的猫叫，对着满月叫。它们高兴的时候叫，神经紧张的时候叫，发怒的时候也叫。白天叫得多，但晚上也叫。"

　　"也许是这样，可我……"

　　"可你是怎么啦？你这个狗可真个别，去，去，总有一天你会上报的。"

* 作者为意大利儿童文学作家贾尼·罗大里，选自《童话故事游戏》，沈萼梅、刘锡荣译，河北少年儿童出版社，2000 年 5 月版。

狗不知道该怎么回答这些批评。它不会叫，也不知道怎么才能学会。

"你跟我学。"有一次，一只同情它的小公鸡对它说。那只小公鸡就喔喔喔地啼了两三声。

"我觉得很难。"小狗对小公鸡说道。

"不难，容易极了。你好好听着，注意看我的嘴。"

"总之，你注意观察我，学我的样子。"

小公鸡又喔喔喔地啼叫起来。

狗试着照小公鸡的样子做，但从它的嘴里只发出一种滑稽的"咯咯"声，吓得那些小母鸡都逃走了。

"不要紧，"小公鸡说道，"第一次能这样就很不错了。你再试试，来。"

小狗又试了一次，两次，三次。它天天都学着练。它从早到晚偷偷地练着。有时候，为了练得更自由，就索性到树林里去。一天早晨，当它正在树林里时，发出喔喔喔的啼叫声是那么像，那么好听，那么洪亮，以至狐狸听见后，心里直寻思着："公鸡终于来找我来了。我得跑过去感谢它的来访……"狐狸真的跑去了，还没忘记带上刀叉和餐巾，因为对于狐狸来说，没有比一只小公鸡更美味可口的午餐了。可以想见，当它看见啼叫的是只狗而不是小公鸡时，该是多么失望啊。那狗蹲坐在自己的尾巴上，一声又一声地喔喔叫着。

"啊呀，"狐狸说道，"原来是这样，你这是给我设下了一个圈套。"

"一个圈套？"

"当然啦。你使我以为，是只公鸡在树林里迷路了，而你却躲起来想抓住我，幸好我及时发现了你。不过，这样行猎是非法的，通常狗一叫，我就知道猎人来了。"

"我向你担保，我……你看，我压根儿就没想到行猎。我是来这里做练习的。"

"做练习？什么练习？"

"我是练习啼叫来的。我差不多已经学会了，你听我叫得多么好。"

说完，它就洪亮地喔喔叫起来。

狐狸真想捧腹大笑。它在地上打滚，捧着肚子，咬着胡须和尾巴，竭力忍着不笑出来。我们的小狗感到受了委屈，低着头，挂着泪花默默地走开了。

附近有一只杜鹃。它看着小狗走过去，很怜悯它。

"它们把你怎么啦？"

"没什么。"

"那你为什么这样伤心？"

"唉……没什么好说的……因为我不会叫，也没有任何人教我。"

"要是就为了这个，那我可以教你。你听着我怎么叫，你尽可能模仿我：咕咕……咕咕……咕咕……你懂了吗？"

"我觉得很容易。"

"容易极了，我从小就会这样叫。你试试：咕咕……咕咕……"

"咕……"狗学着杜鹃叫，"咕……"

它那天试了，第二天又试了。一个星期过后，它已经学得相当不错了。小狗真高兴，心想："我终于开始真的会叫了，现在它们不能再取笑我了。"

正好在那几天里，人们开始打猎了。树林里来了很多猎人，里面还有百发百中的神枪手。哪怕是一只夜莺，他们也会给打下来的。一个枪法很准的猎手经过那里，他听见从树丛中传来"咕咕……咕咕……"的叫声，就举枪瞄准，"砰！砰！"连开了两枪。

幸好子弹没打中狗。子弹只在小狗的耳边"嗖嗖"地擦过，就像在连环画里画的那样，狗拔腿就跑。但它很诧异："那个猎人准是发疯了，竟对狗开枪……"

这时，猎人正在寻找杜鹃鸟。他想，杜鹃肯定被打死了。

"准是那只狗给叼走了，天知道这只狗是从哪里冒出来的。"猎人咕哝着。为了发泄他的愤怒，他朝一只从窝里伸出脑袋的小耗子打了一枪，但没打中。

狗跑啊，跑啊……

· 第一种结局

狗跑着。它跑到了一个草坪上，一头小母牛正在那里安详地吃草。

"你往哪儿跑呀？"

"我不知道。"

"那你站住。这里的青草特别鲜嫩。"

"唉，青草不能医治我的病……"

"你病啦？"

"可不是，我不会叫。"

"可是，这是世界上最容易的事！你听我叫：哞……哞……哞……还有比这叫声更好听的吗？"

"不错。但我没有把握，这是不是正确的叫法。你是一头母牛……"

"我当然是头母牛。"

"我不是，我是一只狗。"

"你当然是只狗。这又怎么样？这并不妨碍你学习我的语言。"

"好主意！好主意！"狗大声说道。

"什么主意？"

"此时此刻我想起来的那种主意。我将学会所有动物的叫法，我将让一个马戏团聘请我。我将获得极大的成功，我将变得很有钱，娶国王的女儿为妻。当然是狗中之王的女儿。"

"你真不简单，想得真妙。那你就开始学吧。你听好了：哞……哞……哞……"

"哞……"狗学着。

这是一只不会叫的狗，但它却很有学习语言的天赋。

· 第二种结局

狗跑啊，跑啊。它碰上了一个农民。

"你往哪儿跑啊？"

"我自己也不知道。"

"那就到我家来吧，我正需要一只狗替我看守鸡舍。"

"我愿意去，但我得告诉您：我不会叫。"

"那更好。会叫的狗会把贼吓跑的。而你却不让他们听见，他们一靠近，你就叼住他们，这样，他们就会得到应有的惩罚。"

"行。"狗说道。

就这样，不会叫的狗找到了一个工作，它戴着锁链，每天都能喝上一大碗浓汤。

· 第三种结局

狗跑啊，跑啊，突然停住了。它听见一种奇怪的叫声。"汪汪，汪汪……"

"这叫声像在对我说什么，"狗想道，"尽管我搞不清这是什么动物叫出来的。"

"汪，汪……"

"可能是长颈鹿吧？不，也许是鳄鱼。鳄鱼是一种凶猛的动物，我得小心谨慎地靠近它。"

小狗在树丛中向传来汪汪叫声的方向匍匐前进，不知为什么，它的心跳得十分厉害。

"汪汪。"

"哦，也是一条狗。"

你们知道吗？就是刚才听见咕咕叫声后开枪打鸟的那个猎人的狗。

"你好，狗。"

"你好，狗。"

"你能否告诉我，你发出的是什么声音？"

"发出的什么声音？我不是发什么声音，我是在吠，供你参考。"

"你这是狗叫？你会狗叫？"

"当然喽。你总不能要求我像大象那样叫，或者像狮子那样怒吼吧。"

"那你能教我吗？"

"你不会叫？"

"不会。"

"你好好听着，好好看着，得这样叫：汪，汪……"

"汪，汪……"我们的小狗很快就学会了。它又激动又高兴地想道："我终于找到了我应找的老师。"

金色的草地 *

　　蒲公英成熟的时候，这是我和我的兄弟最开心的日子。常常是这样，我们随便到什么地方去狩猎——他在前面，我跟在他后面。

　　"谢廖沙！"——我一本正经地喊他，等他回过头来，我便把蒲公英的绒毛吹到他脸上。于是他也开始窥伺我，假装打哈欠似的也把蒲公英的绒毛朝我脸上吹。就这样，我们总是为了寻开心，揪掉这些不引人注目的小花。但是有一次，我有了一个新发现。

　　我们住在乡下，窗前就是一片草地。许许多多的蒲公英正在开放，这片草地就变成金黄色的了。可真是美！大家都说："金色的草地，太美了！"有一天，我起得很早去钓鱼，发现草地并不是金色的，而是绿色的。快到中午的时候，我返回家来，整个草地又都变成了金色。我开始注意观察，傍晚时草地又变绿了。我便来到草地，找到一朵蒲公英。原来它的花瓣都合拢了，就像我们的手，手掌张开时它是黄颜色的，要是攥成拳头，黄色就包住了。

＊ 作者为苏联作家普里什文，选自《普里什文动物散文选》，茹香雪译，湖南少年儿童出版社，1988 年 6 月版。

清晨，太阳升上来，我看到蒲公英张开了自己的手掌，因此，草地也就变成金色的了。

从那时起，蒲公英成了我们最喜爱的花中的一种。因为它和我们孩子们一起睡觉，也和我们一起起床。

杨　梅 *

过完了长期的蛰伏生活，眼看着新黄嫩绿的春天爬上了枯枝，正欣喜着想跑到大自然的怀中，发泄胸中的郁抑，却忽然病了。

唉，忽然病了。

我这粗壮的躯壳，不知道经过了多少炎夏和严冬，被轮船和火车抛掷过多少次海角与天涯，尝受过多少辛劳与艰苦，从来不知道战栗或疲倦的呵，现在却呆木地躺在床上，不能随意地转侧了。

尤其是这躯壳内的这一颗心。它许多年可说是铁一样的。对着眼前的艰苦，它不会畏缩；对着未来的憧憬，它不肯绝望；对着过去的痛苦，它不愿回忆的呵。然而现在，它却尽管凄凉地往复地想了。

唉，唉，可悲呵，这病着的躯壳的病着的心。

尤其是对着这细雨连绵的春天。

这雨，落在西北，可不全像江南的故乡的雨吗？细细的，丝一样，若断若续的。

故乡的雨，故乡的天，故乡的山河和田野……还有那蔚蓝中衬着整齐的金黄的菜花的春天，藤黄的稻穗带着可爱的气息的夏

＊　作者为中国现代作家王鲁彦，选自《鲁彦散文集》，新文艺出版社，1958 年 5 月版。

天，蟋蟀和纺织娘们在濡湿的草中唱着诗的秋天，小船吱吱地触着沉默的薄冰的冬天……还有那熟识的道路，还有那亲密的故居……

不，不，我不想这些，我现在不能回去，而且是病着，我得让我的心平静；恢复我过去的铁一般的坚硬，告诉自己，这雨是落在西北，不是故乡的雨——而且不像春天的雨，却像夏天的雨。

不要那样想吧，我的可怜的心呵，我的头正像夏天烈日下的汽油缸，将要炸裂了，我的嘴唇正干燥得将要迸出火花来了呢。让这夏天的雨来压下我头部的炎热，让……让……

唉，唉，就说是故乡的杨梅吧……它正是在类似这样的雨天成熟的呵。

故乡的食物，我没有比这更喜欢的了。倘若我爱故乡，不如就说我完全是爱的这叫作杨梅的果子吧。

呵，相思的杨梅！它有着多么奇异的形状，多么可爱的颜色，多么甜美的滋味呀。

它是圆的，和大的龙眼一样大小，远看并不稀奇，拿到手里，原来它是遍身生着刺的哩。这并非是它的壳，这就是它的肉。不知道的人一定以为这满身生着刺的果子是不能进口的了，否则也须用什么刀子削去那刺的尖端的吧？然而这是过虑。它原来是希望人家爱它吃它的。只要等它渐渐长熟，它的刺也渐渐软了，平了。那时放到嘴里，软滑之外还带着什么感觉呢？没有人能想得到，它还保存着它的特点，每一根刺平滑地在舌尖上触了过去，细腻柔软而且亲切——这好比最甜蜜的吻，使人迷醉呵。

颜色更可爱呢。它最先是淡红的，像娇嫩的婴儿的面颊，随后变成了深红，像是处女的害羞，最后黑红了——不，我们说它是黑的。然而它并不是黑，也不是黑红。原来是红的。太红了，所以像是黑。轻轻地啄开它，我们就看见了那新鲜红嫩的内部，同时我们已染上了一嘴的红水。说它新鲜红嫩，有的人也许以为一定像贵妃的肉色似的荔枝吧？嗳！那就错了。荔枝的光色是呆板的，像玻璃，像鱼目；杨梅的光色却是生动的，像映着朝霞的露水呢。

滋味吗？没有十分成熟是酸带甜，成熟了便单是甜，这甜味可决不使人讨厌，不但爱吃甜味的人尝了一下舍不得丢掉，就连不爱吃甜味的人也会完全给它吸引住，越吃越爱吃。它是甜的，然而又依然是酸的，而这酸味，我们须待吃饱了杨梅以后，再吃别的东西的时候，才能领会得到。那时我们才知道自己的牙齿酸了，软了，连豆腐也咬不下了，于是我们才恍然悟到刚才吃多了酸的杨梅。我们知道这个，然而我们仍然爱它，我们仍须吃一个大饱。它真是世上最迷人的东西。

唉，唉，故乡的杨梅呵！

细雨如丝的时节，人家把它一船一船地载来，一担一担地挑来，我们一篮一篮地买了进来，挂一篮在檐口下，放一篮在水缸上。倒上一脸盆，用冷水一洗，一颗一颗地放进嘴里，一面还没有吃了，一面又早已从脸盆里拿起了一颗，一口气吃了一二十颗，有时来不及把它的核一一吐出来，便一直吞进了肚里。

"生了虫呢……蛇吃过了呢……"母亲看见我们吃得快，吃得多，便这样地说了起来，要我们仔细地看一看，多多地洗一番。

但我们并不管这些，它成了我们的生命，我们越吃越快了。

"好吃，好吃。"我们心里这样想着，嘴里却没有余暇说话。待肚子胀上加胀，胀上加胀，眼看着一脸盆的杨梅吃得一颗也不留，这才呆笨地挺着肚子，走了开去，叹气似的嘘出一声"咳"来……

唉，可爱的故乡的杨梅呵！

一年，二年……我已有十六七年不曾尝到它的滋味了。偶尔回到故乡，不是在严寒的冬天，便是在酷热的夏天，或者杨梅还未成熟，或者杨梅已经落完了。这中间，曾经有两次，在异地见到过杨梅，比故乡的小，比故乡的酸，颜色又不及故乡的红。我想回味过去，把它买了许多来。

"长在树上，有虫爬过，有蛇吃过呢……"

我现在成了大人，有了知识，爱惜自己的生命甚于杨梅了。我用沸滚的开水去细细地洗杨梅，觉得还不够消除那上面的微菌似的。

于是它不但不像故乡的，而且简直不是杨梅了，我只尝了一二颗，便不再吃下去。

最后一次我终于在离故乡不远的地方见到了可爱的故乡的杨梅。

然而又因为我成了大人，有了知识，爱惜自己的生命甚于杨梅，偶然发现一条小虫，也就拒绝了回味的欢愉。

现在我的味觉也显然改变了，即使回到故乡，遇到细雨如丝的杨梅时节，即使并不害怕从前的那种吃法，我的舌头应该感觉不出从前的那种美味了，我的牙齿应该不会像从前似的能够容忍那酸性了。

唉，故乡离开我愈远了。

我们中间横着许多鸿沟，那不是千万里的山河的阻隔，那是……

唉，唉，我到底病了。我为什么要想到这些呢？

看呵，这眼前的如丝的细雨，不是若断若续地落在西北的春天里吗？

农村的童年生活[*]

我出生在浙江温州苍南的一个中农的家庭里，从幼年到童年都在农村度过。从十岁进城读书时起，逐渐转到城市生活。现在回想起七十年前的农村童年生活，好像是昨天的事。

一、最初能记忆的事

三岁以前的事完全没有印象了，最初能记忆的事是妈妈的慈爱和她的勤劳。大约是我三岁的时候，妈妈拿了一张小竹椅，叫我坐在她的两膝之间看她纺纱。那时我开始体会到妈妈怀中的温暖，欣赏她劳动的技能。她坐在纺车的前面，右手摇着纺车，左手拿拇指粗的棉花条放在纺针尖端被搓滚成细纱。在那时的农家中，这种纺车算是最精密的机器，大车轮转一圈，纺针就转好几百次或上千次。棉花条在针尖上很快就被搓滚成细纱。妈妈得心应手地一手摇转车轮，一手把针尖上纺出的棉纱向上拉长，到了高得不能再高处，又开三个指头像舞蹈的手势绕上棉纱三圈；然后把车轮轻轻倒退一下，把棉纱绕在纱锭上（纱锭套在纺针上，

---

[*] 作者为中国当代学者朱维之，选自《晚霞落日觅童年》，钟敬文等主编，中国和平出版社，1999 年 1 月版。

锭的下面就是纺针的尖端，针尖顺转时把棉条纺成纱，倒转时就把纱绕在锭上），然后再把棉条放在针尖上搓纺。

我坐在妈妈前面，看得最清楚，一面欣赏她的技艺，一面欣赏这个小机器的灵巧。

到了我五岁的时候，比我小两岁的妹妹坐上那张小竹椅，同样在妈妈的两膝之间欣赏她的纺纱技艺，并尝受她的爱护之情。我看了，很有一些"让位"的感慨。我长大了，该让位了，虽然妈妈同样地爱我，但我不能永远赖在妈妈的怀抱里，必须自己独立去找玩的东西。

二、自己去发现并制造玩的东西

七十多年前的农村，不像今天小朋友的家里有许多自动或机动的玩具，没有开发儿童智力的新式玩具。我在幼年时，家里什么玩具都没有，大人们不关心孩子玩耍的事。我在五六岁时就自己到大自然去找可以玩的东西。农村的特点是接近大自然。辽阔的天空，广阔的大地，浩浩的河流，繁茂的花草、树木，空中的浮云和飞鸟，地上的走兽、昆虫，水中的游鱼，等等，有说不完的好玩东西，能够引起孩子的遐想和实验。例如小麻雀的蹦蹦跳跳、快乐活泼的样子，叫你高兴。老鹰在高空中盘旋时，展翅飞动而流荡滑翔，有时猛扑而下，像在捕捉小鸡或什么东西，给人以雄健勇猛的感觉。花草树木的生长、开花、结子，暑寒荣枯，都有各种不同的趣味。草的叶子不一样，有长有短，有的还带刺；开的花有红的、黄的、紫的、蓝的，形状也有单瓣、重瓣的，有四瓣的、五瓣的，等等。树木的千姿百态，更有给人乐趣的东西。昆虫的动作也很好玩，例如蚂蚁搬家，那么长的队伍，那么整整有条的阵营，个个尽自己的力量，把货物全部搬迁。这种组织性很强的小动物的行动，直叫人佩服。当它们两军对垒时，更是好看，队伍整齐，正式打仗时，打得你死我活，直至尸体堆积如山，勇敢忠贞的精神，真令人敬佩。

我家房子的前后左右都有余地，栽有各种的果树，有梨树、桃树、橘子树、柚子树、酸橙树，它们在不同的季节开不同的花，结不同的果实。从树上直接摘下的果子，格外鲜美。我家后面还有两丛竹林和一株棕榈，是我最爱的。竹子长得快，雨后春笋，一天长几寸，出土几天就长得和我一样高了。笋子炒咸菜，味道鲜美无比。更可爱的是它们那耸入高空的青翠茎叶，亭亭玉立，显得那么纯洁！微风吹来，一片沙沙声，是那么温柔细腻。但当大风袭来时，竹林总是最先发出萧萧的喧声，不平静的调子，奏出我幼小心灵的怅惘情绪。池塘边的棕榈树坚毅地独立着，大蒲扇似的叶子显得很高洁，在秋天高爽的日子，倒映池水中，小鱼在池水的倒影中间游玩，是另一种境界。

大自然是一部看不完的大画册，读不完的大书，里面有无穷的奥秘，极大的学问，有欣赏不完的乐趣。

更有意思的是自己制造玩具。印象最深的是茭白的叶子做成的帆船。茭白叶子长长的，像一把把宝剑，叶面有绒毛，放在水里很平稳；又不吸水；所以茭叶船航行起来很灵敏，只要有一点微风就能把它吹到池心或河心。我家门前五十米外有条大河，河边有乌桕树和榆树，在树荫下放帆船，可以随风而去，远到百米以外。但河大水深，妈妈不让我独自去玩。每当独自玩时，为免妈妈的操心，我总是在后院的池塘边试航，池边多茭白，造船的原料充足，缺点是风小，须得风乍起，吹皱这池春水时，茭船才活跃起来。

自制帆船的玩法最好是比赛竞渡，看谁的船驶得快。可惜我没有同龄游伴，小哥哥比我大七岁，虽然他很爱我，但他快到成人之年，不是我的游伴；伯父的小儿子比我大五岁，也玩不到一块去；妹妹比我小两岁，年龄的差距不大，但是个女性，又不到自制玩具的年纪。所以我只能同时制造几只船，同时开航，让它们自己比赛。环境逼我独自玩耍，独自沉思。

三、劳动和健康的身体

农村的男女多喜欢劳动。我妈妈一向喜欢纺纱和其他的劳动，到七十多岁时还是闲不住，要儿辈买棉花让她纺纱。她觉得纺纱劳动是消磨老龄时光的最好方式。我爸爸虽然也喜欢读些书，但他是个农耕的能手，在村子里受人尊敬。我从七岁起就帮着干些农活。父亲犁田时，我跟在后面拾泥鳅。放牛是我喜欢的活，骑在牛背上是一种享受。等我会看小说时，牛背上阅读更有一番风趣。只有一次，我不小心从牛背上摔下来，起来却鞭打了它，它流泪了，那泪水唤起我永久的内疚。

捉螃蟹、钓河鳗、扦虾、拔针鱼等带有游戏性质的劳动我也是喜欢干的。捉螃蟹方法有三种，夏天用蚯蚓穿在细竹丝的一端，放进田畔的蟹洞里，哄它出来；秋天把丝瓜或葫瓜的废藤拔下捆扎或捆放在河里，过一夜后拉上来，准有蟹在；冬天撒网在河里，再撒一把米，过一小时去拉网，一网可得二三只。钓河鳗的方法是一人准备十多根小竹竿，系上带有钓鱼钩的粗线，钩上有蚯蚓为饵，把钩沉入水中，竹竿插在岸边，过半小时后，一竿一竿地拉起来，河鳗若吞了鱼钩就逃不掉。扦河虾的方法和钓河鳗相似，不过不用鱼钩而用酒糟少许在一尺对方的布网上，河虾好酒，醉卧布网也逃不了。拔针鱼不是一个人干得了的，要有六七人，一半在岸上拉纤，一半划船，狭长的渔网在中间水面浅处拦过去，每二三十米可以起一次网。针鱼在夏天的中午喜欢游在水面，很容易捕捞。这些劳动不容易累，不是不用力，而是带趣味性的劳动，既可以改善一家人的生活，又可以学会渔猎的方法和熟悉虾的特性。

划船和车水是比较费劲的劳动。划船不单要气力还要有技巧。在南方农村里，船是主要的交通工具，一划常是十里二十里，不像公园里的划船，可以不费力和技巧。农村划船是劳动，长距离的划船要有耐心、韧性和毅力。在夏日炎炎的车水劳动中，锻炼我在这方面的意志和体力，还使我在拼搏中苦思怎样用机械代替体力劳动。今天农村都用电机灌溉了，但是锻炼意志、毅力和拼搏精神却不能减少。

我童年时代在农村参加劳动和锻炼，给了我健康的身体，这一点，我愈到老年愈清楚。我今年八十一岁了，一直没有生过大病。我从童年起就不常患病，除了一次因蚊子传染得了疟疾外，在农村没有病过。农村有清鲜的空气，充足的阳光，新鲜的蔬果和鱼虾。还有一个好习惯就是不吃零食。消化系统一直正常，心肺也正常。粉碎"四人帮"以后，重操旧业，1980年以来，我每年出版一本书，包括翻译的弥尔顿诗作《失乐园》《复乐园》《斗士参孙》，主编了《外国文学简编》《外国文学史》，估计今后五年还有可能每年出一册，还打算继续学习希腊文、希伯来文等古代语文，如果没有意外的话。这都是受益于童年时代劳动和锻炼。

四、家塾和小学

我七岁发蒙，在家塾读书。发蒙老师是一位老秀才。我有幸在民国初年（1912年）发蒙，新编小学教科书第一册开始是每页两个大字配上图画"人、手、中、刀、山、水、田、狗、牛、羊"，一些象形的字，很容易记住。老师见我太轻松，要教我读《幼学琼林》，我坚决不读，因为比我大的孩子都愁眉苦脸地读"四书""五经"或《幼学琼林》，嘴里硬背，心里不懂，只想逃学。我不愿坐着死背书，喜欢在玩耍中认字，教科书等于看图认字，楹联、匾额等也是大字教材。秀才老师也识时务，皇帝倒了，孙中山先生当了第一任总统了，科举也废了，他就不勉强我读《幼学琼林》了。但老师有一部《康熙字典》，不认得的字可以一查就会，引起我的极大兴趣。几年之后，我也买了《中华新编字典》，这书对我帮助很大。后来我特别喜欢买各种词书的嗜好，也是由启蒙老师来的。

第二年老师病了，哥哥们和堂兄们也都读过好几年书了，家塾因而停办了。我只好到离家很远的小学去上学。小学里除国文外，还有算术、修身、手工、体操等，花样多。但我每天得独自往返走十六里路，走过五条大河，六条大石桥，早晨八点前要赶到，晚上很晚才到家，风雨无阻，坚持两年，这对我这八九岁的孩子来说是个考验，也是极好的锻炼——锻炼身体、意志和毅力。

两年后，爸爸为我在温州城里找到一所可以住读的小学——崇真小学。这所小学比较严格，每天要做清洁工作，每星期六要洗擦地板，自己洗衣服。这比每天走十六里路要省事多了。教历史的王活泉先生给我印象最深，他讲近代史时讲到帝国主义如何欺我们，我们连连打败仗，甚至在中法之战中打赢了还得割地赔款，王老师讲得生动，在幼稚的心灵中播下爱国思想的种子。

1917 年冬，我十二岁，从高等小学毕业了。未读中学之前，王活泉先生介绍我到温州瓯江上游西溪的一个山村去教小学，其实是家塾，因为教师只我一个。那时我十三岁，却一点也不怕；因为我熟悉家塾是怎么回事，同时，我带有一部《中华新编字典》这有力的武器。我到任的第二天，就有两个十八岁的学生退学了，说是老师只十三岁。其余留下的学生都和我年龄差不多，都喜欢玩儿。有些家长通过学生暗中考我，问了一些较难的字，我查了字典，一一予以正确的回答。他们服了，对怎么教法都放心了。我为了山村的需要，以国文为主，也教些算术、唱歌、体操、修身。下午四时放学，我和年龄相近的同学上山采果子，采花。我生长在平原农村，对山区不熟悉，学生倒教了老师好多东西。我也讲了些平原农村的事和从老师那里学来的近代史和爱国的故事。学期快结束了，家长们轮流宴请"小先生"，有酒有肉。我在欢乐的气氛中告别了山村，也告别了童年时代。

童年诗情二题 *

一、父亲 树林和鸟

父亲一生最喜欢树林和歌唱的鸟。

童年时，一个春天的黎明，父亲带着我从滹沱河岸上的一片树林边走过，

父亲突然站定，朝幽深的雾蒙蒙的树林，上上下下地望了又望，用鼻子闻了又闻，

"林子里有不少鸟。"父亲喃喃着。

并没有看见一只鸟飞，并没有听到一声鸟叫。

我茫茫然地望着宁神静气的像树一般兀立的父亲。

父亲指着一棵树的一根树枝对我说：

"看那里，没有风，叶子为什么在动？"

我仔细找，没有找到动着的那几片叶子。

"还有鸟味。"父亲轻声说，他生怕惊动了鸟。

我只闻到浓浓的苦味的草木气，没有闻到什么鸟的气味。

"鸟也有气味？"

＊ 作者为中国当代作家牛汉，原载《上海文学》，1991 年第 11 期。

"有。树林里过夜的鸟总是一群，羽毛焐得热腾腾的，

"黎明时，所有的鸟抖动着浑身的羽翎，要抖净露水和湿气，

"每一个张开的喙舒畅地呼吸着，深深地呼吸着。

"鸟要准备唱歌了。"

父亲和我坐在树林边，鸟真的唱了起来。

"这是树林和鸟最快活的时刻。"父亲说。

我知道父亲此时也最快活。

过了几天，父亲对我说："鸟最快活的时刻，向天空飞离树枝的那一瞬间，最容易被猎人打中。"

"为什么？"我惊愕地问。

父亲说："黎明时的鸟，翅膀潮湿，飞起来沉重。"

我真高兴，父亲不是猎人。

二、早熟的枣子

八十年代初，我写了一首小诗《我是一颗早熟的枣子》，有一段《题记》："童年时，我家的枣树上，总有几颗枣子红得特别早，祖母说：'那是虫咬了心的。'果然，它们很快就枯凋。"诗不长，抄在下面：

人们

老远老远

一眼就望见了我

满树的枣子

一色青青

只有我一颗通红

红得刺眼

红得伤心

一条小虫

钻进我的胸腔

一口一口

噬咬着我的心灵

我很快就要死去

在枯凋之前

一夜之间由青变红

仓促地完成了我的一生

不要赞美我……

我憎恨这悲哀的早熟

我是大树母亲绿色的胸前

凝结的一滴

受伤的血

我是一颗早熟的枣子

很红很红
但我多么羡慕绿色的青春

经过几十年心灵艰难的反刍和人生的造化，这点如萤火般闪光的记忆在我的生命中竟然幻变成为一个诗的意象。祖母生前当然意想不到，就连我也说不大明白，这颗痛心的红枣怎么变成了我命运的图腾？有许多年，我确实觉得自己就是一颗被虫子咬了心的枣子，因而我也把自己生命的全部能量在短暂的时间内英勇而悲壮地耗完，为了也能获得一个灿烂的结束。

童年时，入夏以后，总巴巴地望着满树青青的枣子赶快能成熟起来，想寻觅几颗先红的枣子尝新。说来也怪，每颗枣树，总有几颗先红的枣子，而且红得特别透。幼小的枣子呈草青颜色，渐渐地发白，渐渐地大起来，这时摘一颗吃，枣肉像木质一般，苦涩得钻心。后来在枣子的顶端，枣把的周围，出现了一小圈儿红，仿佛是由仙人妙手画上去的；这一小圈儿红，一天天地扩大，远远望去，每颗枣子都在微微地笑，枣子一定都做着美梦。枣子的红圈儿大了，汁液多了，但酸得很，还不好吃。母亲制作醉枣，专门摘这种红圈大了的枣子。枣子从小到大，从草青和苦涩到发白变酸，从酸到酸甜，最后达到纯甜，这与人的生命的不断的成长和变化是多么相似啊！用酒醉枣显然是起着催化作用。醉好的枣子比自然成熟的红枣还要大，它泡泡的，但醉红的大枣看上去总觉得有点异样，因为它毕竟不是正常的真正的成熟。深秋季节，从树上打下来的红枣，那么有弹性，又红又亮，落地时，一个个都是活蹦乱跳的。醉枣时，枣子被封在瓷坛里闷好多天，枣子当然是非常痛苦，然而，我们却又喜欢吃醉枣，它比自然成熟的红枣味道还要醇美。

童年时，天天巴望着枝叶葱葱的枣树。虫子咬了心的那几颗先红的枣子，总是挂在高高的树梢上，它们最多不过三五颗，通常就只一颗。但只要被我发现，一定能想法子弄下来。我小心地攀到树的高杈上，如果手够不到，就用手摇那一根细细的枝子。虫咬了心的红枣，一般很容易就可摇下来。它们的生命实际上已受到严重的摧残，风也能把它们吹落下来。但我不吃风吹下来的红枣，它们又瘦又皱，只剩下一张薄薄的发苦的皮儿，没有多少肉。红皮之内，只有一条肥白的虫子和一堆黏黏的虫屎。枣子被虫刚刚咬心，一两天之内弄下来，枣子的肉还没有被虫子掏空，虫子先噬咬靠枣核儿的那一小块，因此，枣肉大部分还在。这种先红的枣子吃起来还挺解馋，特别甜，比正常成熟的红枣还要甜。但必须小心地吃，先把枣子用嘴咬成两半，把那条万恶的又肥又白的虫子去掉，我总要用脚扑哧一下踏烂它，再把靠核儿的一层褐色的虫屎清除干净，这才可以闭起眼睛尽兴地吃它，一点一点地享受。

到现在我也说不清楚，八十年代初，我怎么突然地写了那首《我是一颗早熟的枣子》的小诗。六七十年代，我常做许多噩梦，几次梦到虫子一口口地咬我的心，直到把我咬醒了。但是，我突然地记起了祖母的那句话，真说不清了。祖母的那句话，使我想到了枣子的痛苦，而且晓得枣子为什么一夜之间红起来的那种悲伤。

一只灰雀 *

在高尔克村，弗拉基米尔·伊里奇在公园散步时，经常到一个地方去。这里生长着高大的罗汉松，还有白桦树。白桦树的旁边是灌木林。

弗拉基米尔·伊里奇到了这里，停下来，抬起头，久久地站在一处观看。

那是些什么呢？

原来是些灰雀。

冬天。周围的小路盖满了白雪。罗汉松穿上了雪皮袄。鸟儿都往不同的方向各自飞走了。公园里剩下的只有灰雀。它们甚至为冬天而感到高兴。

弗拉基米尔·伊里奇看着这些漂亮好玩的鸟儿。这里有一只粉红色胸脯的，又有一只粉红色胸脯的，而飞来的第三只——胸脯像红旗一样红，弗拉基米尔·伊里奇注意到了它。这只灰雀相当聪明，也猜到了列宁最喜欢的就是它。

鸟儿们都习惯列宁来这里，都知道：弗拉基米尔·伊里奇有时

---

* 作者为苏联汉学家谢·阿列克谢耶夫，原载《俄苏文学》，王训光译，1986 年第 3 期。

会给它们带来面包屑，而有时还会带来一把最可口的东西——苎麻籽。

早晨。天刚刚亮，灰雀们就已经在这里了。它们在等待着列宁的到来。

一般地说，灰雀是一时一刻也停不住的。然而这些灰雀在这里过惯了。

列宁欣赏那只胸脯像红旗一样红的灰雀。它太使人开心了。停在树枝上，舒展开胸脯，抬起头，好像在说：你看，弗拉基米尔·伊里奇，——我真的最漂亮吧？

"真的。"列宁回答说。

灰雀跳跃着，嬉戏着，从一根树枝跳到另一根树枝，从白桦树上飞到罗汉松上，从罗汉松上飞到灌木林上。时而振翅一飞，时而在树枝上停息片刻，时而从列宁头上掠过，时而轰然坠在雪地又急忙飞回树枝。它从树枝上歪斜着脑袋看列宁：瞧，我真的最伶俐吧？

可是，有一次，弗拉基米尔·伊里奇在公园里散步时，发现那只快乐的灰雀不见了。伊里奇沿着其他小路转了一会儿，回来时还是没见那只灰雀。列宁感到不安起来。

"到底发生了什么事呢？"

原来，那只灰雀陷入套索里了。小男孩伊戈尔卡·伊萨耶夫逮住了它。逮住后关进笼子，挂在小屋里。灰雀在笼子里正闷着呢。

弗拉基米尔·伊里奇无论在哪里都找不到那只灰雀。然而，他偶然碰上了伊戈尔卡。小男孩又一次来到公园的这个地方，又一次布置好了套索。

弗拉基米尔·伊里奇观看了一下伊戈尔卡，看见他戴着父亲的风帽，穿着爷爷的毡靴。

"你看见这里有一只胸脯长满红绒毛的灰雀吗？"

"看见过。"伊戈尔卡刚要说，但马上想，如果列宁再问"灰雀现在在哪里"，怎么办？

"没有，没有看见。"伊戈尔卡说。

"莫非灰雀冻坏了？"列宁感到不安。

"现在在暖和的地方。"伊戈尔卡刚想说，但突然停了下来。

小男孩低下头。他知道列宁很难过。

"灰雀是冻坏了，冻坏了，"列宁伤心地说，"也许猫把它抓住了。"

伊戈尔卡忍不住了。

"没有，"他摇着头，"没有，灰雀还活着。它会飞回来的。"

"会飞回来的？！"

"会飞回来的！会飞回来的！"伊戈尔卡喊了起来。

第二天，弗拉基米尔·伊里奇来到白桦树旁边。他一看——伊戈尔卡没有说错，灌木林上果然停着那只灰雀，而白桦树下面正站着伊戈尔卡。

伊里奇看看灰雀，又看看小男孩，爽朗地笑了。

"你好，"列宁对伊戈尔卡说，"你好，"他又对灰雀说，"你到哪里去了？"

灰雀张开它那短短的嘴，朝白桦树下的伊戈尔卡看了一眼。

伊戈尔卡心里凉了半截儿。他想，灰雀马上会说出他来了，会把一切都告诉弗拉基米尔·伊里奇。

然而，灰雀没有作声。它清楚：伊戈尔卡不是那样叫人厌恶的小男孩。何必还要说出他来呢！

（译自《给孩子们讲弗拉基米尔·伊里奇·列宁》，1982，莫斯科，儿童文学出版社）

海　燕 *

　　乌黑的一身羽毛，光滑漂亮，积伶积俐，加上一双剪刀似的尾巴，一对劲俊轻快的翅膀，凑成了那样可爱的活泼的一只小燕子。当春间二三月，轻飔微微地吹拂着，如毛的细雨无因地由天上洒落着，千条万条的柔柳，齐舒了它们的黄绿的眼，红的白的黄的花，绿的草，绿的树叶，皆如赶赴市集者似的奔聚而来，形成了烂漫无比的春天时，那些小燕子，那么伶俐可爱的小燕子，便也由南方飞来，加入了这个隽妙无比的春景的图画中，为春光平添了许多的生趣。小燕子带了它的双剪似的尾，在微风细雨中，或在阳光满地时，斜飞于旷亮无比的天空之上，唧的一声，已由这里稻田上，飞到了那边的高柳之下了。再几只却隽逸地在粼粼如縠纹的湖面横掠着，小燕子的剪尾或翼尖，偶沾了水面一下，那小圆晕便一圈一圈地荡漾开去。那边还有飞倦了的几对，闲散的憩息于纤细的电线上——嫩蓝的春天，几支木杆，几痕细线连于杆与杆间，线上是停着几个粗而有致的小黑点，那便是燕子，是多么有趣的一幅图画呀！还有一家家的快乐家庭，他们还特为我们的

＊　作者为中国现代作家郑振铎，选自《郑振铎全集》第二卷，花山文艺出版社，1998 年 11 月版。

小燕子备了一个两个小巢，放在厅梁的最高处，假如这家有了一个匾额，那匾后便是小燕子最好的安巢之所。第一年，小燕子来住了，第二年，我们的小燕子，就是去年的一对，它们还要来住。

"燕子归来寻旧垒。"

还是去年的主，还是去年的宾，他们宾主间是如何得融融泄泄呀！偶然的有几家，小燕子却不来光顾，那便很使主人忧戚，他们邀召不到那么隽逸的嘉宾，每以为自己运命的蹇劣呢。

这便是我们故乡的小燕子，可爱的活泼的小燕子，曾使几多的孩子们欢呼着，注意着，沉醉着，曾使几多的农人们市民们忧戚着，或舒怀地指点着，且曾平添了几多的春色，几多的生趣于我们的春天的小燕子！

如今，离家是几千里！离国是几千里！托身于浮宅之上，奔驰于万顷海涛之间，不料却见着我们的小燕子。

这小燕子，便是我们故乡的那一对，两对吗？便是我们今春在故乡所见的那一对，两对吗？

见了它们，游子们能不引起了，至少是轻烟似的，一缕两缕的乡愁吗？

海水是皎洁无比的蔚蓝色，海波是平稳得如春晨的西湖一样，偶有微风，只吹起了绝细绝细的千万个粼粼的小皱纹，这更使照晒于初夏之太阳光之下的、金光灿烂的水面显得温秀可喜。我没有见过那么美的海！天上也是皎洁无比的蔚蓝色，只有几片薄纱似的轻云，平贴于空中，就如一个女郎，穿了绝美的蓝色夏衣，而颈间却围绕了一段绝细绝轻的白纱巾。我没有见过那么美的天空！我们倚在青色的船栏上，默默地望着这绝美的海天；我们一点杂念也没有，我们是被沉醉了，我们是被带入晶天中了。

就在这时，我们的小燕子，二只，三只，四只，在海上出现了。它们仍是隽逸地从容地在海面上斜掠着，如在小湖面上一样；海水被它的似剪的尾与翼尖一打，也仍是连漾了好几圈圆晕。小小的燕子，浩瀚的大海，飞着飞着，不会觉得倦吗？不会遇着暴风疾雨吗？我们真替它们担心呢！

小燕子却从容地憩着了。它们展开了双翼，身子一落，落在海面上了，双翼如浮圈似的支持着体重，活是一只乌黑的小水禽，在随波上下地浮着，又安闲，又舒适。海是它们那么安好的家，我们真是想不到。

在故乡，我们还会想象得到我们的小燕子是这样的一个海上英雄吗？

海水仍是平贴无波，许多绝小绝小的海鱼，为我们的船所惊动，群向远处窜去；随了它们飞窜着，水面起了一条条的长痕，正如我们当孩子时之用瓦片打水漂在水面所划起的长痕。这小鱼是我们小燕子的粮食么？

小燕子在海面上斜掠着，浮憩着。它们果是我们故乡的小燕子吗？

啊，乡愁呀，如轻烟似的乡愁呀！

一个少年的笔记 *

爬山虎的脚

学校操场北边墙上满是爬山虎。我家也有爬山虎，从小院的西墙爬上去，在房顶上占了一大片地方。

爬山虎刚长出来的叶子是嫩红色。不几天叶子长大，就变成嫩绿色。爬山虎在十月以前老是长茎长叶子。新叶子很小，嫩红色不几天就变绿，不大引人注意。引人注意的是长大的叶子。那些叶子绿得那么新鲜，看着非常舒服。那些叶子铺在墙上那么均匀，没有重叠起来的，也不留一点儿空隙。叶尖儿一顺儿朝下，齐齐整整的，一阵风拂过，一墙的叶子就漾起波纹，好看得很。

以前我只知道这种植物叫爬山虎，可不知道它怎么能爬。今年我注意了，原来爬山虎是有脚的。植物学上大概有另外的名字。动物才有脚，植物怎么会长脚呢？可是用处跟脚一个样，管它叫脚想也无妨。

爬山虎的脚长在茎上。茎上长叶柄儿的地方，反面伸出枝状的六七根细丝，每根细丝头上长个小圆球儿。细丝和小圆球儿跟

＊ 作者为中国现代作家、教育家叶圣陶，选自《叶圣陶集》第四卷，叶至善、叶至美、叶至诚编，江苏教育出版社，1987 年 7 月版。

新叶子一样，也是嫩红色。这就是爬山虎的脚。

爬山虎的脚触着墙的时候，小圆球就成了一个小吸盘。六七个圆圆的小吸盘就巴住了墙，枝状的细丝原先是直的，现在弯曲了，把爬山虎的嫩茎拉一把，使它紧贴在墙上。爬山虎就这样一脚一脚地往上爬。如果你仔细看那些细小的脚，你会想起图画上蛟龙的爪子。

爬山虎的脚要是没触着墙，不几天就萎了，后来连痕迹也没有了。触着墙的，细丝和小吸盘逐渐变成灰色。不要瞧不起那些灰色的脚，那些脚巴在墙上相当牢固，要是你的手指不费一点儿劲儿，休想拉下爬山虎的一根茎。

1956 年 10 月 13 日写毕

诗的材料

今天清早进公园，闻到一阵清香，就往荷花池边跑。荷花已经开了不少了。荷叶挨挨挤挤的，像一个个大圆盘，碧绿的面，淡绿的底。白荷花在这些大圆盘之间冒出来。有的才展开两三片花瓣儿。有的花瓣儿全都展开了，露出嫩黄色的小莲蓬。有的还是花骨朵儿，看起来饱胀得马上要破裂似的。

这么多的白荷花，有姿势完全相同的吗？没有，一朵有一朵的姿势。看看这一朵，很美，看看那一朵，也很美，都可以画写生画。我家隔壁张家挂着四条齐白石老先生的画，全是荷花，墨笔画的。我数过，四条总共画了十五朵，朵朵不一样，朵朵都好看。如果把眼前这一池的荷叶荷花看作一大幅活的画，那画家的本领比齐白石老先生更大了。那画家是谁呢……

我忽然觉得自己仿佛就是一朵荷花。一身雪白的衣裳，透着清香。阳光照着我，我解开衣裳，敞着胸膛，舒坦极了。一阵风吹来，我就迎风歌唱，雪白的衣裳随风飘动。不光是我一朵，一池的荷花都在舞蹈呢，这不就像电影《天鹅湖》里许多天鹅一齐舞蹈的场面吗？风过了，我停止舞蹈，静静地站在那儿。蜻蜓飞过来，告诉我清早飞行的快乐。小鱼在下边游过，告诉我昨夜做的好梦……

周行、李平他们在池对岸喊我，我才记起我是我，我不是荷花。

忽然觉得自己仿佛是另外一种东西，这种情形以前也有过。有一天早上，在学校里看牵牛花，朵朵都有饭碗大，那紫色鲜明极了，镶上一道白边儿，更显得好看。我看得出了神，觉得自己仿佛就是一朵牵牛花，朝着可爱的阳光，仰起圆圆的笑脸。还有一回，在公园里看金鱼，看得出了神，觉得自己仿佛就是一条金鱼。胸鳍像小扇儿，轻轻地扇着，大尾巴比绸子还要柔软，慢慢地摆动。水里没有一点儿声音，静极了，静极了……

我觉得这种情形是诗的材料，可以拿来作诗。作诗，我要试试看——当然还要好好地想。

1956 年 11 月发表

三棵老银杏

舅妈带表哥进城，要在我家住三天。今天早晨，我跟表哥聊天，谈起我想作诗，谈起我认为可以作诗的材料。我说："要是问我什么叫诗，我一点儿也说不上来。可是我要试作诗。作成以后，看它像诗不像诗。"

表哥高兴地说："你也这么想，真是不约而同。这几天我也在想呢。诗不一定要诗人作，咱们学生也不妨试作。不懂得什么叫诗，没关系，作几回就懂得了。我已经动手作了，还没完成，只作了四行。要不要念给你听听？"

我说："我要听，你念吧。"

表哥就念了。

村子里三棵老银杏，

年纪比我爷爷的爷爷还大。

我没见过爷爷的爷爷，

只看见老银杏年年发新芽。

我问："你说的是娘娘庙里的那三棵？"

表哥说："除了那三棵，还有哪三棵？"

我问："年纪比外公的爷爷还大，多大岁数呢？"

表哥说："我也说不清楚。只听我爷爷说，他爷爷小时候，那三棵银杏已经是大树了，他爷爷还常常跟小朋友拿叶子当小扇子玩呢。"

我问："那三棵老银杏怎么样？你的诗预备怎么样作下去呢？"

表哥说："还没想停当呢，不妨给你说一说大意。我的诗不光是说那三棵老银杏。"

我问："还要说些什么呢？"

表哥说："我们村子里种了千把棵小树，你是看见了的，村子四周围，家家的门前和院子里，差不多全种遍了。那些小树长得真快，去年清明节前后种的，到现在才十几个月，都高过房檐七八尺了。再过三四年，我们那村子会成什么景象，想也想得出。除了深秋和冬天，整个村子就是个密密层层的树林子，房子全藏在里头。晴朗的日子，村子里随时随地都有树荫，就是射下来的阳光，也像带点儿绿色似的，叫人感觉舒畅。"

我想着些什么，正要开口，表哥拍拍我的肩膀抢着说："不光是我们那村子，人家别的村子也像我们村子一样，去年都种了许多树呢。你想想看，三四年以后，人在道上走，只见近处远处，这边那边，一个个全是密密层层的树林子，怎么认得清哪个是哪村？"

我说："尽管一个个村子都成树林子，我一望就能认出你们集庆村，保证错不了。你们村子有特别的标记，老高的三棵银杏树。"

表哥又重重地拍一下我的肩膀，笑着说："你说的正是我的意思！所以我的诗一开头就说三棵老银杏。"

1956 年 11 月发表

"你们幸福了"

昨晚在院子里乘凉的时候，我说起少年宫里的各种活动。

爷爷听了，摸摸胡子，慢慢地说："少年宫，挺新鲜的事儿，我小时候当然没有。可是你说的那些活动，通信游戏呀，扮演戏剧呀，我小时候在书房里都玩过。"

我问:"书房里也有电报收发机吗?"

爷爷笑了。他说:"书房里光有几张桌子,几把椅子,一个先生,六七个孩子,此外什么都没有,哪里会有电报收发机?我们玩通信游戏只靠电线。你知道是什么样的电线?"

我问:"是什么样的电线?"

爷爷说:"那时候我们留着长头发,长头发编成辫子。同学们揪几根长头发,一根一根接起来,套在彼此的桌子腿上,绷得不太紧,能够拉动,可又不会落下来,这就是我们的电线。做这个玩意儿不能让先生看见,我们总是嘴里念着书,手里接头发,或者做手势招呼同学来接线。"

我想这倒真像个电线。我又问:"你们怎么通信呢?"

爷爷说:"装了电线,通信就容易了。写个小纸条儿,对折一下,让它骑在电线上,然后轻轻掣动电线,小纸条儿就移到同学身边去了。同学看了小纸条儿,写个回条,照样把它移过来。这样,我们表面上各念各的书,实际上可在那里秘密通信。"

爷爷说到"秘密通信",声音很轻,好像怕老师听见似的。爷爷又轻轻地接着说:"我们的电线有一种好处,如果先生注意到了,只要把它掐断,头发落在地上,就什么事儿也没有了。有一回,大概是先生觉察到什么了,他抬起头来,把眼镜移到额头上,四处张望。电线上正骑着我的小纸条儿,那是不能让先生看见的,因为上边写着'先生写文章,半天工夫没写一个字'十几个字。我着急了,赶紧把头发掐断。小纸条儿落到地上,幸而没叫先生看见。他查看了一会儿认为没有什么,就又戴好眼镜写他的文章了。"

妈妈和我都笑了。我问:"要是先生看见了您的小纸条儿,会不会打您的手心呢？"

爷爷说："我们的先生不像别的先生，他从不打我们的手心。他见我们顽皮，不用心念书，只会皱起眉头说：'我要你们好，你们不要好！'"

妈妈说："这个话比打手心还重呢。"

我不去想哪个重哪个轻，又问爷爷："您那时候演戏是怎么演的？"

爷爷说："当然不像少年宫里那样，有舞台，有布景，演员还化装。我们书房隔壁屋子里有一张大炕床，我们就在炕床上演戏。采一丛满天星——你认得吗，那是球形的小黄花——想个办法把它安在耳朵边，就成了戴'英雄球'的武松。随便写个'王'字在前额上，就成了景阳冈上的老虎。武松有了，老虎有了，不就可以演《武松打虎》了吗？每逢先生来晚了，或者先生的朋友约他出去了，我们总要在炕床上玩一阵。"

我问："您扮武松还是扮老虎？"

爷爷说："我们轮着扮。扮老虎也挺有意思，尽可以往武松身上扑过去，让他招架不住，做个老虎打武松。"

我问："您演戏叫先生看见过没有？"

爷爷说："当然看见过，也无非说两声'我要你们好，你们不要好'了事儿。"爷爷说到这儿，停了一会儿，就带着兴奋的声调说下去，"有一回，先生可改变了调子，不说'你们不要好'，只是朝我们'好……好……好……'，说了一连串'好'。"

我赶紧说："什么事儿让他说了一连串的'好'呢？"

爷爷说："夏天，书房前边的院子里搭了凉篷。凉篷架用的粗毛竹，我们练了几天，就能往上爬了。两只手抓着粗毛竹，身子往上一耸，两条腿随即把粗毛竹夹住。两只手再移上一截，身子又往上一耸，两条腿又随即夹住。只要这样六七下子，就爬上房顶了。在房顶上望出去，只见连成一片的房顶，还有陷在一片房顶里的小胡同。也望得见邻舍院子里的情形，小孩儿在那里玩呀，什么花儿正在开呀，都比在平地上看有趣。我们爱上这新鲜玩意儿了，一天总要上几回房顶，站一会儿，或者坐一会儿。那天早晨，我们正在房顶上望城西一带青山，先生来了。他见我们站在房顶上，非常惊慌，似乎大灾难就在眼前。他说也说不成了，只是说'你们……好……好……好……'我们一个个从粗毛竹上滑下来了，他的'下来'还没说出来。他见我们一个指头也没碰伤，这才闭一闭眼睛定一定神，就把平时责备我们的话忘了。"

妈妈和我都笑了。爷爷带着笑声继续说："从前先生要学生好，现在先生也要学生好，这是一样的。从前先生认为只有读书好，现在先生除了教学生读书，还引导学生尽量地玩儿，认为玩儿跟读书同样重要，这是不同的地方。从这不同的地方看，你们幸福了。"

1956 年 12 月 8 日写毕

小弟弟的三句话

荷花缸里长出四个花骨朵儿。顶大的一个比荷叶还高，尖尖的，饱鼓鼓的，上半截儿显出粉红色。

小弟弟抬头看了看，自言自语地说："像个桃子。"

他是说那个顶大的花骨朵儿。他拿桃子来比那个顶大的花骨朵儿，比得很好。这句话挺有趣味。

卖冰棍儿的提着宽口的暖瓶在街上跑，嘴里不停地吆喝。妈妈喊住他，说要三支冰棍儿。他就开了暖瓶的盖儿，取出三支冰棍儿来。

小弟弟自言自语地说："冰棍儿在小冰箱里放着。"

宽口的暖瓶跟平常窄口的暖瓶差不了多少，小弟弟不会不知道那也是个暖瓶。他看它的用处跟家里的冰箱相仿，就管它叫小冰箱。这句话挺有趣味。

妈妈带着小弟弟上合作社买东西。回来以后，妈妈告诉我，小弟弟指着合作社墙上开着的电扇，一本正经地说："这个是飞机。"

我们家里没有电扇，小弟弟没见过电扇。他也没仔细看过真的飞机，只看过书上报上飞机的图画和照片。他注意了飞机的螺旋桨。现在看见电扇有螺旋桨，在那里转动，他就断定说"这个是飞机"。这句话挺有趣味。

1956 年 12 月 8 日写毕

昆虫备忘录 *

复　眼

我从小学三年级《自然》教科书上知道蜻蜓是复眼，就一直捉摸复眼是怎么回事。"复眼"，想必是好多小眼睛合成一个大眼睛。那它怎么看呢？是每个小眼睛都看到一个小形象，合成一个大形象？还是每个小眼睛看到形象的一部分，合成一个完整形象？捉摸不出来。

凡是复眼的昆虫，视觉都很灵敏。麻苍蝇也是复眼，你走近蜻蜓和麻苍蝇，还有一段距离，它就发现了，噌——飞了。

我曾经想过：如果人长了一对复眼？

还是不要！那成什么样子！

蚂　蚱

河北人把尖头绿蚂蚱叫"挂大扁儿"。西河大鼓里唱道："挂大扁儿甩子在那荞麦叶儿上。"这句唱词有很浓的季节感。为什么叫"挂大扁儿"呢？我怪喜欢"挂大扁儿"这个名字。

* 作者为中国当代作家汪曾祺，选自《岁朝清供》，生活·读书·新知三联书店，2019 年 3 月版。

我们那里只是简单地叫它蚂蚱。一说蚂蚱，就知道是指尖头绿蚂蚱。蚂蚱头尖，徐文长曾觉得它的头可以蘸了墨写字画画，可谓异想天开。

尖头蚂蚱是国画家很喜欢画的，画草虫的很少没有画过蚂蚱。齐白石、王雪涛都画过。我小时也画过不少张，只为它的形态很好掌握，很好画，——画纺织娘，画蝈蝈，就比较费事。我大了以后，就没有画过蚂蚱。前年给一个年轻的牙科医生画了一套册页，有一开里画了一只蚂蚱。

蚂蚱飞起来会格格作响，不知道它是怎么弄出这种声音的。蚂蚱有鞘翅，鞘翅里有膜翅。膜翅是淡淡的桃红色的，很好看。

我们那里还有一种"土蚂蚱"，身体粗短，方头，色黑如泥土，翅上有黑斑。这种蚂蚱，捉住它，它就吐出一泡褐色的口水，很讨厌。

天津人所说的"蚂蚱"，实是蝗虫。天津的"烙饼卷蚂蚱"，卷的是焙干了的蝗虫肚子，河北省人嘲笑农民谈吐不文雅，说是"蚂蚱打喷嚏——满嘴的庄稼气"，说的也是蝗虫。蚂蚱还会打喷嚏？这真是"遭改"庄稼人！

小蝗虫名蝻。有一年，我的家乡闹蝗虫，在这以前，大街上一街蝗蝻乱蹦，看着真是不祥。

花大姐

瓢虫款款地落下来了，折好它的黑绸衬裙——膜翅，顺顺溜溜：收拢硬翅，严丝合缝。瓢虫是做得最精致的昆虫。

"做"的？谁做的？

上帝。

上帝？

上帝做了一些小玩意儿，给他的小外孙女儿玩。

上帝的外孙女儿？

对。上帝说："给你！好看吗？"

"好看！"

上帝的外孙女儿？

对！

瓢虫是昆虫里面最漂亮的。

北京人叫瓢虫为"花大姐"，好名字！

瓢虫，朱红的，瓷漆似的硬翅，上有黑色的小圆点。圆点是有定数的，不能瞎点。黑色，叫作"星"。有七星瓢虫、十四星瓢虫……星点不同，瓢虫就分为两大类。一类是吃蚜虫的，是益虫；一类是吃马铃薯的嫩叶的，是害虫。我说吃马铃薯嫩叶的瓢虫，你们就不能改改口味，也吃蚜虫吗？

独角牛

吃晚饭的时候，呜——扑！飞来一只独角牛，摔在灯下。它摔得很重，摔晕了。轻轻一捏，就捏住了。

独角牛是硬甲壳虫，在甲虫里可能是最大的，从头到脚，约有二寸。甲壳铁黑色，很硬，头部尖端有一只犀牛一样的角。这家伙，是昆虫里的霸王。

独角牛的力气很大。北京隆福寺过去有独角牛卖。给它套上一辆泥制的小车，它就拉着走。北京管这个大力士好像也叫作独角牛。学名叫什么，不知道。

磕头虫

我抓到一只磕头虫，北京也有磕头虫？我觉得很惊奇。我拿给我的孩子看，以为他们不认识。

"磕头虫，我们小时候玩过。"

哦！

磕头虫的脖子不知道怎么有那么大的劲，把它的肩背按在桌面上，它就吧嗒吧嗒地不停地磕头。把它仰面朝天放着，它运一会气，脖子一挺，就反弹得老高，空中转体，正面落地。

蝇 虎

蝇虎，我们那里叫作苍蝇虎子，形状略似蜘蛛而长，短脚，灰黑色，有细毛，趴在砖墙上，不注意是看不出来的。蝇虎的动作很快，苍蝇落在它面前，还没有站稳，已经被它捕获，来不及嘤地叫一声，就进了苍蝇虎子的口了。蝇虎的食量惊人，一只苍蝇，眨眼之间就被吃得只剩一张空皮了。

苍蝇是很讨厌的东西，因此人对蝇虎有好感，不伤害它。

捉一只大金苍蝇喂苍蝇虎子，看着它吃下去，是很解气的。苍蝇虎子对送到它面前的苍蝇从来不拒绝。苍蝇虎子不怕人。

狗 蝇

世界上最讨厌的东西是狗蝇。狗蝇钻在狗毛里叮狗，叮得狗又疼又痒，烦躁不堪，发疯似的乱蹦，乱转，乱骂人，——叫。

陶罐和铁罐 *

国王的御厨里有两只罐子：一只是陶的，一只是铁的。骄傲的铁罐看不起陶罐，常常奚落它。

"你敢碰我吗？陶罐子！"铁罐傲慢地问。

"不敢，铁罐兄弟。"谦虚的陶罐回答说。

"我就知道你不敢，懦弱的东西！"铁罐摆出一副轻蔑的神气。

"我确实不敢碰你，但不能叫懦弱。"陶罐不卑不亢地说，"我们生来的任务是盛东西，并不是来互相碰撞的。在完成我们的本职任务方面，我不见得就比你差。再说……"

"住嘴！"铁罐愤怒地喝道，"你怎敢和我相提并论！你等着吧，要不了几天，你就会破成碎片，完蛋了！我却永远在这里，什么也不害怕。"

"何必这样说呢，"陶罐说，"我们还是和睦相处好，吵什么呢！"

"和你在一起我感到羞耻，你算什么东西！"铁罐说，"我们走着瞧吧，总有一天，你要变成碎片的！"

* 作者为中国当代作家、学者黄瑞云，选自《黄瑞云寓言》，湖北人民出版社，1981 年 8 月版。

陶罐不再理会。

时间不断地向前推移，世界上发生了许多事情，王朝覆灭了，宫殿倒塌了。两只罐子被遗落在废墟间。历史在它们的上面积满了渣滓和尘土，一个世纪连着一个世纪。

也不知过了多少世纪。终于有一天，人们来到这里，掘开厚厚的堆积，发现了那只陶罐。

"哟，这里头有一只罐子！"一个人惊讶地说。

"真的，一只陶罐！"其他的人也跟着高兴得叫起来。

大家把陶罐捧起，把它身上的泥土刷掉，擦洗干净，和当年在御厨的时候完全一样：朴素，美观，釉黑锃亮。

"一只多美的陶罐！"一个人说，"小心点，千万别把它弄破了，这是古代的东西，很有价值的。"

"谢谢你们！"陶罐兴奋地说，"我的兄弟铁罐就在我的旁边，请你们把它掘出来吧，它一定闷得够受了。"

人们立即动手，翻来覆去，把土都掘遍了。但，一点儿铁罐的影子也没有。——它，不知在什么年代便氧化了。人们只发现几块锈蚀不堪的铁片，而且不能断定那是否是铁罐的残余。

——以自己的强点去比人家的弱点是不应该的，人家也会有比你强的地方。

一九六九年，武昌

北风和太阳 *

　　北风和太阳争论谁的威力大。他们议定，谁能剥去行人的衣裳，就算谁胜利。北风开始猛烈地刮，行人把衣裳裹紧，北风就刮得更猛。后来，行人冷得厉害，又加上了更多的衣裳。北风终于刮累了，就让位给太阳。太阳先温和地晒，行人脱掉了添加的衣裳；太阳越晒越猛，行人热得难受，就把衣裳脱光，跳到附近的河里洗澡去了。

　　这故事是说，说服往往比压服更有效。

鹿和狮子 [*]

鹿口渴得难受，来到一处泉水边。他喝水时，望着自己在水里的影子，看见自己的角长而优美，洋洋得意，但看见自己的腿似乎细而无力，又闷闷不乐。鹿正自思量，出来一头狮子追他。他转身逃跑，把狮子拉下好远，因为鹿的力量在腿上，而狮子的力量在心里。这样，在空旷的平原上，鹿一直跑在前头，保住了性命；到了丛林地带，他的角被树枝绊住，再也跑不动，就被狮子捉住了。鹿临死时对自己说道："我真倒霉，我原以为会败坏我的，救了我，我十分信赖的，却使我丧命。"

同样，在危难时，曾被怀疑的朋友往往成为救星，被十分信赖的朋友却往往成为叛逆。

【拓展阅读】

临水顾影的鹿 ^{**}

一池清泉晶莹如明镜，

* 选自《伊索寓言》，罗念生等译，人民文学出版社，1981 年 9 月版。
** 作者为法国寓言诗人拉封丹，选自《拉封丹寓言诗全集》，杨松河译，译林出版社，2004 年 1 月版。

一只鹿照水自顾倩影，

对角之美不绝赞美声，

对腿之丑真叫难为情，

水中腿影长又细，

顾影自怜好伤心，

越看细腿气越生：

"我的腿和头多不相称，

我的头角高似矮树丛，

腿脚却让我太丢人。"

他正说着生闷气，

一只猎狗朝他奔。

他千方百计保小命，

一溜烟跑向大森林。

鹿角好看却碍事，

每时每刻都要命，

尽拖后腿不让跑，

磕磕绊绊闹毛病。

劫后余生鹿反省，

对年年长角的天缘好痛恨。

我们看重美，对实用却看轻，

可我们不时为美而丧生。

鹿怪腿细，而细腿使鹿机灵，

鹿爱角俏，而俏角害鹿性命。

池塘与河流 *

"这是怎么一回事？"池塘向河流这样打听道，"不论什么时候来看你，你的河水总是不停地流过去，好姐姐，难道你不感到吃力吗？而且，我几乎天天都看到，有时候你背负着沉重的大轮船，有时候你传送着一长串木排，我就不想再说什么小船和小舢板了：数也数不清，你究竟到什么时候才能抛开这种生活呢？老实说，换了我，真要愁闷死啦。我的命运比起你，可要好得多。当然，我没有名气，在地图上我并没有蜿蜒曲折经过一整页，随便哪个弹唱诗人都不会叮叮当当赞美我，但是，说老实话，这一切都是空虚的，我却能够躺在这个淤泥丰厚柔软的河岸里，正好像一个贵族夫人躺在羽绒褥垫上一样，又舒服，又悠闲自在；我在这儿，不但不需要去关心什么大轮船，还有什么木排，我甚至不知道一只小舢板有多少重；在我的水面上至多只有几片被一阵微风吹落到这儿来的树叶轻轻地漂来漂去。有什么东西可以代替这种无忧无虑的生活？不管风儿从哪一头吹来，我都一动不动地静观这尘世上的忙碌，还有那睡眼蒙眬的人生哲理！"

＊ 作者为俄国著名的寓言作家、诗人克雷洛夫，选自《克雷洛夫寓言精选》，辛未艾译，上海译文出版社，1995 年 6 月版。

"啊, 研究哲理! 你记不记得这样一条规律,"河流回答道,"水只有依靠流动才能保持活力? 我所以能够成为一条大河, 是因为我抛弃所谓安逸, 遵奉这个规律的缘故。但是正因为这样, 一年又一年, 我这儿都充满清洁的河水, 给人们带来了好处, 这样就得到人们的尊敬, 得到了荣誉。而且, 说不定, 我还将世世代代流下去, 到那时, 你已经被大家所遗忘, 人们根本不会谈到你。"

河流的话得到了应验, 它一直到今天还在奔流, 可是池塘却是一天比一天淤浅, 池塘里密布着厚厚的水藻, 长满了芦苇, 最后, 它完全干涸了。

因此, 有了才华而不对社会作贡献, 就会一天比一天衰落, 终于枯竭。一旦才华受到懒惰的控制, 他的事业就再也没法重振。

【拓展阅读】

急流与深水 *

一道急流从山后直奔而下,
雷鸣般的声响煞是可怕,
谁见谁逃, 无不惊恐,
村野闻声浑身抖动。
旅行者望而却步,

---

* 作者为法国寓言诗人拉封丹, 选自《拉封丹寓言诗全集》, 杨松河译, 译林出版社, 2004 年 1 月版。

犹如遇到拦路虎！

有个人被强盗追逐，

狗急会跳墙，只好冒险强渡。

急流咆哮吓唬人，

湍急水不深，

此人只受到一场虚惊。

险胜胆气升。

强盗依然穷追不舍，

落难人不怕挫折，

途中遇到一条深水河，

水面平静，安详，犹如在梦乡，

逃难人以为渡河易如反掌。

不见陡岸，只有清净沙滩，

坐骑帮他躲过盗匪劫难，

却沉没在无声波澜，

冥河呛水人马翻，

人马共渡鬼门关，

离开阳世久居阴间。

不吭声的人很阴险，

嗓门大的人反不然。

中国的石拱桥[*]

石拱桥的桥洞成弧形，就像虹。古代神话里说，雨后彩虹是"人间天上的桥"，通过彩虹就能上天。我国的诗人爱把拱桥比作虹，说拱桥是"卧虹""飞虹"，把水上拱桥形容为"长虹卧波"。

石拱桥在世界桥梁史上出现得比较早。这种桥不但形式优美，而且结构坚固，能几十年几百年甚至上千年雄跨在江河之上，在交通方面发挥作用。

我国的石拱桥有悠久的历史。《水经注》里提到的"旅人桥"，大约建成于公元 282 年，可能是有记载的最早的石拱桥了。我国的石拱桥几乎到处都有。这些桥大小不一，形式多样，有许多是惊人的杰作。其中最著名的当推河北省赵县的赵州桥，还有北京附近的卢沟桥。

赵州桥横跨在洨河上，是世界上最伟大的古代石拱桥，也是造成后一直使用到现在的最古的石桥。这座桥修建于公元 605 年左右，到现在已经一千三百多年了，还保持着原来的雄姿。到解放的时候，桥身有些残损了，在人民政府的领导下，经过彻底整修，

---

* 作者为中国桥梁专家、作家茅以升，选自《茅以升选集》，北京出版社，1986 年 9 月版。

这座古桥又恢复了青春。

赵州桥非常雄伟，全长 50.82 米，两端宽约 9.6 米，中部略窄，宽约 9 米。桥的设计完全合乎科学原理，施工技术更是巧妙绝伦。唐朝的张嘉贞说它"制造奇特，人不知其所以为"。这座桥的特点是：（一）全桥只有一个大拱，长达 37.02 米，在当时可算是世界上最长的石拱。桥洞不是普通半圆形，而是像一张弓，因而大拱上面的道路没有陡坡，便于车马上下。（二）大拱的两肩上，各有两个小拱。这个创造性的设计，不但节约了石料，减轻了桥身的重量，而且在河水暴涨的时候，还可以增加桥洞的过水量，减少洪水对桥身的冲击。同时，拱上加拱，桥身也更美观。（三）大拱由 28 道拱圈拼成，就像这么多同样形状的弓合拢在一起，做成一个弧形的桥洞。每道拱圈都能独立支撑上面的重量，一道坏了，其他各道不致受到影响。（四）全桥结构匀称，和四周景色配合得十分和谐；就连桥上的石栏石板也雕刻得古朴美观。唐朝的张鷟说，远望这座桥就像"初月出云，长虹饮涧"。赵州桥高度的技术水平和不朽的艺术价值，充分显示了我国劳动人民的智慧和力量。桥的主要设计者李春就是一位杰出的工匠。在桥头的碑文里还刻着他的名字。

永定河上的卢沟桥，在北京附近，修建于公元 1189—1192 年间。桥长 265 米，由 11 个半圆形的石拱组成，每个石拱长度不一，自 16 米至 21.6 米。桥宽约 8 米，路面平坦，几乎与河面平行。每两个石拱之间有石砌桥墩，把 11 个石拱联成一个整体。由于各拱相联，所以这种桥叫作联拱石桥。永定河发水时，来势很猛，以前两岸河堤常被冲毁，但这座桥却从没出过事，足见它的坚固。

桥面用石板铺砌，两旁有石栏石柱。每个柱头上都雕刻着不同姿态的狮子。这些石刻狮子，有的母子相抱，有的交头接耳，有的像倾听水声，千态万状，惟妙惟肖。

早在十三世纪，卢沟桥就闻名世界。那时候有个意大利人马可·波罗来过中国，他的游记里，十分推崇这座桥，说它"是世界上独一无二的"，并且特别欣赏桥栏柱上刻的狮子，说它们"共同构成美丽的奇观"。在国内，这座桥也是历来为人们所称赞的。它地处入都要道，而且建筑优美，"卢沟晓月"很早就成为北京的胜景之一。

卢沟桥在我国人民反抗帝国主义侵略战争的历史上，也是值得纪念的。在那里，1937年日本帝国主义发动了对我国的侵略战争。全国人民在中国共产党领导下英勇抗战，终于彻底打败了日本帝国主义。

为什么我国的石拱桥会有这样光辉的成就呢？首先，在于我国劳动人民的勤劳和智慧。他们制作石料的工艺极其精巧，能把石料切成整块大石碑，又能把石块雕刻成各种形象。在建筑技术上有很多创造，在起重吊装方面更有意想不到的办法。如福建漳州的江东桥，修建于八百年前，那座桥有的石梁一块就有二百吨重，究竟怎样安装上去的，至今还不完全知道。其次，我国石拱桥的设计施工有优良传统，建成的桥，用料省，结构巧，强度高。再其次，我国富有建筑用的各种石料，便于就地取材，这也为修造石桥提供了有利条件。

两千年来，我国修建了无数杰出的石拱桥。解放后，全国大规模兴建起各种型式的公路桥与铁路桥。其中就有不少石拱桥。

1961 年，云南省建成了一座世界最长的独拱石桥，名叫"长虹大桥"，长达 112.5 米。在传统的石拱桥的基础上，我们还造了大量的钢筋混凝土拱桥，其中"双曲拱桥"是我国劳动人民的新创造，我国桥梁事业的飞跃发展，表明了我国劳动人民的勤劳勇敢和卓越才能。

实　验*

　　我需要再做实验，只观察那些精力充沛、纵身一跃立即从我手指间飞走的石蜂。那些彳亍不前的，那些拖拖拉拉地停在灌木丛旁边的，全都不算。另外，我试图尽可能地计算出回窝所需要的时间。要做这样的实验，就得有大量的石蜂，羸弱的和瘸腿的都得扔掉，而这些可能相当多。要收集这么多的实验品，光找高墙石蜂是不行的。高墙石蜂不多见，而且我不想打扰这个小部落，因为我要在埃格河边用它来进行别的实验。幸运的是，在我家草料棚顶的飞檐下，有一个非常好的西西里石蜂窝，石蜂正在热火朝天地筑巢。那里居民人口众多，我想要多少就有多少。西西里石蜂个子小，比高墙石蜂小一半多；没关系，要是它们能够飞越四公里路后返回窝来，那么它们的功劳就更大了。我抓了四十只石蜂，像通常一样，一只只分别放在纸袋里。

　　我把一架梯子靠在墙上好爬到窝那里去。这梯子是给我的女儿阿格拉艾用的，有了这梯子，她就可以观察第一只石蜂回窝的准确时间。烟囱上的挂钟和我的手表配合使用，来比较出发和到

* 作者为法国昆虫学家、文学家法布尔，选自《昆虫记》卷 1，梁守锵译，花城出版社，2011 年 5 月版。

达的时刻。事情布置好后，我带着我的四十个囚犯前往埃格河冲积地高墙石蜂劳动的地点。走这趟路有两个目的：观察雷沃米尔的高墙石蜂和释放西西里石蜂。因此，西西里石蜂返回的距离还是四公里。

我的囚犯终于被释放了，它们胸部中央事先全都点了一个大白点。用指尖一只只摆弄这四十只暴躁的石蜂并不是没事找事干，它们会立即拔剑出鞘，挥动起有毒的螫针；而且常常是标记还没做好，手指已经被蜇了。我疼痛的手指不由自主地做出防卫的反应，我小心翼翼地去抓，不是怕损伤石蜂，而是怕自己的手指被蜇伤。我有时抓得重了些，没有顾及我的旅行者。进行实验以便有可能把真理的帷幕掀开一小角，真是美好而高尚的事情，可以使人们置许多危险于不顾；但是，如果在短短一段时间里，手指尖就被蜇了四十下，也会令人受不了的。对于责备我大拇指用劲太大的人，我建议他也去试一试，那他自己就会知道这种不愉快的景况是什么滋味了。

总之，或者是由于运输过程中身体疲劳，或者是由于我的手指用力太大，结果损坏了石蜂的关节，四十只石蜂中只剩下二十只飞跃得快捷有力，其他的都在附近的草丛中游荡，不太能保持平衡。我把它们放在柳树上，它们就一直待在那里，即使我用麦秸去赶，它们也不打算飞走。这些羸弱不堪者，这些肩膀脱臼的残废者，这些被我的手指弄得伤残者，都应该从名单上删除掉。从那里毫不犹豫地飞走的石蜂，只有二十只左右，这已经足够了。

在刚出发时，石蜂飞行并没有明确的方向，并不像节腹泥蜂那样直接向它们的窝飞去。石蜂一得到自由，便有的朝这个方向，有的朝相反的方向，四处乱逃，仿佛十分惊慌。尽管它们飞得那么急，可是我认为还是可以看到，朝与窝相反的方向飞的石蜂迅速掉头回飞，大部分似乎是朝窝那个方向飞。不过石蜂飞到二十米远就看不见了，对此我只好存疑。

直至此时，天气平静，实验进行得很顺利；可是现在麻烦来了。天气闷热，暴雨欲来，天昏地黑，狂风从南边，从我的石蜂们往它们的窝飞的方向刮来。它们能够顶着这股逆风往前飞吗？如果要这样做，它们就必须贴着地面飞行。石蜂现在正是这样飞的，而且还继续采着蜜。当它们高飞的时候，可以清清楚楚地辨别地点；可是现在，我根本办不到了。于是我在埃格河畔试图再了解一些高墙石蜂的秘密之后，便带着对实验能否成功惴惴不安的心情返回奥朗日了。

我一回到家便看到阿格拉艾满面春风，她激动地说："两只，有两只是两点四十分到的，肚皮下面还沾着花粉呢。"这时我的一个朋友来了，这是一位搞法律的严肃人物。他知道这件事后，把他的法典和贴了印花的文书都忘掉了，也想亲眼看看我的信鸽们的到达。此事的结果比有关调解共有的墙这样的官司更使他感兴趣。这时候烈日当空，围墙内热气蒸人好似火炉，他不戴帽子，靠灰色浓密的长头发来挡太阳，而且每隔五分钟，他就要爬上梯子。原先我是唯一坚守岗位的观察者，如今又有两双明亮的眼睛监视着石蜂的返回了。

我是在将近两点钟的时候放走石蜂的，而头一批是在两点四十分回到窝里，可见它们飞四公里用大约三刻钟的时间就够了。这个结果很惊人，尤其是考虑到石蜂一路上还要采蜜，这从它肚子上沾着黄黄的花粉可以看得出来；而且，旅行者还要逆风飞行，就更是令人惊奇了。我亲眼看到另外三只回来，也都带着一路劳动的证明，身上装载着花粉。日近黄昏，无法继续观察了。事实上，当太阳落山时，石蜂便会离开窝，各奔西东，不知躲到何处，也许到屋顶的瓦片下面或者墙旮旯里去了。我只能在阳光普照时，才能知道其他的石蜂有没有回来。

第二天，当太阳召唤分散各处的工人回到窝里来时，我对胸部标着白点的石蜂重新进行登记。实验的成功远远超出了我的期待，我看到有十五只，十五只昨天被赶出窝的石蜂正在储备粮食或者筑窝，就好像什么异乎寻常的事都没有发生过似的。之后，山雨欲来风满楼，暴风雨很快来临，而且一连几天雨都下个不停，我无法继续观察。

即便如此，这个实验也足以说明问题。我放飞的石蜂中，有二十只当时看来是可以长途旅行的，至少有十五只回来了：两只立即回来，三只在傍晚，其余的在第二天早上。尽管逆风，尽管更严重的困难是，我把它们运往的地方对它们来说完全陌生，但它们还是回来了。我选来作为出发地的埃格河畔的柳林，对它们来说无疑是初次旅行，它们从没有离开这么远过。在我的草料棚顶的飞檐下筑窝和备粮，一切必需品都在手边，墙脚的小路提供灰浆，房屋四周开满鲜花的草地提供花蜜和花粉。它们十分节约时间，不会舍近求远到远离四公里的地方去寻找离窝几步路多得是的东西。何况我每天都看到它们从小路上取得建筑材料，在草地的花朵，特别是在草地植物上，采集花蜜和花粉。由此看来，它们远征的范围方圆不会超过一百米。那么被我带到异地的这些昆虫是怎回来的呢？是什么给它们指路呢？肯定不是记忆，而是一种特殊的能力。我们只能根据惊人的后果确认有这种能力，而别想加以解释，因为这种能力是我们的心理学解释不了的。

尾巴它有一只猫*

有一条尾巴，它很自豪。

"因为，"它说，"我拥有一只猫。"

拥有一只猫，这条尾巴真的不得了。值得骄傲，值得骄傲，完全值得骄傲。

可是，一条尾巴，它怎么能有一只猫？

难道……

它把猫养在家里，或者把猫关在笼子里？反正让人想不到。

"哼，用得着关吗？"这条尾巴轻蔑地说，"我把我的猫，看得牢牢的，它从来不能离开我一分一秒。我从出生开始，就拥有这只猫，无论它想吃想玩还是想睡觉，它都得听我的话，跟在我身边，真是乖得不得了。"

那么，一条尾巴拥有的猫，肯定不是真的猫。

因为，尾巴很小，它的猫应该特别特别小。会不会，干脆就是一只跳蚤？

尾巴听了，哈哈大笑："跳蚤就是跳蚤，猫就是猫。难道我连

* 作者为当代儿童文学作家卢颖，选自《尾巴它有一只猫》，中国中福会出版社，2015年10月版。

这个也不知道？"

"请你听好，"尾巴说，"我的这只猫，乖得不得了，我天天骑着它满地跑。别的猫都是有尾巴，可我这条尾巴啊，就是有一只猫。"

"哈哈哈哈，"尾巴上的跳蚤听见它的话，哈哈大笑，"尾巴呀，你就是太骄傲，我是一只小小的跳蚤，可是我可以自由跳。你有一只猫，哈哈，如果你有一只猫，那你为什么还不得不跟着它跑？实话告诉大家吧，做一条尾巴就是一条尾巴，自豪也就自豪吧，可骗人总归不大好。是猫有你这条尾巴，不是你这条尾巴有一只猫！"

听见跳蚤的话，尾巴很害羞，躲起来了。是这样吗？

当然没有，绝对没有。

尾巴坚持自己的观点："我就是有一只猫。我跟着它跑是因为我愿意。你看小孩子，做爸爸妈妈的小尾巴，跟着跑。可是，难道只是爸爸妈妈有一个小孩子，不是小孩子也有爸爸妈妈吗？猫可以有一条尾巴，为什么尾巴就不能有一只猫？"

尾巴的话被另一条尾巴听见了，另一条尾巴是狗的尾巴，它很高兴。

它说："哎呀，原来我有一只狗啊，真好！"

狗生气了吗？没有。因为它也听见了猫尾巴的话。它跟在主人的身后，它正在高兴地想："对呀，原来我有一个人，多妙！"

肥皂泡 *

小的时候，游戏的种类很多，其中我最爱玩的是吹肥皂泡。

下雨的时节，不能到山上海边去玩，母亲总教给我们在廊子上吹肥皂泡。她说是阴雨时节天气潮湿，肥皂泡不容易破裂。

法子是将用剩的碎肥皂，放在一只小木碗里，加上点水，和弄和弄，使它融化，然后用一支竹笔套管，沾上那黏稠的肥皂水，慢慢地吹起，吹成一个轻圆的网球大小的泡儿，再轻轻地一提，那轻圆的球儿，便从管上落了下来，软悠悠地在空中飘游。若用扇子在下面轻轻地扇送，有时能飞到很高很高。

这肥皂泡，吹起来很美丽，五色的浮光，在那轻清透明的球面上乱转。若是扇得好，一个大球，会分裂成两三个玲珑娇软的小球，四散分飞。有时吹得太大了，扇得太急了，这脆薄的球，会扯成长圆的形式，颤巍巍的，光影零乱，这时大家都悬着心，仰着头，停着呼吸，——不久这光丽的薄球，就无声地散裂了，肥皂水落了下来，洒到眼睛里，使大家都忽然低了头，揉出了眼泪。

静夜里为何想到了肥皂泡？——因为我觉得这一个个轻清脆

* 作者为中国现代作家冰心，选自《冰心散文选集》，刘家鸣编，百花文艺出版社，1992 年 2 月版。

丽的球儿，像一串美丽的昼梦！

　　像昼梦，是我们自己小心地轻轻吹起的，吹了起来，又轻轻地飞起，是那么圆满，那么自由，那么透明，那么美丽。目送着她，心里充满了快乐、骄傲与希望，想到借着扇子的轻风，把她一个个送上天去送过海去。到天上，轻轻地挨着明月，渡过天河跟着夕阳西去。或者轻悠悠地飘过大海，飞越山巅，又低低地落下，落到一个美人的玉搔头边，落到一个浓睡中的婴儿的雏发上……

　　自然的，也像昼梦，一个一个地吹起，飞高，又一个一个地破裂，廊子是我们现实的世界，这些要她上天过海的光球，永远没有出过我们仄长的廊子！廊外是雨丝风片，这些使我快乐、骄傲、希望的光球，都一个个地在雨丝风片中消灭了。

　　生来是个痴孩子，我从小就喜欢做昼梦，做惯了梦，常常从梦中得慰安，生希望，越做越觉得有道理，简直不知道自己是在做梦，最后简直把昼梦当作最高的理想，受到许多朋友的劝告讥嘲。而在我的精神上的胰皂泡没有破灭，胰皂水没有洒到我的心眼里使我落泪之先，我常常顽强地拒绝了朋友的劝告，漠视了朋友的讥嘲。

　　自小起做的昼梦，往少里说，也有十来个，这十几年来，渐渐地都快消灭完了。有几个大的光球，破灭时候，都会重重地伤了我的心，破坏了我精神上的均衡，更不知牺牲了我多少的眼泪。

　　到现在仍有一两个光球存在着，软悠悠地挨着廊边飞。不过我似乎已超过了那悬心仰头的止境，只用镇静的冷眼，看她慢慢地往风雨中的消灭里走!

　　只因常做梦, 我所了解的人, 都是梦中人物, 所知道的事, 都是梦中的事情。梦儿破灭了当然有些悲哀, 悲哀之余, 又觉得这悲哀是冤枉的。若能早想起儿时吹胰皂泡的情景与事实, 又能早觉悟到这美丽脆弱的光球, 是和我的昼梦一样的容易破灭, 则我早就是个达观而快乐的人! 虽然这种快乐不是我所想望的!

　　今天从窗户里看见孩子们奔走游戏, 忽然想起这一件事, 夜静无事姑记之于此, 以志吾过, 且警后人。

　　　　　　　　　　　一九三六年三月二十二日, 北平。

呼兰河传*（节选一）

七

过去了卖麻花的，后半天，也许又来了卖凉粉的，也是一在胡同口的这头喊，那头就听到了。

要买的拿着小瓦盆出去了。不买的坐在屋子一听这卖凉粉的一招呼，就知道是应烧晚饭的时候了。因为这凉粉一个整个的夏天都是在太阳偏西，他就来的，来得那么准，就像时钟一样，到了四五点钟他必来的。就像他卖凉粉专门到这一条胡同来卖似的。似乎在别的胡同里就没有为着多卖几家而耽误了这一定的时间。

卖凉粉的一过去了。一天也就快黑了。

打着搏楞鼓的货郎，一到太阳偏西，就再不进到小巷子里来，就连僻静的街他也不去了，他担着担子从大街口走回家去。

卖瓦盆的，也早都收市了。

检绳头的，换破乱❶的也都回家去了。

只有卖豆腐的则又出来了。

晚饭时节，吃了小葱沾大酱就已经很可口了，若外加上一块

＊ 作者为中国现代作家萧红，选自《呼兰河传（全新校订版）》第一章第七、八、九节，人民文学出版社，2018 年 4 月版。
❶ 破乱，即破烂儿。

豆腐，那真是锦上添花，一定要多浪费两碗苞米大云豆粥的。一吃就吃多了，那是很自然的，豆腐加上点辣椒油，再拌上点大酱，那是多么可口的东西。用筷子触了一点点豆腐，就能够吃下去半碗饭，再到豆腐上去触了一下，一碗饭就完了。因为豆腐而多吃两碗饭，并不算多吃得多，没有吃过的人，不能够晓得其中的滋味的。

所以卖豆腐的人一来了，男女老幼，全都欢迎。打开门来，笑盈盈的，虽然不说什么，但是彼此有一种融洽的感情，默默生了起来。

似乎卖豆腐的在说：

"我的豆腐真好！"

似乎买豆腐的回答：

"你的豆腐果然不错。"

买不起豆腐的人对那卖豆腐的，就非常的羡慕，一听了那从街口越招呼越近的声音，就特别的感到诱惑，假若能吃一块豆腐可不错，切上一点青辣椒，拌上一点小葱子。

但是天天这样想，天天就没有买成，卖豆腐的一来，就把这等人白白的引诱一场。于是那被诱惑的人，仍然逗不起决心，就多吃几口辣椒，辣得满头是汗。他想假若一个人开了一个豆腐房可不错，那就可以自由随便的吃豆腐了。

果然，他的儿子长到五岁的时候，问他：

"你长大了干什么？"

五岁的孩子说：

"开豆腐房。"

这显然要继承他父亲未遂的志愿。

关于豆腐这美妙的一盘菜的爱好，竟还有甚于此的，竟有想要倾家荡产的。传说上，有这样的一个家长，他下了决心，他说：

"不过了，买一块豆腐吃去！"这"不过了"的三个字，用旧的语言来翻译，就是毁家纾难的意思，用现代的话来说，就是："我破产了！"

八

卖豆腐的一收了市，一天的事情都完了。

家家户户都把晚饭吃过了。吃过了晚饭，看晚霞的看晚霞，不看晚霞的躺到炕上去睡觉的也有。

这地方的晚霞是很好看的，有一个土名，叫火烧云。说"晚霞"人们不懂，若一说"火烧云"就连三岁的孩子也会呀呀的往西天空里指给你看。

晚饭一过，火烧云就上来了。照得小孩子的脸是红的。把大白狗变成红色的狗了。红公鸡就变成金的了。黑母鸡变成紫檀色的了。喂猪的老头子，往墙根上靠，他笑盈盈的看着他的两匹小白猪，变成小金猪了，他刚想说：

"他妈的，你们也变了……"

他的旁边走来了一个乘凉的人，那人说：

"你老人家必要高寿，你老是金胡子了。"

天空的云，从西边一直烧到东边，红堂堂的，好像是天着了火。

这地方的火烧云变化极多，一会红堂堂的了，一会金洞洞的了，一会半紫半黄的，一会半灰半百合色。葡萄灰，大黄梨，紫茄子，这些颜色天空上边都有。还有些说也说不出来的，见也未曾见过的，诸多种的颜色。

五秒钟之内，天空里有一匹马，马头向南，马尾向西，那马是跪着的，像是在等着有人骑到它的背上，它才站起来。再过一秒钟，没有什么变化。再过两三秒钟，那匹马加大了，马腿也伸开了，马脖子也长了，但是一条马尾巴却不见了。

看的人，正在寻找马尾巴的时候，那马就变靡了。

忽然又来了一条大狗，这条狗十分凶猛，它在前边跑着，它的后边似乎还跟了好几条小狗仔。跑着跑着，小狗就不知跑到那里去了，大狗也不见了。

又找到了一个大狮子，和娘娘庙门前的大石头狮子一模一样的，也是那么大，也是那样的蹲着，很威武的，很镇静的蹲着，它表示着抹视一切的样子，似乎眼睛连什么也不眨，看着看着的，一不谨慎，同时又看到了别一个什么。这时候，可就麻烦了，人的眼睛不能同时又看东，又看西。这样子会活活把那个大狮子糟蹋了。一转眼，一低头，那天空的东西就变了。若是再找，怕是看瞎了眼睛也找不到了。

大狮子既然找不到，另外的那什么，比方就是一个猴子吧，猴子虽不如大狮子，可同时也没有了。

一时恍恍惚惚的，满天空里又像这个，又像那个，其实是什么也不像，什么也没有了。

必须是低下头去，把眼睛揉一揉，或者是沉静一会再来看。

可是天空偏偏又不常常等待着那些爱好它的孩子。一会工夫火烧云下去了。

于是孩子们困倦了，回屋去睡觉了。竟有还没能来得及进屋的，就靠在姐姐的腿上，或者是依在祖母的怀里就睡着了。

祖母的手里，拿着白马鬃的蝇甩子，就用蝇甩子给他驱逐着蚊虫。

祖母还不知道这孩子是已经睡了，还以为他在那里玩着呢！

"下去玩一会去吧！把奶奶的腿压麻了。"

用手一推，这孩子已经睡得摇摇晃晃的了。

这时候，火烧云已经完全下去了。

于是家家户户都进屋去睡觉，关起窗门来。

呼兰河这地方，就是在六月里也是不十分热的，夜里总要盖着薄棉被睡觉。

等黄昏之后的乌鸦飞过时，只能够隔着窗子听到那很少的尚未睡的孩子在嚷叫：

> 乌鸦乌鸦你打场，
>
> 给你二斗粮……
>
> ……

那铺天盖地的一群黑乌鸦，啊啊的大叫着在整个的县城的头顶上飞过去了。

据说飞过了呼兰河的南岸，就在一个大树林子里边住下了。明天早晨起来再飞。

夏秋之间每夜要过乌鸦，究竟这些成百成千的乌鸦过到哪里去，孩子们是不大晓得的，大人们也不大讲给他们听。

只晓得念这套歌，"乌鸦乌鸦你打场，给你二斗粮。"

究竟给乌鸦二斗粮做什么，似乎不大有道理。

九

乌鸦一飞过，这一天才真正的过去了。

因为大昴星升起来了，大昴星好像铜球似的亮咚咚的了。

天河和月亮也都上来了。

蝙蝠也飞起来了。

是凡跟着太阳一起来的，现在都回去了。人睡了，猪、马、牛、羊也都睡了，燕子和蝴蝶也都不飞了。就连房根底下的牵牛花，也一朵没有开的。含苞的含苞，卷缩的卷缩。含苞的准备着欢迎那早晨又要来的太阳，那卷缩的，因为它已经在昨天欢迎过了，它要落去了。

随着月亮上来的星夜，大昴星也不过是月亮的一个马前卒，让它先跑到一步就是了。

夜一来蛤蟆就叫，在河沟里叫，在洼地里叫。虫子也叫，在院心草棵子里，在城外的大田上，有的叫在人家的花盆里，有的叫在人家的坟头上。

夏夜若无风无雨就这样地过去了。一夜又一夜。

很快的夏天就过完了，秋天就来了。秋天和夏天的分别不太大，也不过天凉了，夜里非盖着被子睡觉不可。种田的人白天忙着收割，夜里多做几个割高粱的梦就是了。

女人一到了八月也不过就是浆衣裳，拆被子，捶棒槌，捶得街街巷巷早晚的叮叮当当的乱响。

"棒槌"一捶完，做起被子来，就是冬天。

冬天下雪了。

人们四季里，风、霜、雨、雪的过着，霜打了，雨淋了。大风来时是飞沙走石，似乎是很了不起的样子。冬天，大地被冻裂了，江河被冻住了。再冷起来，江河也被冻得咯咯的响着裂开了纹。冬天，冻掉了人的耳朵，冻破了人的鼻子，冻裂了人的手和脚。

但这是大自然的威风，与小民们无关。

呼兰河的人们就是这样，冬天来了就穿棉衣裳，夏天来了就穿单衣裳。就好像太阳出来了就起来，太阳落了就睡觉似的。

被冬天冻裂了手指的，到了夏天也自然就好了。好不了的，到"李永春"药铺，去买二两红花，泡一点红花酒来擦一擦，擦得手指通红也不见消，也许就越来越肿起来。那么再到"李永春"药铺去，这回可不买红花了，是买了一贴膏药来。回到家里，用火一烤，黏黏糊糊的就贴在冻疮上了。这膏药是真好，贴上了一点也不碍事。该赶车的去赶车，该切菜的去切菜。黏黏糊糊的是真好，见了水也不掉，该洗衣裳的洗衣裳去好了。就是掉了，拿在火上再一烤，就还贴得上的。一贴，贴了半个月。

呼兰河这地方的人，什么都讲结实，耐用，这膏药这样的耐用，实在是合乎这地方的人情。虽然是贴了半个月，手也还没有见好，但这膏药总算是耐用，没有白花钱。

于是再买一贴去，贴来贴去，这手可就越肿越大了。还有些买不起膏药的，就检人家贴乏了的来贴。

到后来，那结果，谁晓得都怎样呢，反正一塌糊涂去了吧。

春夏秋冬，一年四季来回循环的走，那是自古也就这样的了。

风霜雨雪，受得住的就过去了，受不住的，就寻求着自然的结果。那自然的结果不大好，把一个人默默的一声不响的就拉着离开了这人间的世界了。

至于那还没有被拉去的，就风霜雨雪，仍旧在人间被吹打着。

"漏" *

从前，有一户人家：一个老头，一个老婆，还喂着一头黑脊背、白胸脯、俊俊硕硕的小胖驴。

山上住着一只老虎，山下住着一个蠢贼。老虎嘴馋，一心想着吃这只小胖驴；蠢贼手馋，一心想着偷这只小胖驴。

一天晚上，下着蒙蒙小雨。老虎来了，蠢贼也来了。虎用爪在墙壁上抓，贼用手在屋顶上挖，不大会儿，墙被虎抓了个窟窿，屋顶被贼挖了个窟窿。老虎钻进驴圈，贼也正想往下跳，忽然，老头老婆在里间屋说起话来，老虎和蠢贼吓得大气都不敢出了。

老头说："老伴，好像有什么声音在响？"

老婆说："唉！管它狼哩，管它虎哩，我什么都不怕，就怕漏！"

虎在屋内趴着想："翻山越岭我什么都见过，就是没有见过'漏'，莫非'漏'比我还厉害？"

贼在屋顶蹲着想："走南闯北我什么都听过，就是没听说过'漏'，莫非'漏'比我还厉害？"

老虎吓得浑身发麻，蠢贼听得腿弯直软，贼一怕，脚一滑，"扑

* 本文由陈清漳搜集整理，选自《中国民间故事大观》，陶阳选编，北京出版社，1999 年 1 月版。

通"从房顶窟窿里跌下来，正巧摔在虎背上。虎未料到房上会有东西掉下来，心想："坏事，'漏'捉我来了！"撒腿就往外跑。

贼栽得昏头转向，一摸是个毛刺刺的东西，心想："坏事，'漏'等着吃我哩！"拼命抱住虎脖子不敢松手。

老虎驮着蠢贼，蠢贼骑着老虎，跑呀，跑呀，累得老虎筋都快断了，颠得蠢贼骨头架都快散了，前边有棵弯爬爬树，老虎想："'漏'真厉害，像粘粘胶一样，贴住我了，到树跟前，得把它挤蹭下来，好逃命。"

蠢贼也想："'漏'真厉害，旋风一样，停都不停，一定驮到家再吃我，到树跟前，得想法蹿上去，好逃命。"

说话到了树跟前，虎把身一歪，贼就势一纵攀到树上。

老虎逃回洞里，一群小老虎拥上来，搂腰抱腿，乱喊乱叫：

"娘，俺吃小胖驴！"

"娘，俺吃小胖驴！"

"让漏快把你娘的胆子都吓破了，你们还吃小胖驴哩！"

小老虎听娘说有"漏"，又都哭闹着嚷：

"娘，俺想看漏！"

"娘，俺想看漏！"

老虎被哭闹得没法，说："你娘长这么大也没见过个漏！来，把你们套在娘脖里，领你们去看漏。"说着，把小老虎一个个用绳绑好，拴在它脖里，一块走出洞。

贼在树上，刚醒过魂，又冷又饿，正想下来，一看路上不远处，呼呼来了一群黑东西，心说："哎哟，一个大漏还不算，又领来一群小漏，这下可活不成了！"赶忙往树梢上爬，总嫌离地太近，紧爬慢爬，"喀嚓"一响，树枝断了，一个倒栽葱摔在山坡大石头上，跌成了个肉饼子。

老虎快到树跟前，见天上掉下个黑东西，响声又这么大，吓得赶忙说："孩子们，快跟娘跑，大漏扔下小漏捉咱来了！"说着把身一转，腰一扭，也不管酸枣棵，也不管蒺藜窝，一气跑了好几座大山，东摔西碰，一群小老虎把毛磨得黑一块白一块，拖得龇牙咧嘴都不出气了。最后，老虎也累倒在地上，瞅着小老虎，有气无力地说：

"唉，非要看漏，非要看漏！把你娘累得浑身白毛子汗，你们不说疼娘，把皮袄脱得光光的，还龇着牙笑哩！"

枣核 *

　　早年间，在山脚下的一个庄里，有一家人家，只是两口子过日子，成天价盼个小孩。两口子都说："俺哪怕有枣核那么大个孩子也好啊！"说了这个话，过了不少日子，生了一个小孩。无巧不成故事，正好像枣核那么点儿。两口子欢喜得了不得，给孩子起了个名字叫枣核。

　　一年又一年，枣核一点也不见长，还是像枣核那么点儿。爹说："枣核呀！白叫我欢喜了一场，养活你这样的孩子能做什么！"娘说："枣核呀！你一点不见长，我也真为你愁得慌！"枣核说："爹、娘，都不用愁，别看我人小，一样能做事情。"

　　枣核很勤快，天天干活，不但身体练得结实，还学了很多的本领。他能扶犁，也能赶驴，打柴比别人打得都多，因为别人上不去的地方他也能上去，他一蹦就能蹦屋脊那么高。邻舍百家都夸奖起枣核来，有的埋怨自己的孩子说："人家枣核那么点儿，也能做活，你不会做活，还不羞！"枣核的爹娘也高兴了起来。

---

* 作者为中国当代作家董均伦、江源，选自《聊斋汊子》，中国民间文艺出版社，1982 年 12 月版。

枣核不光勤快，也很精明。

有一年旱天，满坡里的庄稼一粒也没收，庄户人都没有吃的，城里的衙门里还是下来要官粮。庄户人纳不上粮，县官就吩咐衙役把牛、驴都牵了去。

牵去了牛、驴，没有了种庄稼的本儿啦，大伙都愁得了不得。枣核对大伙说："都不用愁，我有办法！"有的人却不相信，说："我才不信咧，你别小人说大话啦！"枣核也不争辩，只是说："不信，你们就看看。"

到了晚上，枣核跑到县官拴牛、驴的院子外面，一蹦蹦进墙去。等衙役都睡着了，解开缰绳，又一蹦蹦到驴耳朵里，"哦喝！哦喝！"大声吆喝着赶驴。衙役们从梦里跳了起来，惊慌地喊着："进来牵驴的啦！进来牵驴的啦！"明刀长枪的，到处搜人。

闹腾了一阵，什么也没搜着。刚刚躺下，又听到"哦喝！哦喝！"，又都跳了起来，还是哪里也没搜到人。才躺下，却又吆喝起来。到了过半夜，衙役们都瞌睡得了不得，有一个衙役头说："不用管它，不知是个什么东西作怪，咱们睡咱们的觉吧。"衙役们困慌了，倒下睡得和泥块一样，什么动静也听不见了。枣核从驴耳朵里跳了下来，把门开开，赶着牲口回了庄。

牵走了牲口，县官是不肯罢休的，天一亮，就带着衙役下去捉拿庄户人。枣核蹦出来说："牲口是我牵的，你要怎样！"

县官叫着说："快绑起来！快绑起来！"

衙役拿出铁锁来，去绑枣核。"噗"的一声，枣核打铁锁链子缝里蹦了出来，站在那里哈哈地笑。

衙役们都急得直转，不知怎么拿好，还是县官主意多，说："把他使钱褡❶装着背到大堂去吧！"

县官坐了大堂，把惊堂木一拍说："给我打！"

打这面，枣核蹦到那面去，打那面，枣核蹦到这面来，怎么的也打不着。县官气得脸通红嚷道："多加几个人，多加几条棍！"

枣核这次不往别处蹦，一蹦蹦到了县官的胡子上，抓着胡子荡秋千。县官慌张了，直喊："快打！快打！"一棍打下去，没打着枣核，却打着县官的下巴骨啦，把县官的牙都打下来了。满堂的人都慌了，一齐去照顾县官，枣核便大摇大摆地走了。

---

❶ 钱褡，装钱物的口袋。

四年级

繁　星 *

　　我爱月夜，但我也爱星天。从前在家乡七、八月的夜晚在庭院里纳凉的时候，我最爱看天上密密麻麻的繁星。望着星天，我就会忘记一切，仿佛回到了母亲的怀里似的。

　　三年前在南京我住的地方有一道后门，每晚我打开后门，便看见一个静寂的夜。下面是一片菜园，上面是星群密布的蓝天。星光在我们的肉眼里虽然微小，然而它使我们觉得光明无处不在。那时候我正在读一些关于天文学的书，也认得一些星星，好像它们就是我的朋友，它们常常在和我谈话一样。

　　如今在海上，每晚和繁星相对，我把它们认得很熟了。我躺在舱面上，仰望天空。深蓝色的天空里悬着无数半明半昧的星。船在动，星也在动，它们是这样低，真是摇摇欲坠呢！渐渐地我的眼睛模糊了，我好像看见无数萤火虫在我的周围飞舞。海上的夜是柔和的，是静寂的，是梦幻的。我望着那许多认识的星，我仿佛看见它们在对我霎眼，我仿佛听见它们在小声说话。这时我忘记了一切。在星的怀抱中我微笑着，我沉睡着。我觉得自己是

＊ 作者为中国现代作家巴金，选自《巴金六十年文选》，李济生、李小林编，上海文艺出版社，1986 年 12 月版。

一个小孩子，现在睡在母亲的怀里了。

　　有一夜，那个在哥伦波上船的英国人指给我看天上的巨人。他用手指着：那四颗明亮的星是头，下面的几颗是身子，这几颗是手，那几颗是腿和脚，还有三颗星算是腰带。经他这一番指点，我果然看清楚了那个天上的巨人。看，那个巨人还在跑呢！

　　　　　　　　　　　　　　　　　　　　　　一九二七年

一个豆荚里的五粒豆*

　　有一个豆荚，里面有五粒豌豆。它们都是绿的，豆荚也是绿的，因此它们就以为整个世界都是绿的。事实也正是这样！豆荚在生长，豆粒也在生长。它们按照它们在家庭里的地位，坐成一排。太阳在外面照着，把豆荚晒得暖洋洋的，雨把它洗得洁净透明。这儿是既温暖，又舒适；白天有亮，晚间黑暗，这本是必然的规律。豌豆粒坐在那儿越长越大，同时也越变得沉思起来，因为它们多少得做点事情呀。

　　"难道我们永远就在这儿坐下去吗？"它们中的一个问，"我恐怕老这样坐下去，我们会变得僵硬起来。我似乎觉得外面发生了一些事情——我有这种预感！"

　　许多星期过去了。这几粒豌豆变黄了，豆荚也变黄了。

　　"整个世界都在变黄啦！"它们说。它们也可以这样说。

　　忽然它们觉得豆荚震动了一下。它被摘下来了，落到人的手上，跟许多别的丰满的豆荚在一起，溜到一件马甲的口袋里去。

　　"我们不久就要被打开了！"它们说。于是它们就等待这件事

* 作者为丹麦童话作家 H.C. 安徒生，选自《安徒生童话全集》，叶君健译，浙江文艺出版社，2021 年 6 月版。

情的到来。

"我倒想要知道，我们之中谁会走得最远！"最小的一粒豆说，"是的，事情马上就要揭晓了。"

"该怎么办就怎么办！"最大的那一粒说。

"啪！"豆荚裂开来了。那五粒豆子全都滚到太阳光里来了。它们躺在一个孩子的手中。这个孩子紧紧地捏着它们，同时说它们正好可以当作豆枪的子弹用。他马上安一粒进去，把它射出来。

"现在我要飞向广大的世界里去了！如果你能捉住我，那么就请你来吧！"于是它就飞走了。"我，"第二粒说，"我将直接飞进太阳里去。这才像一个豆荚呢，而且与我的身份非常相称！"于是它就飞走了。

"我们到了什么地方，就在什么地方睡，"其余的两粒说，"不过我们仍得向前滚。"因此它们在没有到达豆枪以前，就先在地上滚起来。但是它们终于被装进去了。它们说："我们才会射得最远呢！"

"该怎么样就怎么样！"最后的那一粒说。它射到空中去了。它射到顶楼窗子下面一块旧板子上，正好钻进一个长满了青苔和霉菌的裂缝里去。青苔把它裹起来。它躺在那儿真可以说成了一个囚犯，可是我们的上帝并没忘记它。

"应该怎么样就会怎么样！"它说。

在这个小小的顶楼里住着一个穷苦的女人。她白天到外面去擦炉子、锯木材，并且做许多类似的粗活，因为她很强壮，而且也很勤俭，不过她仍然是很穷。她有一个发育不全的独生女儿，躺在这顶楼上的家里。她的身体非常虚弱。她在床上躺了一整年；

看样子既活不下去，也死不了。

"她快要到她亲爱的姐姐那儿去了！"女人说，"我只有两个孩子，但是养活她们两个人是够困难的。善良的上帝分担我的愁苦，已经接走一个了。我现在把留下的这一个养着。不过我想他不会让她们分开的，她也会到她天上的姐姐那儿去的。"

可是这个病孩子并没有离开。她安静地、耐心地整天在家里躺着，她的母亲到外面去挣点生活的费用。这正是春天。一大早，当母亲正要出去工作的时候，太阳温和地、愉快地从那个小窗子射进来，一直射到地上。这个病孩子望着最低的那块窗玻璃。

"从窗玻璃旁边探出头来的那个绿东西是什么呢？它在风里摆动！"

母亲走到窗子那儿去，把窗打开一半。"啊！"她说，"我的天，原来是一粒小豌豆在这儿生了根。还长出小叶子来了。它怎样钻进这个隙缝里去的？你现在可有一个小花园来供你欣赏了！"

病孩子的床搬得更挨近窗子，好让她看到这粒正在生长着的豌豆。于是母亲便出去做她的工作了。

"妈妈，我觉得我好了一些！"这个小姑娘在晚间说，"太阳今天在我身上照得怪温暖的。这粒豆子长得好极了，我也会长得好的；我将爬起床来，走到温暖的太阳光中去。"

"愿上帝准我们这样！"母亲说，但是她不相信事情就会这样。不过她仔细地用一根小棍子把这植物支起来，好使它不致被风吹断，因为它使她的女儿对生命起了愉快的想象。她从窗台上牵了一根线到窗框的上端去，使这粒豆可以盘绕着它向上长，它的确在向上长——人们每天可以看到它在生长。

"真的，它现在要开花了！"女人有一天早晨说。她现在开始希望和相信，她的病孩子会好起来。她记起最近这孩子讲话时要比以前愉快得多，而且最近几天她自己也能爬起来，直直地坐在床上，用高兴的眼光望着这一棵豌豆所形成的小花园。一星期以后，这个病孩子第一次能够坐一整个钟头。她快乐地坐在温暖的太阳光里。窗子打开了，它面前是一朵盛开的、粉红色的豌豆花，小姑娘低下头来，把它柔嫩的叶子轻轻地吻了一下。这一天简直像一个节日。

"我幸福的孩子，上帝亲自种下这棵豌豆，叫它长得枝叶茂盛，成为你我的希望和快乐！"高兴的母亲说。她对这花儿微笑，好像它就是上帝送下来的一位善良的安琪儿。

但是其余的几粒豌豆呢？嗯，那一粒曾经飞到广大的世界里去，并且还说过："如果你能捉住我，那么就请你来吧！"它落到屋顶的水笕里去了，在一个鸽子的嗉囊里躺下来，正如约拿躺在鲸鱼肚中一样❶。那两粒懒惰的豆子也不过只走了这么远，因为它们也被鸽子吃掉了。总之，它们总还算有些实际的用途。可是那第四粒，它本来想飞进太阳里去，但是却落到水沟里去了，在脏水里躺了好几个星期，而且涨大得相当可观。

"我胖得够美了！"这粒豌豆说，"我胖得要爆裂开来。我想，任何豆子从来不曾，也永远不会达到这种地步的。我是豆荚里五粒豆子中最了不起的一粒。"

❶ 据希伯来人的神话，希伯来的预言家约拿因为不听上帝的话，乘船逃遁，上帝因此吹起大风。船上的人把约拿抛到海里以求免于翻船之祸。约拿被大鱼所吞，在鱼腹中待了三天三夜。事见《圣经·旧约全书·约拿书》。

水沟说它讲得很有道理。

可是顶楼窗子旁那个年轻的女孩子——她脸上射出健康的光彩，她的眼睛发着亮光——正在豌豆花上面交叉着一双小手，感谢上帝。

水沟说："我支持我的那粒豆子。"

蟋蟀的住所和卵 *（节选）

　　辛劳修建的住所，昆虫安居其中，不管是欢乐富庶的春天，还是凄惨穷困的冬季，都不搬家；为了自己的安宁，无需操心捕猎和育儿的真正庄园，只有蟋蟀会建造。在阳光照射的草坡上，它便是那个隐蔽所的主人。当其他昆虫四处流浪，卧在露天里，或者在一块石头、一片枯叶、一张破裂树皮下，随遇而安地躲避风雨时，它却得天独厚，有固定的居所。

　　建造住房确实是严肃的问题，不过已经由蟋蟀、兔子，最后还有人解决了。在我家附近，有狐狸和獾的洞穴，不过这些洞穴大部分是利用洼陷的岩石，稍加修整而成的。兔子比它们聪明，如果没有天然的洞穴让它不费力气地定居，就随便找个地方挖洞蛰居。

　　蟋蟀远胜于所有这些动物，它瞧不上偶然碰到的隐蔽所，住址总要选在场所卫生、方向朝阳的地方。它不利用随便找到的不方便而又粗陋的洞穴；它的别墅，从入口到最尽头的卧室，全都是自己一点点挖出来的。

＊ 作者为法国昆虫学家、文学家法布尔，选自《昆虫记》卷 6，吴模信、梁守锵译，花城出版社，2011 年 5 月版。

只有人类，在建造住宅的艺术上比它高明；然而，人类在会拌和砂浆来黏合砾石，把黏土涂抹在用树枝搭起的茅草房以前，也会跟野兽争夺岩石下面的隐蔽所和洞穴。

天赋的本能究竟是怎样分配的呢？看吧，这么一种最低下的昆虫，却知道住得尽善尽美。它有一个家，这是许多开化的动物都不具备的优点；它有平静的退隐处，这是安逸生活的首要条件；而在它四周，没有一种动物能够定居下来。除了人类之外，谁都无法与它竞争。

它怎么有这种天赋呢？它有专门的工具吗？没有。蟋蟀不是出类拔萃的挖掘手；考虑到它的工具软弱无力，人们不免对这种成果惊奇不已。

是不是因为它皮肤特别娇嫩，才需要有个家呢？不是。它的近亲中有的皮肤也很敏感，可是它们却根本不怕在露天下生活。

造屋是不是它身体结构的固有爱好，这才能是不是受它身体结构的推动而产生？不是。我家附近还有双斑蟋蟀、独居蟋蟀、波尔多蟋蟀，三种蟋蟀的外貌、颜色和结构同田野蟋蟀非常相像，乍一看，往往会跟田野蟋蟀相混淆。双斑蟋蟀身材有它那么大，甚至超过它；独居蟋蟀几乎只有它的一半；波尔多蟋蟀更小。可是田野蟋蟀的这些同类，全都不会挖掘住所。双斑蟋蟀住在潮湿腐烂的草堆里；独居蟋蟀在锄头翻起的干土块的裂缝中流浪；波尔多蟋蟀则大胆闯进我们的家里，从八月到九月，在阴暗而凉爽的角落里悠悠鸣唱。

继续探讨下去并无用处，因为我提出的每个问题，答案都是否定的。尽管结构完全相似，我们却不能用本能来解释原因何在，因为有的显示出本能，有的却看不出来。挖洞能力也不取决于工具，因为根据解剖学的资料无法予以解释。四种几乎一样的昆虫中，只有一种掌握挖洞的技术，就是对前面已经提供的证据的进一步肯定，确凿地证明我们对本能的由来非常无知。

有谁不知道蟋蟀的家呢？有谁在孩提时期到草地上戏耍时，不曾在这隐遁者的屋前停住脚步？不管你的脚步多轻，它都听得见你走近了，于是猛然一缩，躲到隐蔽所里去，当你到达时，它早已经离开它的家门了。

人人都知道用什么办法把隐匿者引出来。你把一根稻草放进洞里轻轻摆动，它不知道上面发生什么事了，被逗得心痒痒的，于是从秘密的房间里爬出来；它犹豫不决地在前厅停下来，摆动灵敏的触角来探听情况；它来到亮处，走了出来，这时它很容易被抓住，因为它那简单的头脑已经被搅昏了。如果第一次被它逃脱了，它就会变得疑虑重重，不理睬稻草的挑逗。这时，用一杯水就可以把这个不肯就范的顽固分子冲出来。

天真的儿童在草径边捕捉蟋蟀，把它关在笼子里，用生菜叶喂它，这个时代真是美好。今天我搜洞探穴，寻找研究的对象，好装在我的网罩里。我又看到你们了，小蟋蟀，告诉我们一些情况吧，不过，首先让我们看看你的家。

青草丛中的蟋蟀，在朝阳的斜坡上挖一条倾斜的地道，外面的雨水可以迅速从斜坡流掉。地道几乎不到一个手指头宽，随地势或笔直或曲折，至多九法寸深。

洞穴通常都掩映着一簇草，蟋蟀出来吃周围的草时，绝不吃这一簇，因为这簇草是住宅的挡雨檐，草的阴影把出口隐蔽起来了。

微微倾斜的房门，经过认真耙扫，向外延伸一段距离，当四周一片静谧时，蟋蟀就坐在这个亭阁里拨动琴弦。

屋内并不豪华，四壁萧然，但不粗糙，房主有充裕的闲暇抹平讨厌的粗糙洞壁。地道尽头是卧室，别无出口，这里比别处宽敞，也打磨得更光滑。总之，宅子十分简朴，非常干净，不潮湿，符合基本的卫生需要。考虑到蟋蟀简陋的挖掘工具，这真是一项巨大的工程。如果想知道它是怎么建造和何时开始建造这个住所，我们就必须追溯到产卵那个时候。

……

……

荒石园里的蟋蟀开始是那么多，却都被蚂蚁和其他杀戮者消灭殆尽了，我无法继续研究，只好到园子外面去观察。

八月，在落叶中，在还没有被酷暑完全烤干的草地上的小块绿洲中，我看到小蟋蟀已经较大，浑身黑色，初生时的白带已经毫无痕迹。这时它居无定所，一片枯叶，一块扁石头便足以栖身。所有的流浪者对于在哪里休息都是满不在乎的。

直到仲秋时节，流浪生活还在继续。这时又有黄足飞蝗泥蜂在追捕这些流浪汉，屠杀这些逃脱蚂蚁虎口的幸存者，把许多蟋蟀储藏在地下。如果蟋蟀在通常的造窝时间前几个星期建造固定的小屋，就可以免受掠夺者的蹂躏；可是受难者却没想到，它们没有从千百年的严酷经历中接受教训。此时它们已经相当强壮，足以挖掘一个保护自己的窝，但仍然抱着古老的习俗不放，即使飞蝗泥蜂会蜇死家族中的最后一个成员，它们仍然四处流浪。

一直要到十月末，初寒袭人时，它才开始造窝。根据我对关在网罩里的蟋蟀的观察，造窝工作非常简单。蟋蟀绝不在荒石园里裸露的地方掘洞，总是在吃剩的生菜叶遮盖住的地方，以此代替草丛作为隐蔽所必不可少的门帘。

这个矿工用前腿挖掘，使用如钳般的大颚拔掉粗石砾。我看到它用带有两排锯齿的强壮后腿践踏，把挖出来的土扫到后面，摊成斜面，这便是它造房的全部工艺。

工作开始时进展得很快，网罩里的土很软，挖掘工在土里钻了两小时，不时地退后返回到洞口，把土扫出来。如果累了，它便在未完成的屋门口休息，头朝外，触角无力地摆动，然后又进去继续工作。

最紧迫的工作已经完成，洞有两法寸深，眼下已经够用，其余的工作较花时间，可以抽空做，一天做一点，住房随着天气变冷和自己身体长大慢慢加深加宽。即使在冬天，如果天气暖和些，太阳晒在门口时，我还可以看到蟋蟀把土运出来，说明它还在挖掘和修理屋子。到春光明媚时，房屋的维护和改善工作仍在继续，直至主人死去。

四月末，蟋蟀开始唱歌，先是零零星星羞涩地独唱，不久就形成合唱。在每块泥土下都有演唱者。我总喜欢把蟋蟀列于万象更新时的歌手之首。在灌木丛中，百里香和薰衣草盛开时，百灵鸟冲天而起，放开喉咙高歌，从云端把优美的抒情歌曲传到地上，而蟋蟀则遥相应和，虽然歌声单调，缺乏美感，但这单纯的声音，却与见到新鲜事物的淳朴欢乐多么协调！这是大自然苏醒的赞美歌，是萌芽的种子和初生的叶芽能够听懂的歌。在二重唱中，谁能得到胜利的棕榈叶？我要把这棕榈叶给予蟋蟀。它们歌手众多，歌声不断，压倒了对手。云雀噤声，不再歌唱，野地里青蓝色的薰衣草，像发出樟脑味的香炉，在阳光下迎风摇曳，它们只听到蟋蟀发出的低声鸣唱，这是庄严的庆祝歌声。

摘自少年自然科学家的日记：

燕子窠*

6月25日，一天又一天，我眼看着一对燕子辛辛苦苦地衔泥做窠。那个窠一点一点地大起来了。每天大清早，它们就开始干活儿。中午休息两三个钟头，然后又修修补补、堆堆粘粘，一直忙到日落前。老是不停地把泥粘上去，是粘不住的——得让稀泥干一干才行呀！

有时候，别的燕子也飞来拜访它们。如果猫不在房顶上的话，小客人就在梁木上待一会儿，喊喊喳喳，和和气气地谈一会儿话。新居的主人不会下逐客令的。

现在，窠已经像个下弦月了，就是月亮由圆而缺、两只尖角朝右时的那种样子。

我完全明白，燕子窠为什么做成了这个样子的，为什么左右两边不是均匀地增长。因为窠是雄燕子和雌燕子一同出力做的，可是它俩的干劲儿不一样。雌燕子衔泥飞回来的时候，它的头老是往左边歪；它干活儿很细心，它一个劲儿往左边粘泥，而且飞

---

* 作者为苏联儿童文学作家维·比安基，选自《森林报·夏》，王汶译，二十一世纪出版社，2007年10月版。

去衔泥的次数也比雄燕子多得多。雄燕子常常一飞走，就是几个钟头不回来，准是在云霄里和别的燕子追逐着玩吧！它落到窠上的时候，头总是朝右边。它干活儿当然是落在雌燕子的后面，所以它那右半边窠，也就比左半边短一块。因此，燕子窠两边的增长情况才会不均匀。

雄燕子那么懒，也不知道害羞！照理说，它比雌燕子还身强力壮呢！

6月28日，燕子已经不衔泥了，它们往窠里衔干草和绒毛，铺垫子。我真没想到，它们把全部建筑工程估计得这么周到——原本就应该让窠的一边比另一边增长得快一些！雌燕子把窠的左边堆到了顶，雄燕子的右半边窠却始终没有堆完。这么着，就堆成了一个缺一个角的泥圆球，右上角留了一个洞口。不消说，它们的窠就应该是这么个样儿的——这就是它们家的大门呀！要不然，这对燕子可怎么进它们的家呢？闹了半天，我当初骂雄燕子懒，是冤枉它了。

今天是头一次雌燕子留在家里过夜。

6月30日，窠做好了。雌燕子老待在窠里不出门，大概它产下第一个蛋了。雄燕子不时给雌燕子衔一些小虫儿来，还不住地唱着，唱着，欢天喜地地在唧唧喳喳地说着贺词。

第一批贺客——那一群燕子又飞来了。它们一只一只地打窠旁飞过去，向窠里张望着，在窠前扑着翅膀。这时候，女主人的小脸儿，正探在门外，说不定它们在吻着这位幸福的女主人呢！客人们唧唧喳喳热闹了一阵子，就散了。

猫儿时常爬上屋顶，从梁木上往屋檐下张望。它是不是在焦急地等待窠里的小燕子出世呢？

7月13日，两个星期来，雌燕子一直伏在窠里，不大出来。只在中午，一天中最暖和的时候，它才飞出来一会儿，那时娇嫩的蛋不容易受凉。它在屋顶上面打几个盘旋，捉几只苍蝇吃，然后飞到池塘边，低低地掠过水面，用嘴抄着水喝，喝够了，又回到窠里去。

可是今天，燕子夫妻俩开始一同忙忙碌碌地在窠里飞出飞进了。有一次，我看见雄燕子嘴里衔着一块白色的甲壳，雌燕子嘴里衔着一只小虫儿。不消说，窠里已经有了小燕子。

7月20日，不得了啦！不得了啦！猫儿爬上了屋顶，几乎把整个身子从梁木上倒挂下来，想用爪子往窠里掏。窠里的小燕子啾啾地叫得好可怜呀！

这节骨眼儿，不知哪儿飞来一大群燕子，大声叫着，急急飞着，差不多要撞到猫儿的嘴脸了。嗬！一只燕子险些被猫儿捉住！可了不得啦！猫儿又向另外一只燕子扑去了……

太好了！这个灰强盗扑了个空——脚一滑，扑通一声，从梁木上摔下去了……

摔倒没摔死，可也够它受的。它喵呜叫了声苦，用三只脚一拐一拐地走了。

这才叫活该呢！这一下子，它可再也不敢吓唬燕子了。

森林通讯员　维利卡

· 另一种译本 ·
摘自少年自然界研究者的日记：

毛脚燕的窝[*]

6月25日。最近我看见燕子每天都在忙忙碌碌地做着窝。眼看着窝慢慢地变大了。燕子一大早就开始工作，忙到中午休息两三个小时，然后又接着修理、建造，直到太阳下山前约莫两小时才收工。不过也不能连续不断地干，因为这中间需要些时间让湿泥变干。

有时其他的毛脚燕登门做客，如果公猫费多谢伊奇不在房顶，它们还会停在屋顶上坐一会儿，好声好气地聊聊天，新居的主人是不会下逐客令的。

现在燕子窝变得像个下弦月，就是月亮由圆变缺，两个尖角向右时的模样。我非常清楚燕子为什么造这种样子的窝，为什么窝的两侧不向左右两边平均发展。那是因为雌燕和雄燕同时参与了做窝工程，可雄的和雌的下的功夫不一样。雌燕衔着泥飞来，头始终向左落在窝上，它做起左边的窝来非常卖力，而且去衔泥的次数比雄燕多得多。雄燕呢，常常是一去好几个小时不见踪影，怕是正在云彩下和别的燕子追逐嬉戏呢。雄燕回到窝上时，头总是朝右。这样一来它造窝的速度老赶不上雌燕，所以右半边始终

* 选自 [苏] 维塔里·比安基：《森林报大全集》，沈念驹、姚锦镕译，中国华侨出版社，2011 年 3 月版。

比左半边短一截。结果是燕子窝的进程永远是一快一慢不均衡。

雄燕，好一个偷懒的家伙！它怎么不为此害羞呢！不是吗？它的力气可是比雌燕大呀。

6月28日。燕子不再做窝了。它们开始把麦秸和羽毛往窝里拖——在布置新床哩。我没想到，它们的整个工程就这么顺利地完成了。我还以为，窝的一边要慢，会拖了后腿呢！雌燕把窝造到了顶，而雄燕到头来还是没有达到要求，结果造起来的窝成了个右上角有缺口的、不完整的泥球。这个样子的窝正合用，因为呀，这个缺口正好成了它们出入的一扇门！要不燕子怎么进屋呢？嘿，我骂雄燕，敢情是冤枉它了。

今天是雌燕第一次留在窝里过夜。

6月30日。做窝的工程结束了。雌燕再也不出窝了——怕是已经产下第一只蛋了。雄燕时不时带些蚊子什么的给雌燕吃，还一个劲儿地唱呀唱，嚷呀嚷——它这是在祝贺，自己心里美着哩。

又飞来一个"使团"——整整一群毛脚燕，它们飞在空中，挨个往新家瞧了瞧，又在窝边抖动着翅膀，说不定还亲了亲伸出窝外的幸福的女主人的嘴哩。这帮毛脚燕唧唧喳喳叫唤了一阵，然后飞走了。

公猫费多谢伊奇时不时爬上房顶，往房檐下张望，它是不是在等着窝里的小燕子出世呢？

7月13日。雌燕已经在窝里趴了两个星期了，只有在正午天最热的时候才飞出去——这个时候柔弱的蛋不怕受凉。它在房顶上空盘旋一阵，捕食苍蝇，然后飞向池塘，贴近水面，用小嘴儿抄点水喝，喝够了，又回窝里去。

今天雌燕和雄燕开始经常双双从窝里进进出出。有一次我看见雄燕嘴里衔着一片白色的蛋壳，雌燕的嘴里是一只蚊子。如此说来，窝里已经孵出小燕子来了！

7月20日。可怕呀，好可怕——公猫费多谢伊奇爬上房顶，从屋檐上倒挂了下来，正用爪子掏燕子窝呢。只听得窝里的小鸟儿可怜巴巴地叫唤个不停！

说话间，冷不丁不知从哪儿冒出整整一群燕子。它们叫着，嚷着，围着公猫扑棱着翅膀，几乎要碰到公猫的鼻子了。哎哟——猫爪子差点没逮住一只燕子。哎哟……又扑过去抓另一只了……

太好了，灰色的强盗扑空了，它从房顶上掉了下来——扑通……

摔倒没有摔死，不过也够它受的了，你看它喵喵地叫唤着，跷着三条腿，灰溜溜地跑了。活该！从此公猫再也不敢来惹燕子了。

驻林地记者　维丽卡

盘古开天辟地[*]

　　据说当天地还没有分开的时候，宇宙的景象就只是黑暗混沌的一团，好像一个大鸡蛋。我们的老祖宗盘古就孕育在这个大鸡蛋中。

　　他在大鸡蛋中孕育着，成长着，呼呼地睡着觉，这样一直经过了一万八千年。有一天，他忽然睡醒了，睁开眼睛一看：啊呀！什么也看不见，看见的只是漆黑黏糊的一片，闷得人怪心慌。

　　他觉得这种状况非常可恼。心里一生气，不知道从哪里抓过一把大板斧，朝着眼面前的黑暗混沌，用力这么一挥，只听得山崩地裂似的一声响：哗喇！大鸡蛋突然破裂开来。其中有些轻而清的东西，冉冉上升，变成了天；另外有些重而浊的东西，沉沉下降，变成了地。——当初是混沌不分的天地，就这样给盘古的板斧一挥，划分开来了。

　　天和地分开以后，盘古怕它们还要合拢，就头顶天，脚踏地，站在天地当中，随着它们的变化而变化。

　　天每天升高一丈，地每天加厚一丈，盘古的身子也每天增长

＊　作者为中国当代作家袁珂，选自《中国神话传说》，人民文学出版社，1998 年10 月版。

一丈。这样又过了一万八千年，天升得极高了，地变得极厚了，盘古的身子也长得极长了。

盘古的身子究竟有多长呢？推算的结果，说是有九万里那么长。这巍峨的巨人，就像一根长柱子似的，撑在天和地的当中，不让它们有重归于黑暗混沌的机会。

他孤独地站在那里，做这种撑天柱地的辛苦工作，又不知道经过了多少年代。到后来，天和地的构造似乎已经相当巩固，他不必再担心它们会合在一起，他实在也需要休息休息，终于，他也和我们人类一样地倒下来死去了。

他临死的时候，周身突然起了大的变化：他口里呼出的气变成了风和云，他的声音变成了轰隆的雷霆，他的左眼睛变成了太阳、右眼睛变成了月亮，他的手足和身躯变成了大地的四极和五方的名山，他的血液变成了江河，他的筋脉变成了道路，他的肌肉变成了田土，他的头发和髭须变成了天上的星星，他的皮肤和汗毛变成了花草树木，他的牙齿、骨头、骨髓等，也都变成了闪光的金属、坚硬的石头、圆亮的珍珠和温润的玉石，就是那最没用处的身上出的汗，也变成了雨露和甘霖——总之一句话：这"垂死化身"的盘古，用了他的整个身体使这新诞生的世界丰富而美丽。

关于盘古的神力和变化，还有种种传说。有说他哭泣流下的眼泪就成了江河，他吐出的气就成为长风，发出的声音就变做雷鸣，眼睛的闪光就成了闪电。又有说他一欢喜就是丽日晴天，一恼怒天空中就密布了重重的阴云。还有更特异的记述，说盘古乃是龙头蛇身，一嘘气就成为风雨，一吹气又来了雷电，睁开眼睛就是白天，闭上眼睛就变成黑夜：形貌和本领几乎和《山海经》里所记述的钟山的烛龙神完全相同。

　　尽管有这些不同的记述，有一点却是相同的，就是人们对于开天辟地的老祖宗盘古的崇景和推尊。所以传说南海有绵亘三百里的盘古墓，用来追葬他的魂魄（如果真要埋葬他的身躯，这坟墓当然是太渺小了）；又有盘古国，一国的人都以盘古为姓；等等。

普罗密修斯 [*]

天和地被创造了。大海涨落于两岸之间。鱼在水里面嬉游。飞鸟在空中歌唱。大地上拥挤着动物。但还没有灵魂可以支配周围世界的生物。这时有一个先觉者普罗密修斯，降落在大地上。他是宙斯所放逐的神祇的后裔，是地母该亚与乌剌诺斯所生的伊阿珀托斯的儿子。他机敏而睿智。他知道天神的种子隐藏在泥土里，所以他撮起一些泥土，用河水使它润湿，这样那样地捏塑着，使它成为神祇——世界之支配者的形象。为要给与泥土构成的人形以生命，他从各种动物的心摄取善和恶，将它们封闭在人的胸膛里。在神祇中他有一个朋友，即智慧的女神雅典娜；她惊奇于这提坦之子的创造物，因把灵魂和神圣的呼吸吹送给这仅仅有着半生命的生物。

这样，最初的人类遂被创造，不久且充满远至各处的大地。但有一长时期他们不知怎样使用他们的高贵的四肢和被吹送在身体里面的圣灵。他们视而不见，听而不闻。他们无目的地移动着，如同在梦中的人形，不知道怎样利用宇宙万物。他们不知道凿石，

---

[*] 作者为德国浪漫主义诗人斯威布，选自《希腊神话和传说》，楚图南译，人民文学出版社，1959 年 7 月版。

烧砖，从树木刻削椽梁，或利用这些材料建造房屋。他们如同忙碌的蚂蚁，聚居在没有阳光的土洞里，不能辨别冬天、花朵灿烂的春天、果实充裕的夏天的确切的征候。他们所做的事情都没有计划。于是普罗密修斯来帮助他们，教他们观察星辰的升起和降落，教他们计算和用写下的符号来交换思想。他指示他们怎样驾驭牲畜，让它们来分担人类的劳动。他训练马匹拉车，发明船和帆在海上航行。他也关心人类生活中别的一切活动。从前，生病的人没有医药知识，不知道应该吃喝什么，或不应该吃喝什么，也不知道服药来减轻他们的痛苦。因为没有医药，人们都极悲惨地死亡。现在普罗密修斯指示他们怎样调治药剂来医治各种的疾病。其次他教他们预言未来，并为他们解释梦和异象，看鸟雀飞过和牺牲的预兆。他引导他们做地下勘探，好让他们发现矿石、铁、银和金。总之他介绍给他们一切生活的技术和生活上的用品。

现在，在天上的神祇们，其中有着最近才放逐他的父亲克洛诺斯建立自己的威权的宙斯，他们开始注意到这新的创造物——人类了。他们很愿意保护人类，但要求人类对他们服从以为报答。在希腊的墨科涅，在指定的一天，人、神集会来决定人类的权利和义务。在这会上，作为人类顾问而出现的普罗密修斯设法使诸神——在他们作为保护者的权力中——不要给人类太重的负担。

这时，他的机智驱使他欺骗神祇。他代表他的创造物宰杀了一匹大公牛，请神祇拿他们所喜欢的部分。他杀完之后，将它分为两堆。一堆他放上肉、内脏和脂肪，用牛皮遮盖着，顶上放着牛肚子；另一堆，他放上光骨头，巧妙地用牛的板油包蒙着。而这一堆却比较大一些！全知全能的宙斯看穿了他的骗局，说道："伊阿珀托斯之子，显赫的王，我的好朋友，你的分配如何地不公平哟！"这时普罗密修斯相信他已骗过宙斯，暗笑着回答："显赫的宙斯，你，万神之王，取去你随心所喜的吧。"宙斯着恼了，禁不住心头火起，但却从容地用双手去拿雪白的板油。当他将它剥开，看见剔光的骨头，他假装只是这时才发觉被骗似的，严厉地说："我深知道，我的朋友，啊，伊阿珀托斯之子！你还没有忘掉你的欺骗的伎俩！"

为了要惩罚普罗密修斯的恶作剧，宙斯拒绝给人类为了完成他们的文明所需的最后一物：火。但机敏的伊阿珀托斯的儿子，马上想出办法，补救这个缺陷。他摘取木本茴香的一枝，走到太阳车那里，当它从天上驰过，他将树枝伸到它的火焰里，直到树枝燃烧。他持着这火种降到地上，即刻第一堆丛林的火柱就升到天上。宙斯，这发雷霆者，当他看见火焰从人类中间升起，且火光射得很广很远，这使他的灵魂感到刺痛。

现在人类既经有火，就不能从他们那里夺去。为抵消火所给与人类的利益，宙斯立刻为他们想出了一种新的灾害。他命令以巧妙著名的火神赫淮斯托斯创造出一个美丽少女的形象。雅典娜由于渐渐嫉妒普罗密修斯，对他失去好意，亲自给这个妇人穿上灿亮雪白的长袍，使她戴着下垂的面网（妇人手持面网，并将它分开），在她的头上戴上鲜花的花冠，束以金发带。这条发带也是赫淮斯托斯的杰作，他为了取悦于他的父亲，就十分精巧地制造它，细致地用各种动物的多彩的形象来装饰它。神祇之使者赫耳墨斯馈赠这迷人的祸水以言语的技能；爱神阿佛洛狄忒则赋予她一切可能的媚态。于是在最使人迷恋的外表下面，宙斯布置了一种眩

惑人的灾祸。他名这女子为潘多拉，意即"有着一切天赋的女人"。因为每一个天上的神祇都给了她一些对于人类有害的赠礼。最后他让这女子降落在人、神都在游荡并寻欢取乐的地上。他们都十分惊奇于这无比的创造物，因为人类自来还没有看见过这样的妇人。同时，这女人去找"后觉者"厄庇墨透斯，他是普罗密修斯的兄弟，为人比较少有计谋。

普罗密修斯警告他的兄弟不要接受俄林波斯圣山的统治者的赠礼，立刻把它退回去，恐怕人类会从它那里受到灾祸。厄庇墨透斯忘记了这警告，他十分欢喜地接受这美丽年轻的妇人，在吃到苦头之前，看不出有什么祸害。在此以前——感谢普罗密修斯的劝告啊！——人类还没有灾祸，也无过分的辛劳，或者长久疾病的苦痛。但这个妇人双手捧着一种赠礼来了——一只巨大的密闭着的匣子。她刚刚走到厄庇墨透斯那里，就突然掀开盖子，于是

飞出一大群的灾害，迅速地散布到地上。但匣子底上还深藏着唯一美好的东西：希望！由于万神之父的告诫，在它还没有飞出以前，潘多拉就放下盖子，将匣子永久关闭。现在数不清的不同形色的悲惨充满大地、空中和海上。疾病日夜在人类中间徘徊，秘密地，悄悄地；因为宙斯并没有给它们声音。各种不同的热病攻袭着大地，而死神，过去原是那么迟缓地趁趄着步履来到人间，现在却以如飞的步履前进了。

这事完成以后，宙斯转而向普罗密修斯本人复仇。他将这个罪人交给赫淮斯托斯和他的外号叫作强力和暴力的两个仆人克剌托斯和比亚。他吩咐他们将他拖到斯库提亚的荒原。在那里，下临凶险的巉谷，他用强固的铁链将他锁在高加索山的悬崖绝壁上。赫淮斯托斯很勉强地执行他父亲的命令，因为他爱着这提坦之子，他是他的同类，同辈，也是神祇的后裔，是他的曾祖父乌剌诺斯的子孙。他被逼迫不能不执行残酷的命令，但却说着比他残暴的两个仆人所不喜悦的同情的言语。因此普罗密修斯被迫锁在悬岩绝壁上，笔直地吊着，不能入睡，而且永不能弯曲他的疲惫的两膝。

"你将发出多少控诉和悲叹，但一切都没有用，"赫淮斯托斯说，"因
为宙斯的意志是不会动摇的；凡新从别人那里夺得权力而据为己
有的人都是最狠心的！"

这囚徒的苦痛被判定是永久的，或者至少有三万年。他大声
悲吼，并呼叫着风、河川和无物可以隐藏的虚空和万物之母的大地，
来为他的苦痛作证，但他的精神仍极坚强。"无论谁，只要他学会
承认定数的不可动摇的威力，"他说，"便必须忍受命运女神所判
给的痛苦。"宙斯的威胁也没能劝诱他去说明他的不吉的预言，即
一种新的婚姻将使诸神之王败坏和毁灭。宙斯是言出必行的。他
每天派一只鸷鹰去啄食囚徒的肝脏，但肝脏无论给吃掉多少，随
即又复长成。这种痛苦将延续到有人自愿出来替他受罪为止。

就宙斯对他所宣示的判决来说，这事总算出乎提坦之子的意
想之外更早地来到了。当他被吊在悬崖绝壁上已经有许多悲苦的
岁月以后，赫剌克勒斯为寻觅赫斯珀里得斯的金苹果来到了这里。
他看见神祇的后裔被锁在高加索山上，正想询问他怎样才可以寻
到金苹果，却禁不住同情他的命运，因为他看见鸷鹰正栖止于不

幸的普罗密修斯的双膝上。赫剌克勒斯将他的木棒和狮皮放在身后的地上，弯弓搭箭，从苦难的普罗密修斯的肝脏旁射落凶狠的鹫鸟。然后他松开链锁，解下普罗密修斯，放他自由。但为满足宙斯所规定的条件，他使马人喀戎做了他的替身。喀戎虽也可以要求永生，但却愿意为这位提坦付出自己的生命。为了充分履行克洛诺斯之子宙斯的判决，被判决在悬崖绝壁长期受苦的普罗密修斯也永远戴着一只铁环，并镶上一块高加索山的石片，使宙斯能夸耀他的仇人仍然被锁在山上。

女娲补天 *

最初女娲这名字的出现，只是在《楚辞·天问》里，问了一个没头没脑的问题，大意说：女娲的身体，是谁做成的呢？这问题的确很奇，看它的意思似乎说女娲做成了别人的身体，她的身体又是谁做成的呢？替《楚辞》做注解的王逸根据别的传说来把女娲的形貌解释了一下，说她是人的头，蛇的身子，这和武梁祠画像里所画的是一样了，可惜却没有说明她的性别。我们只得又去把最早编的第一部中国字典翻翻，在"娲"字的下面才见到了这么的解释：娲，是古时候的神圣女，化育万物的人。这才确定了她是一个女性的天神。

这个天神，神通非常广大，她毕生的功业，都表现在创造人类和补天两件事上。现在先讲她创造人类的故事。

当天地开辟了以后，虽然大地上已经有了山川草木，甚或也有了鸟兽虫鱼，可是没有人类，世间仍然荒凉而且寂寞。行走在这一片荒寂的土地上的大神女娲，她的心里感觉着非常的孤独，她觉得在这天地之间，应当添一点儿什么东西进去，让它生气蓬

---

* 作者为中国当代作家袁珂，选自《中国神话传说》，人民文学出版社，1998 年 10 月版。

勃起来才好。

她想了一想，就在一处水池旁边蹲下身子来，掘了池边地上的黄泥，掺和了水，仿照水里自己的形貌，揉团成第一个娃娃样的小东西。刚一放到地面上，说也奇怪，这小东西就活了起来，呱呱地叫着，欢喜地跳着了。她给他起了个名字叫作"人"。人的身体虽然渺小，但因为是神亲手创造的，和飞的鸟、爬的兽都不相同，看来似乎就有管领宇宙的气概。女娲对于她这优美的创造品是相当满意的，便又继续用手揉团掺和了水的黄泥，造成功许多男男女女的人。赤裸的人们都围绕着女娲跳跃、欢呼，然后或单独、或成群地走散了。

心里面充满了惊讶和慰安的女娲，继续着她的工作，于是随时有活生生的人从她手里降到地面，随时听得周围人们笑叫的声音，她再也不感觉着寂寞和孤独了，因为世间已经有了她所创造的儿女。

她想把这些灵敏的小生物来充满在大地上，但是大地毕竟太大了，她工作了许多，还没有达到她的志愿，而她却已经弄得疲倦不堪了。最后，她只得拿了一条绳子——想来就是顺手从山崖壁上拉下的一条藤吧，伸入泥潭里，搅混了浑黄的泥浆，向地面上一挥，泥点溅落的地方，居然也还是成了呱呱地叫着、欢喜地跳着的一些小小的人。这方法果然省事得多，藤条一挥，就有好些活的人出现，大地上不久就布满了人类的踪迹。

大地上既然已经有了人类，女娲的工作似乎可以终止了。但是她又考虑着，怎样才能使他们继续生存下去呢？人类是要死亡的，死亡一批又再造一批吗？太麻烦了。于是她就把男人们和女人们配合起来，叫他们自己去创造后代，担负婴儿的养育责任，人类的种子就这样地绵延下去，并且一天比一天加多了。

女娲因为替人类建立了婚姻制度，使男女们互相配合，做了人类最早的媒人，所以后世的人把女娲奉为高禖，高禖就是神媒，也就是婚姻之神的意思。人们祭祀这位婚姻之神，典礼非常隆重，在郊野筑了坛，建立了神庙，用"太牢"的礼节（就是猪牛羊三牲齐备）来奉献她。每年到了春二月，就在神庙附近举行盛会，会合国中的青年男女，让他们欢游作乐。只要双方都玩得情投意合了，就可以不必举行什么仪式，自由地去结婚；把星月交辉的天空做帐子，把青草如茵的大地做床褥，任何人也不能干涉他们这种行动。这大概就叫作"天作之合"。在盛会的期间，还有祀神的美妙的音乐、舞蹈，让男女们可以尽情地欢乐。至于那些结了婚却没有儿女的，也纷纷来到神庙，求神赐给他们儿女，于是这婚姻之神又兼了送子娘娘的职务。各国祀高禖的地方不同，或在山林，例如宋国的桑林；或在水泽，例如楚国的云梦：总之是风景优美的地方。在神坛上面，照例总要竖上一块石头，人们对于这块石头，非常尊敬。它的含义我们还不十分明白，大约是原始时代人们崇拜生殖机能的一种风俗的遗留吧。

女娲创造了人类，又替他们建立了婚姻制度以后，许多年来，平静无事，人类一直过着快乐幸福的日子。不料有一年，不知道为了什么缘故，也许是神国出了大乱子，也许是新开辟的天地还构造得不结实，宇宙忽然发生了一场大变动。

看呐，半边天空坍塌下来，天上露出些丑陋的大窟窿，地面上也破裂成了纵一道横一道的黑黝黝的深坑。在这种大变动中，山林起了猛烈燃烧的炎炎的大火，洪水从地底喷涌出来，波浪滔天，使大地成了海洋。人类在这种情况下已经无法生存下去了。同时还遭受着从山林里窜出来的各种凶兽猛鸟的残害，我们想想，这时候的世界，岂不就是一幅活地狱的画图！

女娲看见她的孩子们受到这样惨烈的灾祸，痛心极了，只得又辛辛苦苦地来修补天地的残破。这件工作，真是巨大而又艰难呀！可是慈爱的人类的母亲女娲，为了她心爱的孩子们的幸福，一点也不怕艰难和辛苦，勇敢地独自担负起了这个重担。

她先在大江大河里挑选了许多五色的石子，架起火来将它们熔炼成胶糊状的液体，然后拿这些胶糊状的液体来把苍天上一个个丑陋的窟窿填补好，仔细看虽然还有点不一样，远看去也就和原来的光景差不多了。又怕补好的天空再坍塌，便杀了一只大乌龟，斩下它的四只脚，用来代替天柱，竖立在大地的四方，把人类头顶上的天空像帐篷似的撑起来。柱子很结实，天空再没有坍塌的危险了。这以后她又去收拾了一条在中原地方为恶已久的黑龙。她杀死黑龙，又赶走各种恶禽猛兽，使人类不再惧怕禽兽的祸患。然后她再把芦草烧成灰，堆积加多，阻塞住了滔天的洪水。这一场灾祸，总算给伟大的女娲一手平息，她的孩子们终于从死里逃生，得到了拯救。

女娲费了很大的辛苦把天补好，地填平，灾祸平息了，人类获得重生，大地上又有了欣欣向荣的景象。春夏秋冬四个季节依着顺序过去，该热就热，该冷就冷，一点也不出乱子。据说那时候恶禽猛兽死的早已经死了，不死的也渐渐变得性情驯善，可以和人类做朋友了。人类快乐地生活着，浑浑噩噩，无忧无虑，一会儿以为自己是马，一会儿又以为自己是牛。田野里多的是天然生产的食物，用不着去操心费神，便可以吃个饱足。吃不完的粮食就放在田边地角，也没人来要。生下的婴儿便搁在树颠的鸟巢里，风吹巢动，就像是天然设备的摇篮。老虎豹子的尾巴可以拉着玩耍，踩了蟒蛇的身体也不怕受害。——这大约就是后来一般人所理想的"黄金时代"的上古了。

女娲看见她的孩子们生活得好，自己心里也很喜欢，据说她又造了一种叫"笙簧"的乐器——其实就是笙，簧只是笙里的薄叶，使笙能够一吹就发出声音来——这乐器的形状像凤鸟的尾巴，有十三只管子，插在半截葫芦里面，她把它当作礼品送给她的孩子们，从此人类的生活就过得更快乐了。这样看来，伟大的女娲，她不单是创造的女神，她又是音乐的女神啊！

麻　雀 *

我打猎回来，在园中林荫路上走着。狗在我前面跑。

它突然放慢脚步，轻轻走过去，好像嗅到了野物似的。

我顺着林荫路望去，看见一只嘴边带黄色、头上生柔毛的小麻雀。它从巢里掉下来（风猛烈地摇着林荫路上的白杨树 ❶），呆呆地坐在地上，无力地拍着它的柔嫩的小翅膀。

我的狗慢慢地走近它，突然从近旁的树上飞下一只黑胸脯的老麻雀，像一块石子似的落在狗的鼻子跟前——它全身的毛竖起来，身子扭成了怪样，它带着绝望而可怜的叫声，两次跳到那张露出利齿、大张开的嘴边去。

它是飞下来救护的，它用自己的身体庇护它的幼儿……可是它的小小的身体因为恐怖颤抖起来，它的小小的声音也变成粗暴，并且嘶哑了，它昏了，它是在牺牲它自己！

在它的眼里，狗一定是一个多么庞大的怪物吧！可是它还是不能够坐在它那高而安全的树枝上……一种比自己的意志更强的力量把它从上面推了下来。

* 作者为俄国作家屠格涅夫，选自《屠格涅夫文集》第 6 卷，巴金译，人民文学出版社，2001 年 11 月版。

❶ 编者注：当为白桦树。

我的特列左尔❶站住了,后退了……显然它也感到了这种力量。

我连忙唤住这只有些惊惶的狗——我带着尊敬地走开了。

是的；不要笑啊。我尊敬那只勇敢的小鸟，我尊敬它这种爱的冲动。

爱，据我想，比死，比死的恐惧更强。唯有靠它，唯有靠着爱，生命才得以维持，才得以发展。

1878 年 4 月

---

❶ 狗名。

牛和鹅 *

　　大家都说：牛的眼睛看人，觉得人比牛大，所以牛是怕人的；鹅的眼睛看人，觉得人比鹅小，所以鹅不怕人。

　　我们都很相信这句话。

　　所以我们看到牛，一点不害怕，敢用手拍它的背，摸它的肚子，甚至敢用树枝去触它的屁股，用破碗片去刮它的皮呢！可是牛像是无所谓似的，只是眨眨眼，把尾巴甩几甩。有的孩子还敢扳牛角，叫它跪下来，然后骑到牛背上去；我那时虽然不敢这样，可是用拳头捶捶牛背还是敢的。

　　可是当我们看到鹅，那就完全两样了：总是远远地站在安全的地方，才敢看它。要是在路上碰到鹅，就得绕个大圈子才敢走过去。

　　有一次，我们放学回家，走过池塘边，看见有四只大白鹅在靠近岸边的水里游。我们马上不响了，贴着墙壁，悄悄地走过去，我的心里很害怕，怕它们看见了会追过来。这时，有一个顽皮的孩子故意要引它们来，就"吁哩哩哩"地叫了一声。鹅听见了，

---

* 作者为中国当代儿童文学作家任大霖，选自《童年时代的朋友》，少年儿童出版社，1979 年 12 月版。

就竖起头来，侧着眼睛看了看，竟爬到岸上，一摇一摆地、神气地朝我们走过来；还伸长脖子，"吭吭"地叫着，扑打着大翅膀，就像在它们眼里，根本没我们这些人似的。

孩子们都喊了一声，急急逃跑。这使鹅追得更快了。我吓得腿也软了，更跑不快。这时，带头的那只老雄鹅就"啪嗒啪嗒"地跑了过来，"吭，吭"，它赶上了我，"吭，吭"，它张开嘴，一口就咬住了我当胸的衣襟，拉住我不放。在忙乱中，我的书包掉了，鞋子也弄脱了，我想，它一定要把我咬死了，我就又哭又叫，可是叫些什么，我当时自己也不知道，大概总是这样叫吧："鹅要吃我了！鹅要咬死我了！……"

大概是我的哭叫更惹怒了这只老雄鹅，它用全身的力量来拖我，来啄我，并且扇动翅膀来扑打我，我几乎被它拖倒了，——因为当时我还很小，只不过跟它一样高呢！别的几只鹅在后面"吭吭"大叫着助威。

就在这时候，池里划来了一只小船，捉鱼的金奎叔从船上跳上岸，飞快地走了过来（这些，我都是后来才知道的，当时是完全昏乱了）。金奎叔是个结实的汉子，他伸出胳膊来比我的腿还粗，他一把握住了鹅的长脖子。鹅用脚爪划他，用嘴啄他，可是金奎叔的力气是那么大，他轻轻地把鹅提了起来，然后，就像摔一个酒瓶似的，"呼"的一下，把这只老雄鹅摔到了半空中，它张开翅膀，"啪啪啪"地落到了池中。这一下，别的三只鹅也怕了，都张开翅膀，跳到池里，向外面游去。

这一摔是那么好看，远处的孩子们全笑了起来；我也挂着泪笑了。一切的恐怖，全消失了：因为，在金奎叔的手里，鹅是那么弱，那么可笑，它，不过跟一个酒瓶子一样罢了！

金奎叔给我穿上鞋，拾起书包，就用大手摸摸我的头说："鹅有什么可怕的！会把你吓成这样。"

我说："鹅，因为鹅把我们看得比它小呀！"

金奎叔说："让它这样看好了！可是，它要是凭这点来欺负人，那咱们可不答应，就得掐住它的脖子，把它摔到池里去。记着，霖哥儿，下次别怕它们！"

我记着金奎叔的话，以后一直不怕鹅了。有什么可怕的！它虽然把我们看得比它小，可我们实在比它强呀！怕它干吗？果然，我不怕它，它也不敢咬我，碰到了只是"吭吭"叫几声，扇几扇翅膀，就摇摇摆摆走开了。

看到牛，我也不再无缘无故欺负它了，我觉得它虽然把我们看得比它大，可我们平白地去欺负它干吗？

直到现在，我还记得金奎叔的话，当我逢到有人把我看得比他小，平白来欺负人，我总准备着掐住他的脖子，把他摔到应当去的地方去！

一九五六年秋

一只窝囊的大老虎 *

你想演戏吗？你演过戏吗？我可演过，演过好几回。头一回是在念小学的时候，还在二十年代中期。提起那回事，我脸上还有点儿发烧呢。

六十年以前，我念的那所小学那时已经挺新式，已经很讲究文娱活动。每到星期六下午，全校开周会，会上总有文艺演出，那时叫"表演"。表演由十二个班级轮流担任；每个学期，一个班级至多轮着两回。

表演真叫丰富多彩，有唱歌，有舞蹈，有打拳，有双簧，还有歌剧和话剧。我报俩剧目你听听：《麻雀和小孩》啦，《月明之夜》啦，《两渔夫》啦，《荆轲刺秦王》啦，这些正经八百的歌剧话剧，我们都演过。

可是话得说清楚，这个"我们"得把我除外，我没在台上露过脸。轮到我们班表演，级任老师老把我给忘了，角色都派给了班上最机灵的几位小朋友。

父亲好像觉察到这回事了，有一回问我："你们班表演，怎么

* 作者为中国当代作家叶至善，选自《舒适的旧梦》，山东画报出版社，2000 年 7 月版。

又没有你呀？"

"老师不请我！"我毫不在乎地回答。

不在乎是装的，我心里可在乎哩。看着同班的小朋友在台上又唱又跳，边说边比划，我坐在台下羡慕得要死。我多么想上台去露一回脸，尝一尝全场的老师同学都看着我，都给我鼓掌喝彩是个什么滋味。

情况终于发生了变化。这一回又轮到我们班表演，在分派角色的时候，级任老师可能觉察了我的殷切期待的目光，可能还受到了感动。分派到最后，她看了我半晌，最后下决心说："就这样吧，你扮演老虎。"

我们班这一回演的《兄妹历险记》。中间有这么一段情节：兄妹俩在森林里迷了路，碰上一只大老虎。我就扮演这只大老虎，用不着说话，用不着背台词。

于是开始排练。我穿上老虎皮。那是一件画满了黑道道的黄布连衣裤，背后拖着一条硬邦邦的尾巴，穿上了手脚都不露。还得套上个纸糊的老虎头，也是黄底子上画着黑道道，额角正中还有个"王"字。

这倒好，脸还是露不成。捧着这严严实实的"头盔"，我正发愣。扮演哥哥的那位还故意逗我：

"你会豁虎跳吗？"

"不会。我会翻斤斗。"我只好实话实说。

"不会豁虎跳，算什么老虎！"他撇了撇嘴。

真没想到，事到临头还会出现危机。我看着老师的脸，只怕她改变主意。

老师真正是个通情达理的好老师。她说："翻斤斗也成。你上台先翻个斤斗，再四脚着地向前爬，'啊呜啊呜'地叫，见了他们兄妹俩就站起来，向他们扑过去。他们逃你就追。追到猎人上场，对你连开几枪，你就躺下来——死掉。记住了吗？"

"记住了！"我连忙答应。这还不容易，我有充分的自信。

"那就开始排练，把老虎头戴上！"

套上老虎头，一股霉糨糊味直冲我的脑门。亏得眼睛前面有两个小小的窟窿眼，要不，我就什么也看不见了。

我翻了个斤斗，弯下身子，只听得老师在一旁不断地提示："向前爬，再向前爬，快站起来，你没瞧见他们吗？向他们扑过去！唉！你怎么不叫呀！嗓门要大。别忘了你不是小花猫，你是一只大老虎。"

扮一只不用说话不用露脸的大老虎，没想到也这么难。老师对我的演技看来并不满意，她倒没说什么。那位扮演哥哥的，话

沈培兄有二十年没给孩子们作画了，这一回来北京让我逮个正着，定要他给我配图。他一口气画了六幅让我挑，我看中了三幅。这一幅他画出我穿上老虎皮，当时满肚子的无可奈何。

可多了，说我这只老虎太窝囊，连豁虎跳也不会，只会在地上爬；还说他从来没见过不会豁虎跳的大老虎。

随他说去吧，我心里想。我这个配角虽然配不上他，老师没把我撤换，他当主角的也只好将就。

终于到了星期六，到了下午，到了我们班表演的那个时刻。

我早早儿穿上老虎皮，套上老虎头，等候在上场口，眼睛从两个小窟窿里望着台上。忽然有人从背后轻轻推了我一下，我知道是老师，立刻一个斤斗翻上场去，一边爬，一边摇头晃脑地"啊呜啊呜"直叫。只听得台下爆发了哄堂大笑。我脸上轰地一阵热。我已经明白，我的笨拙的表演把全场的老师同学都逗乐了，他们也从没见过我这样窝囊的一只大老虎。

亏得没露脸，我总算坚持下来了，一直演到了躺下来死掉。到底怎么演的，我一点儿记不起来，只记得"头盔"里充满了嗡嗡的笑声。等到幕布拉上，脱下那老虎头，我满头满脸都是汗珠。

老师没说什么，还掏出手绢来给我擦汗。扮演哥哥的那位唉声叹气，抱怨个没有完。我想也是，要是一上场我就连豁几个虎跳，

沈培兄大概于心不忍，没画上我满头的汗珠。

有小读者写信问我：豁
虎跳是怎么回事？我真还说
不清楚。正好沈培兄画了幅
豁虎跳，可以作图解。

兴许把台下的老师同学全都镇住，这场戏就不至于砸锅了。

后来呢？

后来我发誓：今后决不再扮演老虎。

可是每回上动物园，我总要去看看老虎，想看看老虎是怎
么豁虎跳的。可是老虎在笼子里不是打瞌睡，就是垂头丧气地
踱过来又踱过去，从没见它们豁过什么虎跳，好像连斤斗也不
会翻。

老虎不豁虎跳，从来没有人笑它们；而我……

管他哩，反正我已经发过誓，决不再扮演老虎了。

1984 年 1 月

天　窗[*]

乡下的房子只有前面一排木板窗。暖和的晴天，木板窗扇扇开直，光线和空气都有了。

碰着大风大雨，或者北风虎虎地叫的冬天，木板窗只好关起来，屋子里就黑的地洞里似的。

于是乡下人在屋面开一个小方洞，装一块玻璃，叫作天窗。

夏天阵雨来了时，孩子们顶喜欢在雨里跑跳，仰着脸看闪电，然而大人们偏就不许，"到屋里来呀！"孩子们跟着木板窗的关闭也就被关在地洞似的屋里了；这时候，小小的天窗是唯一的慰藉。

从那小小的玻璃，你会看见雨脚在那里卜落卜落跳，你会看见带子似的闪电一瞥；你想象到这雨，这风，这雷，这电，怎样猛厉地扫荡了这世界，你想象它们的威力比你在露天真实感到的要大十倍百倍。小小的天窗会使你的想象锐利起来。

晚上，当你被逼着上床去"休息"的时候，也许你还忘不了月光下的草地河滩，你偷偷地从帐子里伸出头来，你仰起了脸，这时候，小小的天窗又是你唯一的慰藉！

* 作者为中国现代作家茅盾，选自《茅盾全集》第十一卷，人民文学出版社，1986年版。

你会从那小玻璃上面的一颗星，一朵云，想象到无数闪闪烁烁可爱的星，无数像山似的，马似的，巨人似的，奇幻的云彩；你会从那小玻璃上面掠过的一条黑影想象到这也许是灰色的蝙蝠，也许是会唱的夜莺，也许是恶霸似的猫头鹰，——总之，美丽的神奇的夜的世界的一切，立刻会在你的想象中展开。

啊唷唷！这小小一方的空白是神奇的！它会使你看见了若不是有了它你就想不起来的宇宙的秘密；它会使你想到了若不是有了它你就永远不会联想到的种种事件！

发明这"天窗"的大人们，是应得感谢的。因为活泼会想的孩子们会知道怎样从"无"中看出"有"，从"虚"中看出"实"，比任凭他看到的更真切，更阔达，更复杂，更确实！

玻璃棺材 *

"小朋友，我们今天要讲玻璃棺材的故事！"

"乌拉·波拉，这是个格林童话，我们早就听见过了，那是讲小白雪给矮人放在一个玻璃棺材里！"

"可是我告诉你们，我这个故事是你们不会听见过的。在我所讲的玻璃棺材里，并不躺着小白雪或别的美丽女郎。停一会儿，这棺材就放在我的大橱里，你们可以亲自去看，其中究竟躺着些什么东西。但是你们先得听听这个故事，因为我们吃团子，吃饼儿，是不能先把馅子挖出吃的。"

小朋友们坐下来，猜不透这位老人讲的究竟是些什么东西。

"我的故事的开端是在很久很久以前。约摸算来总有好几千年了！

"是在一个美丽的夏天，太阳从蔚蓝的天空中暖暖地照下来。海在很远的地方奔腾怒吼，绿叶在树顶头飒飒地响，因为这个故事就发生在一个大森林的附近。

"一个可爱的小苍蝇，生着柔嫩的翅膀，趁着太阳，在花草间快乐地飞舞。不知怎么一来，她突然展开翅膀，嗡嗡地穿过了草地，

---

* 作者为德国科学家、科普作家柏吉尔，原载《中学生》，顾均正译，1940 年第 22 期。

飞向树林中去了。那里长着许多大松树，高插云霄，太阳正照得火热，附近但闻得一派松脂的香味。

"我们这个小苍蝇，停在一株大松树的干上息力。她伸起她的腿来拂刷她的翅膀，和她生着红眼睛的圆头，因为她飞行大半天，身上已积满尘沙。

"可是正在这时候，忽然有一个可怕的蜘蛛，划着长长的腿在慢慢地爬过来，存心想把这个苍蝇捉来当一顿美味的大菜。他小心地搬动他的长腿（要搬动这八条腿，真不是件容易的事情），慢慢地沿着树干，离小苍蝇越爬越近了。

"蜘蛛把这件事情仔细地盘算一下。'啊呀！'他想，'这位小姑娘分量并不多！除去一双绿翅膀和一对触须以外，剩下来的实在就很少了。不过知足不辱，就是这一点小小的天惠，也应该知所感谢。要是我不留心，给她的大眼睛看见，振翅飞去，我的大菜便要落空，说不定会饿这么一天呢。'

"小苍蝇却太慕虚荣，像所有的女人一样。她不住地刷着她绿纱的翅膀，身体左弯右袅，像小猫一样地东舐西舐，一点也不知道她的敌人已偷偷地愈来愈近了。

"当蜘蛛正要猛扑时——突然发生了一件恐怖的事情！

"日中的太阳光热，威逼着整个树林，老松树上渗出了厚厚的松脂，在太阳中闪闪地发出金黄的光彩。忽然有一大滴的松脂从树上掉下来，刚巧落在树干上，把苍蝇和蜘蛛一齐埋葬在下面。

"苍蝇的新装和蜘蛛的大菜都完结了；朋友和敌人一齐淹没在老树的黏稠的黄色泪珠之中；它们暂时前俯后仰地挣扎了一下，终于都不免一死。

"新鲜的松脂继续落下来，盖住了原来的，最后积成很大的一块，把这一对昆虫包裹在里面，像是个透明的棺材。

"但是世界的历史悄悄地在一页一页翻过去，凡是不得不发生的事情，都一一发生了。几十年，几百年，几千年的时间一转瞬就都成过去。许多新的夏天，以及几千万的绿翅膀苍蝇与八足蜘蛛，都来了又去了。谁也不再会想到在许久许久以前，有一对昆虫被埋葬在一滴松脂里面而悬挂在一株老树上。

"后来又有变故发生了！陆地渐渐沉下去，于是大量的海水跑上陆地，这就是波罗的海。海水渐渐行近这个古老的森林，有一天，它竟把森林淹没了。波浪不断向树干冲刷，甚至把它们连根拔起，森林中的树木渐渐断绝了生机。海风在死树顶头高歌，歌颂着他们的胜利，老树干，在水底下呜咽地悲哭，哀悼它老家的毁灭。

"所以在波罗的海咆哮的地方，从前曾经有个大森林，至于这株挂着松脂珠的老树干也给波浪所吞没，给海沙所掩覆，终至完全污烂了。剩下来的只有那颗松脂珠，掩埋在海沙下面。

"又是千余年过去了。偶然海面吹过一阵猛烈的大风，澎湃的怒涛把海里的泥沙卷到了岸边。一个穷苦的渔夫同了他的儿子在海滩上徘徊，想寻找几千年前老松树在烈日中所掉下来的各式各样的松脂珠。这种松脂珠，已成了黄色的化石，人家叫它'琥珀'，他们用它来做成珠串或耳环，十分宝贵。

"那孩子赤了脚，踢着沙土里的硬硬的东西，然后把它掘起来。

"'爸爸，你看，'他快活地叫道，'我找到一颗了。我想它该值十八个银便士吧。'

"他的父亲就把琥珀拿过来揩去了泥沙，把它放在太阳光里照着。

"'好运气，孩子，'他欢天喜地地说，'有两个小东西被关在这个玻璃棺材里，一个苍蝇和一个蜘蛛。在格赖夫斯华尔特的读书人都愿意出金币来跟我们收买呢。琥珀里有两只小虫，这是少有的。'

"在格赖夫斯华尔特的读书人果然把这玻璃棺材收买了下来，后来就辗转到了老乌拉·波拉的手里。现在我们大家来看吧。看那个小虫还是好端端地躺在里面，正像几千年前它们临死时候一样。苍蝇小姐在太阳光里坐在树干上刷她的新装，凶狠的蜘蛛正想猎获一餐大菜。你至今还可以看见它们身上的每一根毫毛，和它们怎样直挺着腿子地死去。我们可以看见，它们在黏稠的松脂里怎样无可奈何地挣扎着，因为在它们的腿子四周，显出有好几圈黑色的圆环。我们可以从此探测出发生在近一万年前的故事的详细情形，正如发生在目前的一样，并且我们从此知道，就是远在那个时代，世界上早已有可爱的小苍蝇和可恶的蜘蛛了。是的，这世界实在已经是很老很老了。"

一九四〇年四月二日夜译

白　桦 *

在我的窗前，

有一棵白桦，

仿佛裹上银装，

披着一身雪花。

雪绣的花边，

缀满毛茸茸的枝杈，

一串串花穗，

如洁白的流苏垂挂。

在朦胧的寂静中，

伫立着这棵白桦，

在灿灿的金辉里，

---

* 作者为苏联诗人叶赛宁，选自《叶赛宁诗选》，顾蕴璞译，译林出版社，1999
年 10 月版。译者注：这是叶赛宁在刊物上公开发表的第一首诗〔在一九一四年
的《小天地》上，用阿里斯通（"八音盒"之意）的笔名〕。本诗虽不无费特《哀
伤的白桦》的影响，但写出了新意：把白桦从传统的少女升华为斗霜傲雪的俄
罗斯性格的力的象征。原诗为交叉韵，译诗用一韵到底的韵式来弥补译成汉语
后乐感减弱的缺陷。

闪着晶亮的雪花。

徜徉在白桦四周的，
是姗姗来迟的朝霞。
它向白雪皑皑的树枝，
又抹一层银色的光华。

（1913 年）

· 另一种译本 ·
白　桦*

洁白的白桦树，
站立在我的窗前，
披一身雪粉
好似银子镶嵌。

在那树枝上
挂着白雪一串串，
毛茸茸的枝条
白缨缨一片。

---

* 选自《叶赛宁诗选》，兰曼等译，漓江出版社，1983 年 6 月版。

在沉睡的寂静里，

白桦伫立默然，

那金色的火焰

又把雪花点燃。

慵懒的朝霞

偎在白桦的身边。

为白桦再次银镀

全身更加皑皑耀眼。

1913 年

· 另一种译本 ·

白　桦*

有一株白桦

立在我窗旁，

覆盖着积雪，

像披着银霜。

毛茸茸的枝上

冰凌儿挂满。

* 选自《叶赛宁抒情诗选》，丁鲁译，湖南文艺出版社，1991 年 12 月版。

像雪做的衣边——
流苏闪闪。

白桦笼罩着
梦似的寂静，
金色的火焰
在雪花上飘动。

霞光懒懒地
照在它四周，
将更多的银屑
洒遍枝头。

· 另一种译本 ·
白　桦[*]

洁白的白桦
在我的窗下，
银装素裹般
轻披着雪花。

蒙茸的树枝

＊　选自《白桦——叶赛宁诗选》，郑铮译，外国文学出版社，1991 年 9 月版。

用霜雪镶嵌，
流苏般绽出
白色的花串。

白桦伫立在
宁静的梦乡，
白雪闪射着
金色的光芒。

朝霞慵懒地
在四周徜徉，
给枝头洒满
清新的银光。

1913 年

猫 *

　　猫的性格实在有些古怪。说它老实吧，它的确有时候很乖。它会找个暖和地方，成天睡大觉，无忧无虑。什么事也不过问。可是，赶到它决定要出去玩玩，就会走出一天一夜，任凭谁怎么呼唤，它也不肯回来。说它贪玩吧，的确是呀，要不怎么会一天一夜不回家呢？可是，及至它听到点老鼠的响动啊，它又多么尽职，闭息凝视，一连就是几个钟头，非把老鼠等出来不拉倒！

　　它要是高兴，能比谁都温柔可亲：用身子蹭你的腿，把脖儿伸出来要求给抓痒，或是在你写稿子的时候，跳上桌来，在纸上踩印几朵小梅花。它还会丰富多腔地叫唤，长短不同，粗细各异，变化多端，力避单调。在不叫的时候，它还会咕噜咕噜地给自己解闷。这可都凭它的高兴。它若是不高兴啊，无论谁说多少好话，它一声也不出，连半个小梅花也不肯印在稿纸上！它倔强得很！

　　是，猫的确是倔强。看吧，大马戏团里什么狮子、老虎、大象、狗熊，甚至于笨驴，都能表演一些玩意儿，可是谁见过耍猫呢？（昨天才听说：苏联的某马戏团里确有耍猫的，我当然还没亲眼见过。）

* 作者为中国现代作家老舍，选自《老舍全集》第 15 卷，人民文学出版社，2008 年 8 月版。

这种小动物确是古怪。不管你多么善待它，它也不肯跟着你上街去逛逛。它什么都怕，总想藏起来。可是它又那么勇猛，不要说见着小虫和老鼠，就是遇上蛇也敢斗一斗。它的嘴往往被蜂儿或蝎子螫得肿起来。

赶到猫儿们一讲起恋爱来，那就闹得一条街的人们都不能安睡。它们的叫声是那么尖锐刺耳，使人觉得世界上若是没有猫啊，一定会更平静一些。

可是，及至女猫生下两三个棉花团似的小猫啊，你又不恨它了。它是那么尽责地看护儿女，连上房兜兜风也不肯去了。

郎猫可不那么负责，它丝毫不关心儿女。它或睡大觉，或上屋去乱叫，有机会就和邻居们打一架，身上的毛儿滚成了毡，满脸横七竖八都是伤痕，看起来实在不大体面。好在它没有照镜子的习惯，依然昂首阔步，大喊大叫，它匆匆忙忙地吃两口东西，就又去挑战开打。有时候，它两天两夜不回家，可是当你以为它可能已经远走高飞了，它却瘸着腿大败而归，直入厨房要东西吃。

过了满月的小猫们真是可爱，腿脚还不甚稳，可是已经学会淘气。妈妈的尾巴，一根鸡毛，都是它们的好玩具，耍上没结没完。一玩起来，它们不知要摔多少跟头，但是跌倒即马上起来，再跑再跌。它们的头撞在门上，桌腿上，和彼此的头上。撞疼了也不哭。

它们的胆子越来越大，逐渐开辟新的游戏场所。它们到院子里来了。院中的花草可遭了殃。它们在花盆里摔跤，抱着花枝打秋千，所过之处，枝折花落。你不肯责打它们，它们是那么生气勃勃，天真可爱呀。可是，你也爱花。这个矛盾就不易处理。

现在，还有新的问题呢：老鼠已差不多都被消灭了，猫还有什么用处呢？而且，猫既吃不着老鼠，就会想办法去偷捉鸡雏或小鸭什么的开开斋。这难道不是问题吗？

在我的朋友里颇有些位爱猫的。不知他们注意到这些问题没有？记得二十年前在重庆住着的时候，那里的猫很珍贵，须花钱去买。在当时，那里的老鼠是那么猖狂，小猫反倒须放在笼子里养着，以免被老鼠吃掉。据说，目前在重庆已很不容易见到老鼠。那么，那里的猫呢？是不是已经不放在笼子里，还是根本不养猫了呢？这须打听一下，以备参考。

也记得三十年前，在一艘法国轮船上，我吃过一次猫肉。事前，我并不知道那是什么肉，因为不识法文，看不懂菜单。猫肉并不难吃，虽不甚香美，可也没什么怪味道。是不是该把猫都送往法国轮船上去呢？我很难做出决定。

猫的地位的确降低了，而且发生了些小问题。可是，我并不为猫的命运多担什么心思。想想看吧，要不是灭鼠运动得到了很大的成功，消除了巨害，猫的威风怎会减少了呢？两相比较，灭鼠比爱猫更重要得多，不是吗？我想，世界上总会有那么一天，一切都机械化了，不是连驴马也会有点问题吗？可是，谁能因担忧驴马没有事做而放弃了机械化呢？

原载 1959 年 8 月《新观察》第十六期

母　鸡 [*]

一向讨厌母鸡。不知怎样受了一点惊恐，听吧，它由前院嘎嘎到后院，由后院再嘎嘎到前院，没结没完，而并没有什么理由；讨厌！有的时候，它不这样乱叫，可是细声细气的，有什么心事似的，颤颤巍巍的，顺着墙根或沿着田坝，那么扯长了声如怨如诉，使人心中立刻结起个小疙瘩来。

它永远不反抗公鸡。可是，有时候却欺侮那最忠厚的鸭子。更可恶的是它遇到另一只母鸡的时候，它会下毒手，乘其不备，狠狠地咬一口，咬下一撮儿毛来。

到下蛋的时候，它差不多是发了狂，恨不能使全世界都知道它这点成绩；就是聋子也会被它吵得受不下去。

可是，现在我改变了心思！我看见了一只孵出一群小雏鸡的母鸡。

不论是在院里，还是在院外，它总是挺着脖儿，表示出世界上并没有可怕的东西。一个鸟儿飞过，或是什么东西响了一声，它立刻警戒起来：歪着头儿听；挺着身儿预备作战；看看前，看

* 作者为中国现代作家老舍，选自《老舍全集》第 15 卷，人民文学出版社，2008 年 8 月版。

看后，咕咕地警告群雏要马上集合到它身边来！

当它发现了一点可吃的东西它咕咕地紧叫，啄一啄那个东西，马上便放下，教它的儿女吃。结果，每一只鸡雏的肚子都圆圆地下垂，像刚装了一两个汤圆儿似的，它自己却削瘦了许多。假若有别的大鸡来找食，它一定出击，把它们赶出老远；连大公鸡也怕它三分。

它教给鸡雏们啄食，掘地，用土洗澡；一天教多少多少次。它还半蹲着——我想这是相当劳累的——教它们挤在它的翅下，胸下，得一点温暖。它若伏在地上，鸡雏们有的便爬在它的背上，啄它的头或别的地方，它一声也不哼。

在夜间若有什么动静，它便放声号叫，顶尖锐，顶凄惨，使任何贪睡的人也得起来看看，是不是有了黄鼠狼。

它负责，慈爱，勇敢，辛苦，因为它有了一群鸡雏。它伟大，因为它是鸡母亲。一个母亲必定就是一位英雄！

我不敢再讨厌母鸡了！

原载 1942 年 5 月 30 日《时事新报》

沙坪小屋的鹅[*]

抗战胜利后八个月零十天，我卖脱了三年前在重庆沙坪坝庙湾地方自建的小屋，迁居城中去等候归舟。

除了托庇三年的情感以外，我对这小屋实在毫无留恋。因为这屋太简陋了，这环境太荒凉了；我去屋如弃敝屣。倒是屋里养的一只白鹅，使我恋恋不忘。

这白鹅，是一位将要远行的朋友送给我的。这朋友住在北碚，特地从北碚把这鹅带到重庆来送给我。我亲自抱了这雪白的大鸟回家，放在院子内。它伸长了头颈，左顾右盼，我一看这姿态，想道："好一个高傲的动物！"凡动物，头是最主要部分。这部分的形状，最能表明动物的性格。例如狮子、老虎，头都是大的，表示其力强。麒麟、骆驼，头都是高的，表示其高超。狼、狐、狗等，头都是尖的，表示其刁奸猥鄙。猪猡、乌龟等，头都是缩的，表示其冥顽愚蠢。鹅的头在比例上比骆驼更高，与麒麟相似，正是高超的性格的表示。而在它的叫声、步态、吃相中，更表示出一种傲慢之气。

鹅的叫声，与鸭的叫声大体相似，都是"轧轧"然的。但音

* 作者为中国现代作家、画家丰子恺，选自《丰子恺文集 6》，丰陈宝、丰一吟编，浙江文艺出版社，1992 年 6 月版。

调上大不相同。鸭的"轧轧"，其音调琐碎而愉快，有小心翼翼的意味；鹅的"轧轧"，其音调严肃郑重，有似厉声呵斥。它的旧主人告诉我：养鹅等于养狗，它也能看守门户。后来我看到果然：凡有生客进来，鹅必然厉声叫嚣；甚至篱笆外有人走路，也要它引吭大叫，其叫声的严厉，不亚于狗的狂吠。狗的狂吠，是专对生客或宵小用的；见了主人，狗会摇头摆尾，呜呜地乞怜。鹅则对无论何人，都是厉声呵斥；要求饲食时的叫声，也好像大爷嫌饭迟而怒骂小使一样。

鹅的步态，更是傲慢了。这在大体上也与鸭相似。但鸭的步调急速，有局促不安之相。鹅的步调从容，大模大样的，颇像平剧（京剧）里的净角出场。这正是它的傲慢的性格的表现。我们走近鸡或鸭，这鸡或鸭一定让步逃走。这是表示对人惧怕。所以我们要捉住鸡或鸭，颇不容易。那鹅就不然：它傲然地站着，看见人走来简直不让；有时非但不让，竟伸过颈子来咬你一口。这表示它不怕人，看不起人。但这傲慢终归是狂妄的。我们一伸手，就可一把抓住它的项颈，而任意处置它。家畜之中，最傲人的无过于鹅。同时最容易捉住的也无过于鹅。

鹅的吃饭，常常使我们发笑。我们的鹅是吃冷饭的，一日三餐。它需要三样东西下饭：一样是水，一样是泥，一样是草。先吃一口冷饭，次吃一口水，然后再到某地方去吃一口泥及草。这地方是它自己选定的，选的目标，我们做人的无法知道。大约这些泥和草也有各种滋味，它是依着它的胃口而选定的。这食料并不奢侈；但它的吃法，三眼一板，丝毫不苟。譬如吃了一口饭，倘水盆偶然放在远处，它一定从容不迫地踏大步走上前去，饮水一口，再踏大步走到一定的地方去吃泥，吃草。吃过泥和草再回来吃饭。这样从容不迫地吃饭，必须有一个人在旁侍候，像饭馆里的侍者一样。因为附近的狗，都知道我们这位鹅老爷的脾气，每逢它吃饭的时候，狗就躲在篱边窥伺。等它吃过一口饭，踱着方步去吃水、吃泥、吃草的当儿，狗就敏捷地跑上来，努力地吃它的饭。没有吃完，鹅老爷偶然早归，伸颈去咬狗，并且厉声叫骂，狗立刻逃往篱边，蹲着静候；看它再吃了一口饭，再走开去吃水、吃草、吃泥的时候，狗又敏捷地跑上来，这回就把它的饭吃完，扬长而去了。等到鹅再来吃饭的时候，饭罐已经空空如也。鹅便昂首大叫，似乎责备人们供养不周。这时我们便替它添饭，并且站着侍候。因为邻近狗很多，一狗方去，一狗又来蹲着窥伺了。邻近的鸡也很多，也常蹑手蹑脚地来偷鹅的饭吃。我们不胜其烦，以后便将饭罐和水盆放在一起，免得它走远去，让鸡、狗偷饭吃。然而它所必须的盛馔泥和草，所在的地点远近无定。为了找这盛馔，它仍是要走远去的。因此鹅的吃饭，非有一人侍候不可。真是架子十足的！

鹅，不拘它如何高傲，我们始终要养它，直到房子卖脱为止。因为它对我们，物质上和精神上都有贡献，使主母和主人都欢喜它。物质上的贡献，是生蛋。它每天或隔天生一个蛋，篱边特设一堆稻草，鹅蹲伏在稻草中了，便是要生蛋了。家里的小孩子更兴奋，站在它旁边等候。它分娩毕，就起身，大踏步走进屋里去，大声叫开饭。这时候孩子们把蛋热热地捡起，藏在背后拿进屋子来，说是怕鹅看见了要生气。鹅蛋真是大，有鸡蛋的四倍呢！主母的蛋篓子内积得多了，就拿来制盐蛋，炖一个盐鹅蛋，一家人吃不了的！工友上街买菜回来说："今天菜市上有卖鹅蛋的，要四百元一个，我们的鹅每天挣四百元，一个月挣一万二，比我们做工还好呢，哈哈哈哈。"大家陪他"哈哈哈哈"。望望那鹅，它正吃饱了饭，昂胸凸肚地，在院子里踱方步，看野景，似乎更加神气活现了。但我觉得，比吃鹅蛋更好的，还是它的精神的贡献。因为我们这屋实在太简陋，环境实在太荒凉，生活实在太岑寂了。赖有这一只白鹅，点缀庭院，增加生气，慰我寂寞。

且说我这屋子，真是简陋极了：篱笆之内，地皮二十方丈，屋所占的只六方丈，其余算是庭院。这六方丈上，建着三间"抗建式"平屋，每间前后划分为二室，共得六室，每室平均一方丈。

中央一间，前室特别大些，约有一方丈半弱，算是食堂兼客堂；后室就只有半方丈强，比公共汽车还小，作为家人的卧室。西边一间，平均划分为二，算是厨房及工友室。东边一间，也平均划分为二，后室也是家人的卧室，前室便是我的书房兼卧房。三年以来，我坐卧写作，都在这一方丈内。归熙甫《项脊轩志》中说："室仅方丈，可容一人居。"又说："雨泽下注，每移案，顾视无可置者。"我只有想起这些话的时候，感觉得自己满足。我的屋虽不上漏，可是墙是竹制的，单薄得很。夏天九点钟以后，东墙上炙手可热，室内好比开放了热水汀。这时候反教人希望警报，可到六七丈深的地下室去凉快一下呢。

竹篱之内的院子，薄薄的泥层下面尽是岩石，只能种些番茄、蚕豆、芭蕉之类，却不能种树木。竹篱之外，坡岩起伏，尽是荒郊。因此这小屋赤裸裸的，孤零零的，毫无依蔽；远远望来，正像一个亭子。我长年坐守其中，就好比一个亭长。这地点离街约有里许，小径迂回，不易寻找，来客极稀。杜诗"幽栖地僻经过少"一句，这屋可以受之无愧。风雨之日，泥泞载途，狗也懒得走过，环境荒凉更甚。这些日子的岑寂的滋味，至今回想还觉得可怕。

自从这小屋落成之后，我就辞绝了教职，恢复了战前的闲居生活。我对外间绝少往来，每日只是读书作画，饮酒闲谈而已。我的时间全部是我自己的。这是我的性格的要求，这在我是认为幸福的。然而这幸福必需两个条件：在太平时，在都会里。如今在抗战期，在荒村里，这幸福就伴着一种苦闷——岑寂。为避免这苦闷，我便在读书、作画之余，在院子里种豆，种菜，养鸽，养鹅。而鹅给我的印象最深。因为它有那么庞大的身体，那么雪白的颜色，那么雄壮的叫声，那么轩昂的态度，那么高傲的脾气，和那么可笑的行为。在这荒凉岑寂的环境中，这鹅竟成了一个焦点。凄风苦雨之日，手酸意倦之时，推窗一望，死气沉沉；唯有这伟大的雪白的东西，高擎着琥珀色的喙，在雨中昂然独步，好像一个武装的守卫，使得这小屋有了保障，这院子有了主宰，这环境有了生气。

我的小屋易主的前几天，我把这鹅送给住在小龙坎的朋友人家。送出之后的几天内，颇有异样的感觉。这感觉与诀别一个人的时候所发生的感觉完全相同，不过分量较为轻微而已。原来一切众生，本是同根，凡属血气，皆有共感。所以这禽鸟比这房屋更是牵惹人情，更能使人留恋。现在我写这篇短文，就好比为一个永诀的朋友立传，写照。

这鹅的旧主人姓夏名宗禹，现在与我邻居着。

卅五（1946）年四月二十五日于重庆

记金华的两个岩洞 *

今年四月十四日，我在浙江金华，游北山的两个岩洞，双龙洞和冰壶洞。洞有三个，最高的一个叫朝真洞，洞中泉流跟冰壶、双龙上下相贯通，我因为足力不济，没有到。

出金华城大约五公里到罗店。那里的农业社兼种花，种的是茉莉、白兰、珠兰之类，跟我们苏州虎丘一带相类，但是种花的规模不及虎丘大。又种佛手，那是虎丘所没有的。据说佛手要那里的土培植，要双龙泉水灌溉，才长得好，如果移到别处，结成的佛手就像拳头那么一个，没有长长的指头，不成其为"手"了。

过了罗店就渐渐入山。公路盘曲而上，工人正在填石培土，为巩固路面加工。山上几乎开满映山红，比较盆栽的杜鹃，无论花朵和叶子，都显得特别有精神。油桐也正开花，这儿一丛，那儿一簇，很不少。我起初以为是梨花，后来认叶子，才知道不是。丛山之中有几脉，山上砂土作粉红色，在他处似乎没有见过。粉红色的山，各色的映山红，再加上或深或淡的新绿，眼前一片明艳。

一路迎着溪流。随着山势，溪流时而宽，时而窄，时而缓，

＊ 作者为中国现代作家、教育家叶圣陶，选自《叶圣陶集》第七卷，叶至善、叶至美、叶至诚编，江苏教育出版社，1989 年 1 月版。

时而急，溪声也时时变换调子。入山大约五公里就到双龙洞口，那溪流就是从洞里出来的。

在洞口抬头望，山相当高，突兀森郁，很有气势。洞口像桥洞似的作穹形，很宽。走进去，仿佛到了个大会堂，周围是石壁，头上是高高的石顶，在那里聚集一千或是八百人开个会，一定不觉得拥挤。泉水靠着洞口的右边往外流。这是外洞，因为那边还有个洞口，洞中光线明亮。

在外洞找泉水的来路，原来从靠左边的石壁下方的孔隙流出。虽说是孔隙，可也容得下一只小船进出。怎样小的小船呢？两个人并排仰卧，刚合适，再没法容第三个人，是这样小的小船。船两头都系着绳子，管理处的工友先进内洞，在里边拉绳子，船就进去，在外洞的工友拉另一头的绳子，船就出来。我怀着好奇的心情独个儿仰卧在小船里，遵照人家的嘱咐，自以为从后脑到肩背，到臀部，到脚跟，没一处不贴着船底了，才说一声"行了"，船就慢慢移动。眼前昏暗了，可是还能感觉左右和上方的山石似乎都在朝我挤压过来。我又感觉要是把头稍微抬起一点儿，准会撞破了额角，擦伤了鼻子。大约行了二三丈的水程吧（实在也说不准确），就登陆了，那就到了内洞。要不是工友提着汽油灯，内洞真是一团漆黑，什么都看不见。即使有了汽油灯，还只能照见小小的一搭地方，余外全是昏暗，不知道有多么宽广。工友以导游者的身份，高高举起汽油灯，逐一指点内洞的景物。首先当然是蜿蜒在洞顶的双龙，一条黄龙，一条青龙。我顺着他的指点看，有点儿像。其次是些石钟乳和石笋，这是什么，那是什么，大都据形状想象成仙家、动物以及宫室、器用，名目有四十多。这是各处岩洞的通例，凡是岩洞都有相类的名目。我不感兴趣，虽然听了，一个也没有记住。

有岩洞的山大多是石灰岩。石灰岩经地下水长时期的浸蚀，形成岩洞。地下水含有碳酸，石灰岩是碳酸钙，碳酸钙遇着水里的碳酸，就成酸性碳酸钙。酸性碳酸钙是溶解于水的，这是岩洞形成和逐渐扩大的缘故。水渐渐干的时候，其中碳酸分解成水和二氧化碳气跑走，剩下的又是固体的碳酸钙。从洞顶下垂，凝成固体的，就是石钟乳，点滴积累，凝结在洞底的，就是石笋，道理是一样的。唯其如此，凝成的形状变化多端，再加上颜色各异，即使不比做什么什么，也就值得观赏。

在洞里走了一转，觉得内洞比外洞大得多，大概有十来进房子那么大。泉水靠着右边缓缓地流，声音轻轻的。上源在深黑的石洞里。

查《徐霞客游记》，霞客在崇祯九年（一六三六）十月初十日游三洞。郁达夫也到过，查他的游记，是一九三三年十一月十二日。达夫游记说内洞石壁上"唐宋人的题名石刻很多，我所见到的，以庆历四年的刻石为最古。……清人题壁，则自乾隆以后绝对没有了，盖因这里洞，自那时候起，为泥沙淤塞了的缘故"。达夫去的时候，北山才经整理，旧洞新辟。到现在又是二十多年了，最近北山再经整理，公路修起来了，休憩茶饭的所在布置起来了，外洞内洞收拾得干干净净。我去的那一天是星期日，游人很不少，工人、农民、干部、学生都有，外洞内洞闹哄哄的，要上小船得排队等候好一会儿。这种景象，莫说徐霞客，假如达夫还在人世，也一定会说二十年前决想不到。

我排队等候，又仰卧在小船里，出了洞。在外洞前边休息了一会儿，就往冰壶洞。根据刚才的经验，知道洞里潮湿，穿布鞋非但容易湿透，而且把不稳脚。我就买一双草鞋，套在布鞋上。

从双龙洞到冰壶洞有石级。平时没有锻炼，爬了三五十级就气呼呼的，两条腿一步重一步了，两旁的树木山石也无心看了。爬爬歇歇直到冰壶洞口，也没有数一共多少级，大概有三四百级吧。洞口不过小县城的城门那么大，进了洞就得往下走。沿着石壁凿成石级，一边架设木栏杆以防跌下去，跌下去可真不是玩儿的。工友提着汽油灯在前边引导，我留心脚下，踩稳一脚再挪动一脚，觉得往下走也不比向上爬轻松。

忽然听见水声了，再往下没有多少步，声音就非常大，好像整个洞里充满了轰轰的声音，真有逼人的气势。就看见一挂瀑布从石隙吐出来，吐出来的地方石势突出，所以瀑布全部悬空，上狭下宽，高大约十丈。身在一个不知道多么大的岩洞里，凭汽油灯的光平视这飞珠溅玉的形象，耳朵里只听见它的轰轰，脸上手上一阵阵地沾着飞来的细水滴，这是平生从未经历的境界，当时的感受实在难以描述。

再往下走几十级，瀑布就在我们上头，要抬头看了。这时候看见一幅奇景，好像天蒙蒙亮的辰光正下急雨，千万枝银箭直射而下，天边还留着几点残星。这个比拟是工友说给我听的，听了他说的，抬头看瀑布，越看越有意味。这个比拟比较把石钟乳比做狮子和象之类，意境高得多了。

在那个位置上仰望，瀑布正承着洞口射进来的光，所以不须照灯，通体雪亮。所谓残星，其实是白色石钟乳的反光。

这个瀑布不像一般瀑布，底下没有潭，落到洞底就成伏流，是双龙洞泉水的上源。

现在把徐霞客记冰壶洞的文句抄在这里，以供参证。"洞门仰如张吻。先投杖垂炬而下，滚滚不见其底。乃攀隙倚空入。忽闻水声轰轰，秉炬从之，则洞之中央，一瀑从空下坠，冰花玉屑，从黑暗处耀成洁彩。水穴石中，莫稔所去。乃依炬四穷，其深陷逾朝真，而屈曲少逊。"

一九五七年十月二十五日作

挑山工 *

一

你见过泰山的挑山工吗？这是种很奇特的人！

不知别处对这种运货上山的民夫怎样称呼。这儿习惯叫作挑山工。单从"挑山"二字，就可以体会出这种工作非凡的艰辛。肩挑着百十斤的重物，从山下直挑到烟云缭绕、鸟儿都难飞得上去的山顶，谁敢一试？更何况，这被誉为"五岳之首"的泰山，自有其巍巍而不可征服的威势。从山根直至极顶处，一条道儿，全是高高的石头台阶，简直就是一架直上直下的万丈天梯。在通向南天门的十八盘道上，那些游山来的健壮的男儿，也不免气喘吁吁。一般人更是精疲力竭，抓着道旁的铁栏，把身子一点点往上移。每爬上十来级台阶，就要停下来歇一歇。只有这时，你碰到一个挑山工——他给重重的挑儿压塌了腰，汗水湿透衣衫，两条腿上的肌条筋缕都清晰地凸现在外，默不作声，一步一步，吃力又坚韧地走过你身旁，登了上去。你那才算是约略知道"挑山"二字的滋味……

挑山工，大概自古就有。山头那些千年古刹所用的一切建筑

---

* 作者为中国当代作家冯骥才，选自《珍珠鸟》，作家出版社，2009 年 4 月版。

材料，都是从山下运上来的。你瞧着这些构造宏伟的古建筑上巨大的梁柱础石、沉重的铜砖铁瓦，再低头俯望一条灰白的山路，如同一根细绳，蜿蜒曲折，没入茫茫的谷底。你就会联想到，当年为了建造这些庙宇寺观，为了这壮观的美，挑山工们付出了怎样艰巨和惊人的劳动！

我少时来游泰山，山顶上还有三四十户人家，家中的男人大多是挑山工，给山上的国营招待所运送食品货物以为生计。清早，他们拿了扁担绳索，带着晨风晓露下山去，后晌随着一片暮云夕阳，把货物挑上山来。星光烁烁时，家家都开夜店，留宿在山头住一夜而打算转天早起观瞻日出的游人，收费却比国营招待所低廉。他们的屋子是石头垒的。山上风大，小屋都横竖卧在山道两旁的凹处，屋顶与道面一般平。屋里边简陋得几乎什么也没有，用来招待客人的，只有一条脏被和热开水。为了招待主顾，各家门首还挂着一个小幌牌，写着店名。有的叫"棒槌店"，就在木牌两边挂一对小木棒槌；有的叫"勺儿店"，便挂一对乌黑的小生铁勺儿，下边拴些红布穗子，随风摇摆，叮当轻响。不过，你在这店里睡不好觉。劳累了一天的挑山工和客人们睡在一张炕上。他们要整整打上一夜松涛般呼呼作响的鼾声……

在这些小石屋中间，摆着一件非常稀罕的东西。远看一人多高，颜色发黑，又圆又粗，两个人才能合抱过来。上边缀满繁密而细碎的光点，熠熠闪烁，好像一块巨型的金星石。近处一看，原来是一口特大的水缸，缸身满是裂缝，那些光点竟是数不清的连合破缝的锔子，估计总有一两千个。颇令人诧异。我问过山民，才知道，山顶没有泉眼，缺水吃，山民们用这口缸储存雨水。为什么打了这么多铜子呢？据说，三百多年前，山上住着一百多户人家。每天人们要到半山间去取水，很辛苦。一年，从这些人家中，长足了八个膀大腰圆、力气十足的小伙子。大家合计一下，在山下的泰安城里买了这口大缸。由这八个小伙子出力，整整用了七七四十九天，才把大缸抬到山顶。以后，山上人家愈来愈少，再也不能凑齐那样八个健儿，抬一口新缸来。每次缸裂了，便到山下请上来一位铜缸的工匠，铜上裂缝。天长日久，就成了这样子。

听了这故事，你就不会再抱怨山顶饭菜价钱的昂贵。山上烧饭用的煤，也是一块块挑上来的呀！

二

在泰山上，随处都可以碰到挑山工。他们肩上架一根光溜溜的扁担，两端翘起处，垂下几根绳子，拴挂着沉甸甸的物品。登山时，他们的一条胳膊搭在扁担上，另一条胳膊垂着，伴随登踏的步子有节奏地一甩一甩，以保持身体平衡。他们的路线是折尺形的——先从台阶的一端起步，斜行向上，登上七八级台阶，就到了台阶的另一端；便转过身子，反方向斜行，到一端再转回来，一曲一折向上登。每次转身，扁担都要换一次肩，这样才能使垂挂在扁担前头的东西不碰在台阶的边沿上，也为了省力。担了重物，照一般登山那样直上直下，膝头是受不住的。但路线曲折，就使路程加长。挑山工登一次山，大约多于游人们路程的一倍！

你来游山。一路上观赏着山道两旁的奇峰异石、巉岩绝壁、参天古木、飞烟流泉，心情喜悦，步子兴冲冲。可是当你走过这些肩挑重物的挑山工的身旁时，会禁不住用一种同情的目光，注视他们一眼。你会因为自己身无负载而倍觉轻松，反过来，又为他们感到吃力和劳苦，心中生出一种负疚似的情感……而他们呢？默默的，不动声色，也不同游人搭话——除非向你问问时间。一步步慢吞吞地走自己的路。任你怎样嬉叫闹喊，也不会惊动他们。他们却总用一种缓慢又平均的速度向上登，很少停歇。脚底板在石阶上发出坚实有力的嚓嚓声。在他们走过之处，常常会留下零零落落的汗水的滴痕……

奇怪的是，挑山工的速度并不比你慢。你从他们身边轻快地超越过去，自觉把他们甩在后边很远。可是，你在什么地方饱览四周雄美的山色，或在道边诵读与抄录凿刻在石壁上的爬满青苔的古人的题句，或在喧闹的溪流前洗脸濯足，他们就会在你身旁慢吞吞、不声不响地走过去，悄悄地超过了你。等你发现他走在你的前头时，会吃一惊，茫然不解，以为他们是像仙人那样腾云驾雾赶上来的。

有一次，我同几个画友去泰山写生，就遇到过这种情况。我们在山下的斗姥宫前买登山用的青竹杖时，遇到一个挑山工。矮个子，脸儿黑生生，眉毛很浓，大约四十来岁，敞开的白土布褂子中间露出鲜红的背心。他扁担一头拴着几张黄木凳子，另一头捆着五六个青皮西瓜。我们很快就越过他去。可是到了回马岭那条陡直的山道前，我们累了，舒开身子，躺在一块平平的被山风吹得干干净净的大石头上歇歇脚，这当儿，竟发现那挑山工就坐在对面的草茵上抽着烟。随后，我们差不多同时起程，很快就把他甩在身后，直到看不见。但当我爬上半山的五松亭时，却见他正在那株姿态奇特的古松下整理他的挑儿。褂子脱掉，现出黑黝黝、健美的肌肉和红背心。我颇感惊异。走过去假装问道，让支烟，跟着便没话找话，和他攀谈起来。这山民倒不拘束，挺爱说话。他告诉我，他家住在山脚下，天天挑货上山。一年四季，一天一个来回。他干了近二十年。然后他说："您看俺个子小吗？干挑山工的，长年给扁担压得长不高，都是矮粗。像您这样的高个儿干不了这种活儿。走起来，晃晃悠悠哪！"

他逗趣似的一抬浓眉，咧开嘴笑了，露出皓白的牙齿。山民们喝泉水，牙齿都很白。

这么一来，谈话更随便些，我便把心中那个不解之谜说出来："我看你们走得很慢，怎么反而常常跑到我们前边来了呢？你们有什么近道儿吗？"

他听了，黑生生的脸上显出一丝得意之色。他吸一口烟，吐出来，好像做了一点思考，才说：

"俺们哪里有近道，还不和你们是一条道？你们是走得快，可你们在路上东看西看，玩玩闹闹，总停下来呗！俺们跟你们不一样。不能像你们在路上那么随便，高兴怎么就怎么。一步踩不实不行，停停站站更不行。那样，两天也到不了山顶。就得一个劲儿总往前走。别看俺们慢，走长了就跑到你们前边去了。瞧，是不是这个理儿？"

我笑吟吟，心悦诚服地点着头。我感到这山民的几句话里，似乎蕴藏着一种意味深长的哲理、一种切实而朴素的思想。我来不及细细嚼味，做些引申，他就担起挑儿起程了。在前边的山道上，在我流连山色之时，他还是悄悄超过了我，提前到达山顶。我在极顶的小卖部门前碰见他，他正在那里交货。我们的目光相遇时，他略表相识地点头一笑，好像对我说：

"瞧，俺可又跑到你的前头来了！"

我自泰山返回家后，就画了一幅画——在陡直而似乎没有尽头的山道上，一个穿红背心的挑山工给肩头的重物压弯了腰，却一步步、不声不响、坚忍地向上登攀。多年来，这幅画一直挂在我的书桌前，不肯换掉，因为我需要它……

自私的巨人 *

每天下午，孩子们放学以后，总喜欢到巨人的花园里去玩。

这是一个可爱的大花园，园里长满了柔嫩的青草。草丛中到处露出星星似的美丽花朵；还有十二棵桃树，在春天开出淡红色和珍珠色的鲜花，在秋天结着丰富的果子。小鸟们坐在树枝上唱出悦耳的歌声，它们唱得那么动听，孩子们都停止了游戏来听它们。"我们在这儿多快乐！"孩子们互相欢叫。

有一天巨人回来了。他原先离家去看他的朋友，就是那个康华尔地方的吃人鬼，在那里一住便是七年。七年过完了，他已经把他要说的话说尽了（因为他谈话的才能是有限的），他便决定回他自己的府邸去。他到了家，看见小孩们正在花园里玩。

"你们在这儿做什么？"他粗暴地叫道，小孩们都跑开了。

"我自己的花园就是我自己的花园，"巨人说，"这是随便什么人都懂得的，除了我自己以外，我不准任何人在里面玩。"所以他就在花园的四周筑了一道高墙，挂起一块布告牌来。

---

* 作者为英国艺术家、作家王尔德，选自《快乐王子》，巴金译，上海译文出版社，2010 年 4 月版。

不准擅入

违者重惩

他是一个非常自私的巨人。

那些可怜的小孩们现在没有玩的地方了。他们只好勉强在街上玩，可是街道灰尘多，到处都是坚硬的石子，他们不喜欢这个地方。他们放学以后常常在高墙外面转来转去，并且谈论墙内的美丽的花园。"我们从前在那儿是多么快活啊。"他们都这样说。

春天来了，乡下到处都开着小花，到处都是小鸟歌唱。单单在巨人的花园里却仍旧是冬天的气象。鸟儿不肯在他的花园里唱歌，因为那里再没有小孩的踪迹，树木也忘了开花。偶尔有一朵美丽的花从草间伸出头来，可是它看见那块布告牌，禁不住十分怜惜那些不幸的孩子，它马上就缩回在地里，又去睡觉了。觉得高兴的只有雪和霜两位。她们嚷道："春天把这个花园忘记了，所以我们一年到头都可以住在这儿。"雪用她的白色大氅盖着草，霜把所有的树枝涂成了银色。她们还请北风来同住，他果然来了。他身上裹着皮衣，整天在园子里四处叫吼，把烟囱管帽也吹倒了。他说："这是一个适意的地方，我们一定要请雹来玩一趟。"于是雹来了。他每天总要在这府邸屋顶上闹三个钟头，把瓦片弄坏了大半才停止。然后他又在花园里绕着圈子用力跑。他穿一身的灰色，他的气息就像冰一样。

"我不懂为什么春天来得这样迟，"巨人坐在窗前，望着窗外他那寒冷的、雪白的花园，自言自语，"我盼望天气不久就会变好。"

可是春天始终没有来，夏天也没有来。秋天给每个花园带来金色果实，但巨人的花园却什么也没有得到。"他太自私了。"秋天这样说。因此冬天永远留在那里，还有北风，还有雹，还有霜，还有雪，他们快乐地在树丛中跳舞。

一天早晨巨人醒在床上，他忽然听见了动人的音乐。这音乐非常好听，他以为一定是国王的乐队在他的门外走过。其实这只是一只小小的梅花雀在他的窗外唱歌，但是他很久没有听见一只小鸟在他的园子里歌唱了，所以他会觉得这是全世界中最美的音乐。这时雹也停止在他的头上跳舞，北风也不叫吼，一股甜香透过开着的窗来到他的鼻端。"我相信春天到底来了。"巨人说，他便跳下床去看窗外。

他看见了什么呢？

他看见一个非常奇怪的景象。孩子们从墙上一个小洞爬进园子里来，他们都坐在树枝上面，他在每一棵树上都可以见到一个小孩。树木看见孩子们回来十分高兴，便都用花朵把自己装饰起来，还在孩子们的头上轻轻地舞动胳膊。鸟儿们快乐地四处飞舞歌唱，花儿们也从绿草中间伸出头来看，而且大笑了。这的确是很可爱的景象。只有在一个角落里冬天仍然留着，这是园子里最远的角落，一个小孩正站在那里。他太小了，他的手还挨不到树枝，他就在树旁转来转去，哭得很厉害。这株可怜的树仍然满身盖着霜和雪，北风还在树顶上吹，叫。"快爬上来！小孩！"树对孩子说，一面尽可能地把枝子垂下去，然而孩子还是太小了。

巨人看见窗外这个情景，他的心也软了。他对自己说："我是多么自私啊！现在我明白为什么春天不肯到这儿来了。我要把那个可怜的小孩放到树顶上去，随后我要把墙毁掉，把我的花园永远永远变作孩子们的游戏场。"他的确为着他从前的举动感到十分后悔。

他轻轻地走下楼，静悄悄地打开前门，走进院子里去。但是孩子们看见他，非常害怕，他们立刻逃走了，花园里又现出冬天的景象。只有那个最小的孩子没有跑开，因为他的眼里充满了泪水，使他看不见巨人走过来。巨人偷偷地走到他后面，轻轻地抱起他，放到树枝上去。这棵树马上开花了，鸟儿们也飞来在枝上歌唱，小孩伸出他的两只胳膊，抱住巨人的颈项，跟他接吻。别的小孩看见巨人不再像先前那样凶狠了，便都跑回来。春天也就跟着小孩们来了。巨人对他们说："孩子们，花园现在是你们的了。"他拿出一把大斧，砍倒了围墙。中午人们赶集，经过这里，他们看见巨人和小孩们一块儿在他们从未见过的这样美的花园里面玩。

巨人和小孩们玩了一整天，天黑了，小孩们便来向巨人告别。

"可是你们那个小朋友在哪儿？我是说那个由我放到树上去的孩子。"巨人最爱那个小孩，因为那个小孩吻过他。

"我们不知道，他已经走了。"小孩们回答。

"你们不要忘记告诉他，叫他明天一定要到这儿来。"巨人嘱咐道，但是小孩们说他们不知道他住在什么地方，而且他们以前从没有见过他；巨人觉得很不快活。

每天下午小孩们放学以后，便来找巨人一块儿玩。可是巨人喜欢的那个小孩却再也看不见了。巨人对待所有的小孩都很和气，可是他非常想念他的第一个小朋友，并且时常讲起他。"我多么想看见他啊！"他时常这样说。

许多年过去了，巨人也很老了。他不能够再跟小孩们一块儿玩，因此他便坐在一把大的扶手椅上看小孩们玩各种游戏，同时也欣赏他自己的花园。他说："我有许多美丽的花，可是孩子们却是最美丽的花。"

一个冬天的早晨，他起床穿衣的时候，把眼睛掉向窗外望。他现在不恨冬天了，因为他知道这不过是春天在睡眠，花在休息罢了。

他突然惊讶地揉他的眼睛，并且向窗外看了再看。这的确是一个很奇妙的景象。园子的最远的一个角里有一棵树，枝上开满了可爱的白花。树枝完全是黄金的，枝上低垂着累累的银果，在这棵树下就站着他所爱的那个小孩。

巨人很欢喜地跑下楼，进了花园。他急急忙忙地跑过草地，到小孩身边去。等他挨近小孩的时候，他的脸带着愤怒涨红了，他问道："谁敢伤害了你？"因为小孩的两只手掌心上现出两个钉痕，在他两只小脚的脚背上也有两个钉痕。

"谁敢伤害了你？我立刻拿我的大刀去杀死他！"巨人叫道。

"不！"小孩答道，"这是爱的伤痕啊。"

"那么你是谁？"巨人说，他突然起了一种奇怪的敬畏的感觉，便在小孩面前跪下来。

小孩向着巨人微笑了，对他说："你有一回让我在你的园子里玩过，今天我要带你到我的园子里去，那就是天堂啊。"

那天下午小孩们跑进园子来的时候，他们看见巨人躺在一棵树下，他已经死了，满身盖着白花。

海的女儿[*]

在海的远处，水是那么蓝，像最美丽的矢车菊花瓣，同时又是那么清，像最明亮的玻璃。然而它是很深很深，深得任何锚链都达不到底。要想从海底一直达到水面，必须有许多许多教堂尖塔一个接着一个地连起来才成。海底的人就住在这下面。

不过人们千万不要以为那儿只是一片铺满了白沙的海底。不是的，那儿生长着最奇异的树木和植物。它们的枝丫和叶子是那么柔软，只要水轻微地流动一下，它们就摇动起来，好像它们是活着的东西。所有的大小鱼儿在这些枝子中间游来游去，像是天空的飞鸟。海里最深的地方是海王宫殿所在的处所。它的墙是用珊瑚砌成的，它那些尖顶的高窗子是用最亮的琥珀做成的；不过屋顶上却铺着黑色的蚌壳，它们随着水的流动可以自动地开合。这是怪好看的，因为每一颗蚌壳里面含有亮晶晶的珍珠。随便哪一颗珍珠都可以成为皇后帽子上最主要的装饰品。

住在那底下的海王已经做了好多年的鳏夫，但是他有老母亲为他管理家务。她是一个聪明的女人，可是对于自己高贵的出身

---

* 作者为丹麦童话作家安徒生，选自《安徒生童话集》，叶君健译，人民文学出版社，2005 年 4 月版。

总是感到不可一世，因此她的尾巴上老戴着一打的牡蛎——其余的显贵只能每人戴上半打。除此以外，她是值得大大的称赞的，特别是因为她非常爱那些小小的海公主——她的一些孙女。她们是六个美丽的孩子，而她们之中，那个顶小的要算是最美丽的了。她的皮肤又光又嫩，像玫瑰的花瓣；她的眼睛是蔚蓝色的，像最深的湖水。不过，跟其他的公主一样，她没有腿：她身体的下部是一条鱼尾。

她们可以把整个漫长的日子花费在皇宫里，在墙上生有鲜花的大厅里。那些琥珀镶的大窗子是开着的，鱼儿向着她们游来，正如我们打开窗子的时候，燕子会飞进来一样。不过鱼儿一直游向这些小小的公主，在她们的手里找东西吃，让她们来抚摸自己。

宫殿外面有一个很大的花园，里边生长着许多火红和深蓝色的树木；树上的果子亮得像黄金，花朵开得像焚烧着的火，花枝和叶子在不停地摇动。地上全是最细的沙子，但是蓝得像硫黄发出的光焰。在那儿，处处都闪着一种奇异的、蓝色的光彩。你很容易以为你是高高地在空中而不是在海底，你的头上和脚下全是一片蓝天。当海是非常沉静的时候，你可瞥见太阳：它像一朵紫色的花，从它的花萼里射出各种色彩的光。

在花园里，每一位小公主有自己的一小块地方，在那上面她可以随意栽种。有的把自己的花坛布置得像一条鲸鱼；有的觉得最好把自己的花坛布置得像一个小人鱼。可是最年幼的那位却把自己的花坛布置得圆圆的，像一轮太阳，同时她也只种像太阳一样红的花朵。她是一个古怪的孩子，不大爱讲话，总是静静地在想什么东西。当别的姊妹们用她们从沉船里所获得的最奇异的东西来装饰她们的花园的时候，她除了像高空的太阳一样艳红的花朵以外，只愿意有一个美丽的大理石像。这石像代表一个美丽的男子；它是用一块洁白的石头雕出来的，跟一条遭难的船一同沉到海底。她在这石像旁边种了一株像玫瑰花那样红的垂柳。这树长得非常茂盛。它新鲜的枝叶垂向这个石像，一直垂到那蓝色的沙底。它的倒影带有一种紫蓝的色调。像它的枝条一样，这影子也从不静止：树根和树顶看起来好像在做着互相亲吻的游戏。

她最大的愉快是听些关于上面人类世界的故事。她的老祖母不得不把自己所有一切关于船只和城市、人类和动物的知识讲给她听。特别使她感到美好的一件事情是：地上的花儿能散发出香气来，而海底上的花儿却不能；地上的森林是绿色的，而且人们所看到的在树枝间游来游去的鱼儿会唱得那么清脆和好听，叫人感到愉快。老祖母所说的"鱼儿"事实上就是小鸟，但是假如她不这样讲的话，小公主就听不懂她的故事了，因为她还从来没有看到过一只小鸟。

"等你满了十五岁的时候，"老祖母说，"我就准许你浮到海面上去。那时你可以坐在月光底下的石头上面，看巨大的船只在你身边驶过去。你也可以看到树林和城市。"

在这快要到来的一年，这些姊妹中有一位到了十五岁；可是其余的呢——唔，她们一个比一个小一岁。因此最年幼的那位公主还要足足地等五个年头才能够从海底浮上来，来看看我们的这个世界。不过每一位答应下一位说，她要把她第一天所看到和发现的东西讲给大家听，因为她们的祖母所讲的确是不太够——她们所希望了解的东西真不知有多少！

她们谁也没有像年幼的那位妹妹渴望得厉害，而她恰恰要等待得最久，同时她是那么地沉默和富于深思。不知有多少夜晚她站在开着的窗子旁边，透过深蓝色的水朝上面凝望，凝望着鱼儿挥动着它们的尾巴和翅。她还看到月亮和星星——当然，它们射出的光有些发淡，但是透过一层水，它们看起来要比在我们人眼中大得多。假如有一块类似黑云的东西在它们下面浮过去的话，她便知道这不是一条鲸鱼在她上面游过去，便是一条装载着许多旅客的船在开行。可是这些旅客们再也想象不到，他们下面有一位美丽的小人鱼，在朝着他们船的龙骨伸出她一双洁白的手。

现在最大的那位公主已经到了十五岁，可以升到水面上去了。

当她回来的时候，她有无数的事情要讲；不过她说，最美的事情是当海上风平浪静的时候，在月光底下躺在一个沙滩上面，紧贴着海岸凝望那大城市里亮得像无数星星似的灯光，静听音乐、闹声以及马车和人的声音，观看教堂的圆塔和尖塔，倾听叮当的钟声。正因为她不能到那儿去，所以她也就最渴望这些东西。

啊，最小的那位妹妹听得多么入神啊！当她晚间站在开着的窗子旁边，透过深蓝色的水朝上面望的时候，她就想起了那个大城市以及它里面熙熙攘攘的声音。于是她似乎能听到教堂的钟声在向她这里飘来。

第二年第二个姐姐得到许可，可以浮出水面，可以随便向什么地方游去。她跳出水面的时候，太阳刚刚下落；她觉得这景象真是美极了。她说，这时整个的天空看起来像一块黄金，而云块呢——唔，她真没有办法把它们的美形容出来！它们在她头上掠过，一忽儿红，一忽儿紫。不过，比它们飞得还要快的、像一片又白又长的面纱的是一群掠过水面的野天鹅。它们是飞向太阳，她也向太阳游去。可是太阳落了。一片玫瑰色的晚霞，慢慢地在海面和云块之间消逝了。

又过了一年，第三个姐姐浮上去了。她是她们中最大胆的一位，因此她游向一条流进海里的大河里去了。她看到一些美丽的青山，上面种满了一行一行的葡萄。宫殿和田庄在郁茂的树林中隐隐地露在外面。她听到各种鸟儿唱得多么美好。太阳照得多么暖和，她有时不得不沉入水里，好使得她灼热的面孔能够得到一点清凉。在一个小河湾里她碰到一群人间的小孩子：他们光着身子，在水里游来游去。她倒很想跟他们玩一会儿，可是他们吓了一跳，逃走了。于是一个小小的黑色动物走了过来——这是一条小狗，是她从来没有看到过的小狗。它对她汪汪地叫得那么凶狠，弄得她害怕起来，赶快逃到大海里去。可是她永远忘记不了那壮丽的森林，那绿色的山，那些能够在水里游泳的可爱的小宝宝——虽然他们没有像鱼那样的尾巴。

第四个姐姐可不是那么大胆了。她停留在荒凉的大海上面。她说，最美的事儿就是停在海上：因为你可以从这儿向四周很远很远的地方望去，同时天空悬在上面像一个巨大的玻璃钟。她看到过船只，不过这些船只离她很远，看起来像一只海鸥。她看到过快乐的海豚翻着筋斗，庞大的鲸鱼从鼻孔里喷出水来，好像有无数的喷泉在围绕着它们一样。

现在临到那第五个姐姐了。她的生日恰恰是在冬天，所以她能看到其他的姐姐们在第一次浮出海面时所没有看到过的东西。海染上了一片绿色；巨大的冰山在四周移动。她说每一座冰山看起来像一颗珠子，然而却比人类所建造的教堂塔还要大得多。它们以种种奇奇怪怪的形状出现；它们像钻石似的射出光彩。她曾经在一个最大的冰山上坐过，让海风吹着她细长的头发，所有的船只，绕过她坐着的那块地方，惊惶地远远避开。不过在黄昏的时分，天上忽然布起了一片乌云。电闪起来了，雷轰起来了。黑色的巨浪掀起整片整片的冰块，使它们在血红的雷电中闪着光。所有的船只都收下了帆，造成一种惊惶和恐怖的气氛；但是她却安静地坐在那浮动的冰山上，望着蓝色的闪电，弯弯曲曲地射进反光的海里。

这些姊妹们中随便哪一位，只要是第一次升到海面上去，总是非常高兴地观看这些新鲜和美丽的东西。可是现在呢，她们已经是大女孩子了，可以随便浮近她们喜欢去的地方，因此这些东西就不再太引起她们的兴趣了。她们渴望回到家里来。一个来月以后，她们就说：究竟还是住在海里好——家里是多么舒服啊！

在黄昏的时候，这五个姊妹常常手挽着手地浮上来，在水面上排成一行。她们能唱出好听的歌声——比任何人类的声音还要美丽。当风暴快要到来、她们认为有些船只快要出事的时候，她们就浮到这些船的面前，唱起非常美丽的歌来，说是海底下是多么可爱，同时告诉这些水手不要害怕沉到海底；然而这些人却听不懂她们的歌词。他们以为这是飓风的声息。他们也想不到他们会在海底看到什么美好的东西，因为如果船沉了的话，上面的人也就淹死了，他们只有作为死人才能到达海王的宫殿。

有一天晚上，当姊妹们这么手挽着手地浮出海面的时候，最小的那位妹妹单独地待在后面，瞧着她们。看样子她好像是想要哭一场似的，不过人鱼是没有眼泪的，因此她更感到难受。

"啊，我多么希望我已经有十五岁啊！"她说，"我知道我将会喜欢上面的世界，喜欢住在那个世界里的人们的。"

最后她真的到了十五岁了。

"你知道，你现在可以离开我们的手了，"她的祖母老皇太后说，"来吧，让我把你打扮得像你的那些姐姐一样吧。"

于是她在这小姑娘的头发上戴上一个百合花编的花环，不过这花的每一个花瓣是半颗珍珠。老太太又叫八个大牡蛎紧紧地附贴在公主的尾上，来表示她高贵的地位。

"这叫我真难受！"小人鱼说。

"当然啰，为了漂亮，一个人是应该吃点苦头的。"老祖母说。

哎，她倒真想能摆脱这些装饰品，把这沉重的花环扔向一边！她花园里的那些红花，她戴起来要适合得多，但是她不敢这样办。"再会吧！"她说。于是她轻盈和明朗得像一个水泡，冒出水面了。

当她把头伸出海面的时候，太阳已经下落了，可是所有的云块还是像玫瑰花和黄金似的发着光；同时，在这淡红的天上，太白星已经在美丽地、光亮地眨着眼睛。空气是温和的、新鲜的。海是非常平静的。这儿停着一艘有三根桅杆的大船。船上只挂了一张帆，因为没有一丝儿风吹动。水手们正坐在护桅索的周围和帆桁的上面。

这儿有音乐，也有歌声。当黄昏逐渐变得阴暗的时候，各色各样的灯笼就一起亮起来了。它们看起来就好像飘在空中的世界各国的旗帜。小人鱼一直向船窗那儿游去。每次当海浪把她托起来的时候，她可以透过像镜子一样的窗玻璃，望见里面站着许多服装华丽的男子；但他们之中最美的一位是那有一对大黑眼珠的王子：无疑地，他的年纪还不到十六岁。今天是他的生日，正因为这个缘故，今天才这样热闹。

水手们在甲板上跳着舞。当王子走出来的时候，有一百多发火箭一齐向天空射出。天空被照得如同白昼，因此小人鱼非常惊恐起来，赶快沉到水底。可是不一会儿她又把头伸出来了——这时她觉得好像满天的星星都在向她落下，她从来没有看到过这样的焰火。许多巨大的太阳在周围发出嘘嘘的响声，光耀夺目的大鱼在向蓝色的空中飞跃。这一切都映到这清明的、平静的海上。这船全身都被照得那么亮，连每根很小的绳子都可以看得出来，船上的人当然更可以看得清楚了。啊，这位年轻的王子是多么美丽啊！当音乐在这光华灿烂的夜里慢慢消逝的时候，他跟水手们握着手，大笑，微笑……

夜已经很晚了；但是小人鱼没有办法把她的眼睛从这艘船和这位美丽的王子身上撇开。那些彩色的灯笼熄了，火箭不再向空中发射了，炮声也停止了。可是在海的深处起了一种嗡嗡和隆隆的声音。她坐在水上，一起一伏地漂着，所以她能看到船舱里的东西。可是船加快了速度;它的帆都先后张起来了。浪涛大起来了，沉重的乌云浮起来了，远处掣起闪电来了。啊，可怕的大风暴快要到来了！水手们因此都收下了帆。这条巨大的船在这狂暴的海上摇摇摆摆地向前疾驶。浪涛像庞大的黑山似的高涨。它想要折断桅杆。可是这船像天鹅似的，一忽儿投进洪涛里面，一忽儿又在高大的浪头上抬起头来。

小人鱼觉得这是一种很有趣的航行，可是水手们的看法却不是这样。这艘船现在发出碎裂的声音；它粗厚的板壁被袭来的海涛打弯了，船桅像芦苇似的在半中腰折断了。后来船开始倾斜，水向舱里冲了进来。这时小人鱼才知道他们遭遇到了危险。她也得当心漂流在水上的船梁和船的残骸。

天空马上变得漆黑，她什么也看不见。不过当闪电掣起来的时候，天空又显得非常明亮，使她可以看出船上的每一个人。现在每个人在尽量为自己寻找生路。她特别注意那位王子。当这艘船裂开、向海的深处下沉的时候，她看到了他。她马上变得非常高兴起来，因为他现在要落到她这儿来了。可是她又记起人类是不能生活在水里的，他除非成了死人，是不能进入她父亲的宫殿的。

不成，决不能让他死去！所以她在那些漂着的船梁和木板之间游过去，一点也没有想到它们可能把她砸死。她深深地沉入水里，接着又在浪涛中高高地浮出来，最后她终于到达了那王子的身边。在这狂暴的海里，他绝没有力量再浮起来。他的手臂和腿开始支持不住了。他美丽的眼睛已经闭起来了。要不是小人鱼及时赶来，他一定是会淹死的。她把他的头托出水面，让浪涛载着她跟他一起随便漂流到什么地方去。

天明时分，风暴已经过去了。那条船连一块碎片也没有。鲜红的太阳升起来了，在水上光耀地照着。它似乎在这位王子的脸上注入了生命。不过他的眼睛仍然是闭着的。小人鱼把他清秀的高额吻了一下，把他透湿的长发理向脑后。她觉得他的样子很像她在海底小花园里的那尊大理石像。她又吻了他一下，希望他能苏醒过来。

现在她看见她前面展开一片陆地和一群蔚蓝色的高山，山顶上闪耀着的白雪看起来像睡着的天鹅。沿着海岸是一片美丽的绿色树林，林子前面有一个教堂或是修道院——她不知道究竟叫作什么，反正总是一个建筑物罢了。它的花园里长着一些柠檬和橘子树，门前立着很高的棕榈。海在这儿形成一个小湾；水是非常平静的，但是从这儿一直到那积有许多细沙的石崖附近，都是很深的。她托着这位美丽的王子向那儿游去。她把他放到沙上，非常仔细地使他的头高高地搁在温暖的太阳光里。

钟声从那幢雄伟的白色建筑物中响起来了，有许多年轻女子穿过花园走出来。小人鱼远远地向海里游去，游到冒在海面上的几座大石头的后面。她用许多海水的泡沫盖住了她的头发和胸脯，好使得谁也看不见她小小的面孔。她在这儿凝望着，看有谁会来到这个可怜的王子身边。

不一会儿，一个年轻的女子走过来了。她似乎非常吃惊，不过时间不久，于是她找了许多人来。小人鱼看到王子渐渐地苏醒过来了，并且向周围的人发出微笑。可是他没有对她做出微笑的表情：当然，他一点也不知道救他的人就是她。她感到非常难过。因此当他被抬进那幢高大的房子里去的时候，她悲伤地跳进海里，回到她父亲的宫殿里去。

她一直就是一个沉静和深思的孩子，现在她变得更是这样了。她的姐姐们都问她，她第一次升到海面上去究竟看到了一些什么东西；但是她什么也说不出来。

有好多晚上和早晨，她浮出水面，向她曾经放下王子的那块地方游去。她看到那花园里的果子熟了，被摘下来了；她看到高山顶上的雪融化了；但是她看不见那个王子。所以她每次回到家来，总是更感到痛苦。她的唯一的安慰是坐在她的小花园里，用双手抱着与那位王子相似的美丽的大理石像。可是她再也不照料她的花儿了。这些花儿好像是生长在旷野中的东西，铺得满地都是；它们的长梗和叶子跟树枝交叉在一起，使这地方显得非常阴暗。

最后她再也忍受不住了。不过只要她把她的心事告诉给一个姐姐，马上其余的人也就都知道了。但是除了她们和别的一两个人鱼以外（她们只把这秘密转告给自己几个知己的朋友），别的什么人也不知道。她们之中有一位知道那个王子是什么人。她也看到过那次在船上举行的庆祝。她知道这位王子是从什么地方来的，他的王国在什么地方。

"来吧，小妹妹！"别的公主们说。她们彼此把手搭在肩上，一长排地升到海面，一直游到一块她们认为是王子的宫殿的地方。

这宫殿是用一种发光的淡黄色石块建筑的，里面有许多宽大的大理石台阶——有一个台阶还一直伸到海里呢。华丽的、金色的圆塔从屋顶上伸向空中。在围绕着这整个建筑物的圆柱中间，立着许多大理石像。它们看起来像是活人一样。透过那些高大窗子的明亮玻璃，人们可以看到一些富丽堂皇的大厅，里面悬着贵重的丝窗帘和织锦，墙上装饰着大幅的图画——就是光看看这些东西也是一桩非常愉快的事情。在最大的一个厅堂中央，有一个巨大的喷泉在喷着水。水丝一直向上面的玻璃圆屋顶射去，而太阳又透过这玻璃射下来，照到水上，照到生长在这大水池里的植物上面。

现在她知道王子住在什么地方。在这儿的水上她度过好几个黄昏和黑夜。她远远地向陆地游去，比任何别的姐姐敢去的地方还远。的确，她甚至游到那个狭小的河流里去，直到那个壮丽的大理石阳台下面——它长长的阴影倒映在水上。她在这儿坐着，瞧着那个年轻的王子，而这位王子却还以为月光中只有他一个人呢。

有好几个晚上，她看到他在音乐声中乘着那艘飘着许多旗帜的华丽的船。她从绿灯心草中向上面偷望。当风吹起她银白色的长面罩的时候，如果有人看到的话，他们总以为这是一只天鹅在展开它的翅膀。

有好几个夜里，当渔夫们打着火把出海捕鱼的时候，她听到他们对于这位王子说了许多称赞的话语。她高兴起来，觉得当浪涛把他冲击得半死的时候，是她来救了他的生命；她记起他的头是怎样紧紧地躺在她的怀里，她是多么热情地吻着他。可是这些事儿他自己一点也不知道，他连做梦也不会想到她。

她渐渐地开始爱起人类来，渐渐地开始盼望能够生活在他们中间。她觉得他们的世界比她的天地大得多。的确，他们能够乘船在海上行驶，能够爬上高耸入云的大山，同时他们的土地，连带着森林和田野，伸展开来，使得她望都望不尽。她希望知道的东西真是不少，可是她的姐姐们都不能回答她所有的问题。因此她只有问她的老祖母。她对于"上层世界"——这是她给海上国家所起的恰当的名字——的确知道得相当清楚。

"如果人类不淹死的话，"小人鱼问，"他们会永远活下去吗？他们会不会像我们住在海里的人们一样地死去呢？"

"一点也不错，"老太太说，"他们也会死的，而且他们的生命甚至比我们的还要短促呢。我们可以活到三百岁，不过当我们在这儿的生命结束的时候，我们就变成了水上的泡沫。我们甚至连一座坟墓也不留给我们这儿心爱的人呢。我们没有一个不灭的灵魂。我们从来得不到一个死后的生命。我们像那绿色的海草一样，只要一割断了，就再也绿不起来！相反，人类有一个灵魂；它永远活着，即使身体化为尘土，它仍是活着的。它升向晴朗的天空，一直升向那些闪耀着的星星！正如我们升到水面、看到人间的世界一样，他们升向那些神秘的、华丽的、我们永远不会看见的地方。"

"为什么我们得不到一个不灭的灵魂呢？"小人鱼悲哀地问，"只要我能够变成人、可以进入天上的世界，哪怕在那儿只活一天，我都愿意放弃我在这儿所能活的几百岁的生命。"

"你绝不能起这种想头，"老太太说，"比起上面的人类来，我们在这儿的生活要幸福和美好得多！"

"那么我就只有死去，变成泡沫在水上漂浮了。我将再也听不见浪涛的音乐，看不见美丽的花朵和鲜红的太阳吗？难道我没有办法得到一个永恒的灵魂吗？"

"没有！"老太太说，"只有当一个人爱你，把你当作比他父母还要亲切的人的时候；只有当他把他全部的思想和爱情都放在你身上的时候；只有当他让牧师把他的右手放在你的手里，答应现在和将来永远对你忠诚的时候，他的灵魂才会转移到你的身上去，而你就会得到一份人类的快乐。他就会分给你一个灵魂，而同时他自己的灵魂又能保持不灭。但是这类的事情是从来不会有的！我们在这儿海底所认为美丽的东西——你的那条鱼尾——他们在陆地上却认为非常难看：他们不知道什么叫作美丑。在他们那儿，一个人想要显得漂亮，必须生有两根呆笨的支柱——他们把它们叫作腿！"

小人鱼叹了一口气，悲哀地把自己的鱼尾巴望了一眼。

"我们放快乐些吧！"老太太说，"在我们能活着的这三百年中，让我们跳舞吧。这究竟是一段相当长的时间；以后我们也可以在我们的坟墓里❶愉快地休息了。今晚我们就在宫里开一个舞会吧！"

那真是一个壮丽的场面，人们在陆地上是从来不会看见的。这个宽广的跳舞厅里的墙壁和天花板是用厚而透明的玻璃砌成的。成千成百草绿色和粉红色的巨型贝壳一排一排地立在四边；它们里面燃着蓝色的火焰，照亮整个的舞厅，照透了墙壁，因而也照明了外面的海。人们可以看到无数的大小鱼群向这座水晶宫里游来，有的鳞上发着紫色的光，有的亮起来像白银和金子。一股宽大的激流穿过舞厅的中央，海里的男人和女人，唱着美丽的歌，就在这激流上跳舞。这样优美的歌声，住在陆地上的人们是唱不出来的。

在这些人中间，小人鱼唱得最美。大家为她鼓掌；她心中有好一会儿感到非常快乐，因为她知道，在陆地上和海里只有她的声音最美。不过她马上又想起上面的那个世界。她忘不了那个美貌的王子，也忘不了她因为没有他那样不灭的灵魂而引起的悲愁。因此她偷偷地走出她父亲的宫殿；当里面正是充满了歌声和快乐的时候，她却悲哀地坐在她的小花园里。忽然她听到一个号角声从水上传来。她想："他一定是在上面行船了；他——我爱他胜过我的爸爸和妈妈；他——我时时刻刻在想念他；我把我一生的幸

---

❶ 译者注：上面说人鱼死后变成海上的泡沫，这儿却说人鱼死后在坟墓里休息。大概作者写到这儿忘记了前面的话。

福放在他的手里。我要牺牲一切来争取他和一个不灭的灵魂。当现在我的姐姐们正在父亲的宫殿里跳舞的时候，我要去拜访那位海的巫婆。我一直是非常害怕她的，但是她也许能教给我一些办法和帮助我吧。"

小人鱼于是走出了花园，向一个掀起泡沫的漩涡走去——巫婆就住在它的后面。她以前从来没有走过这条路。这儿没有花，也没有海草；只有光溜溜的一片灰色沙底，向漩涡那儿伸去。水在这儿像一架喧闹的水车似的旋转着，把它所碰到的东西都转到水底去。要到达巫婆所住的地区，她必须走过这急转的漩涡。有好长一段路程需要通过一条冒着热泡的泥地：巫婆把这地方叫作她的泥煤田。在这后面有一个可怕的森林，她的房子就在里面；所有的树和灌木林全是些珊瑚虫——一种半植物和半动物的东西。它们看起来很像地里冒出来的多头蛇。它们的枝丫全是长长的、黏糊糊的手臂，它们的手指全是像蠕虫一样柔软。它们从根到顶都是一节一节地在颤动。它们紧紧地盘住它们在海里所能抓得到的东西，一点也不放松。

小人鱼在这森林面前停下步子，非常惊慌。她的心害怕得跳起来，她几乎想转身回去。但是当她一想起那位王子和人的灵魂的时候，她就又有了勇气。她把她飘动着的长头发牢牢地缠在她的头上，好使珊瑚虫抓不住她。她把双手紧紧地贴在胸前，于是她像水里跳着的鱼儿似的，在这些丑恶的珊瑚虫中间，向前跳走，而这些珊瑚虫只有在她后面挥舞着它们柔软的长臂和手指。她看到它们每一个都抓住了一件什么东西，无数的小手臂盘住它，像坚固的铁环一样。那些在海里淹死和沉到海底下的人，在这些珊瑚虫的手臂里，露出白色的骸骨。它们紧紧地抱着船舵和箱子，抱着陆上动物的骸骨，还抱着一个被它们抓住和勒死了的小人鱼——这对于她来说，是一件最可怕的事情。

现在她来到了森林中一块黏糊糊的空地。这儿又大又肥的水蛇在翻动着，露出它们淡黄色的、奇丑的肚皮。在这块地中央有一幢用死人的白骨砌成的房子。海的巫婆就正坐在这儿，用她的嘴喂一只癞蛤蟆，正如我们人用糖喂一只小金丝雀一样。她把那些奇丑的、肥胖的水蛇叫作她的小鸡，同时让它们在她肥大的、松软的胸口上爬来爬去。

"我知道你是来求什么的，"海的巫婆说，"你是一个傻东西！不过，我美丽的公主，我还是会让你达到你的目的，因为这件事将会给你一个悲惨的结局。你想要去掉你的鱼尾，生出两根支柱，好叫你像人类一样能够行路。你想要叫那个王子爱上你，使你能得到他，因而也得到一个不灭的灵魂。"这时巫婆便可憎地大笑了一通，癞蛤蟆和水蛇都滚到地上来，在周围爬来爬去。"你来得正是时候，"巫婆说，"明天太阳出来以后，我就没有办法帮助你了，只有等待一年再说。我可以煎一服药给你喝。你带着这服药，在太阳出来以前，赶快游向陆地。你就坐在海滩上，把这服药吃掉，于是你的尾巴就可以分做两半，收缩成为人类所谓的漂亮腿子了。可是这是很痛的——这就好像有一把尖刀砍进你的身体。凡是看到你的人，一定会说你是他们所见到的最美丽的孩子！你将仍旧会保持你像游泳似的步子，任何舞蹈家也不会跳得像你那样轻柔。不过你的每一个步子将会使你觉得好像是在尖刀上行走，好像你的血在向外流。如果你能忍受得了这些苦痛的话，我就可以帮助你。”

“我可以忍受。”小人鱼用颤抖的声音说。这时她想起了那个王子和她要获得一个不灭灵魂的志愿。

“可是要记住，”巫婆说，“你一旦获得了一个人的形体，你就再也不能变成人鱼了；你就再也不能走下水来，回到你姐姐或你爸爸的宫殿里来了。同时假如你得不到那个王子的爱情，假如你不能使他为你而忘记自己的父母、全心全意地爱你、叫牧师来把你们的手放在一起结成夫妇的话，你就不会得到一个不灭的灵魂了。在他跟别人结婚的头一天早晨，你的心就会裂碎，你就会变成水上的泡沫。”

“我不怕！”小人鱼说。但她的脸像死人一样惨白。

“但是你还得给我酬劳！”巫婆说，“而且我所要的也并不是一件微小的东西。在海底的人们中，你的声音要算是最美丽的了。无疑，你想用这声音去迷住他；可是这个声音你得交给我。我必须得到你最好的东西，作为我的贵重药物的交换品！我得把我自己的血放进这药里，好使它尖锐得像一柄两面都快的刀子！”

“不过，如果你把我的声音拿去了，”小人鱼说，“那么我还有什么东西剩下呢？”

“你还有美丽的身材呀，”巫婆回答说，“你还有轻盈的步子和富于表情的眼睛呀。有了这些东西，你就很容易迷住一个男人的心了。唔，你已经失掉了勇气吗？伸出你小小的舌头吧，我可以把它割下来作为报酬，你也可以得到这服强烈的药剂了。”

“就这样办吧。”小人鱼说。巫婆于是就把药罐准备好，来煎这服富有魔力的药了。

"清洁是一件好事。"她说，于是她用几条蛇打成一个结，用它来擦洗这罐子。然后她把自己的胸口抓破，让她的黑血滴到罐子里去。药的蒸气奇形怪状地升到空中，看起来是怪怕人的。每隔一会儿巫婆就加一点什么新的东西到药罐里去。当药煮到滚开的时候，有一个像鳄鱼的哭声飘出来了。最后药算是煎好了。它的样子像非常清亮的水。

"拿去吧！"巫婆说。于是她就把小人鱼的舌头割掉了。小人鱼现在成了一个哑巴，既不能唱歌，也不能说话。

"当你穿过我的森林回去的时候，如果珊瑚虫捉住了你的话，"巫婆说，"你只需把这药水洒一滴到它们的身上，它们的手臂和指头就会裂成碎片，向四边纷纷飞了。"可是小人鱼没有这样做的必要，因为当珊瑚虫一看到这亮晶晶的药水——它在她的手里亮得像一颗闪耀的星星——的时候，它们就在她面前惶恐地缩回去了。这样，她很快地就走过了森林、沼泽和激转的漩涡。

她可以看到她父亲的宫殿了。那宽大的跳舞厅里的火把已经灭了，无疑地，里面的人已经入睡了。不过她不敢再去看他们，因为她现在已经是一个哑巴，而且就要永远离开他们。她的心痛苦得似乎要裂成碎片。她偷偷走进花园，从每个姐姐的花坛上摘下一朵花，对着皇宫用手指飞了一千个吻，然后她就浮出这深蓝色的海。

当她看到那王子的宫殿的时候，太阳还没有升起来。她庄严地走上那大理石台阶。月亮照得透明，非常美丽。小人鱼喝下那服强烈的药剂。她马上觉到好像有一柄两面都快的刀子劈开了她纤细的身体。她马上昏了，倒下来好像死去一样。当太阳照到海上的时候，她才醒过来，她感到一阵剧痛。这时有一位年轻貌美的王子正立在她的面前。他乌黑的眼珠正在望着她，弄得她不好意思地低下头来。这时她发现她的鱼尾已经没有了，而获得一双只有少女才有的、最美丽的小小白腿。可是她没有穿衣服，所以她用她浓密的长头发来掩住自己的身体。王子问她是谁，怎样到这儿来的。她用她深蓝色的眼睛温柔而又悲哀地望着他，因为她现在已经不会讲话了。他挽着她的手，把她领进宫殿里去。正如那巫婆以前跟她讲过的一样，她觉得每一步都好像是在锥子和利刃上行走。可是她情愿忍受这苦痛。她挽着王子的手臂，走起路来轻盈得像一个水泡。他和所有的人望着她这文雅轻盈的步子，感到惊奇。

现在她穿上了丝绸和细纱做的贵重衣服。她是宫里一个最美丽的人，然而她是一个哑巴，既不能唱歌，也不能讲话。漂亮的女奴隶，穿着丝绸，戴着金银饰物，走上前来，为王子和他的父母唱着歌。有一个奴隶唱得最迷人，王子不禁鼓起掌来，对她发出微笑。这时小人鱼就感到一阵悲哀。她知道，有个时候她的歌声比那种歌声要美得多！她想：

"啊！只愿他知道，为了要和他在一起，我永远牺牲了我的声音！"

现在奴隶们跟着美妙的音乐，跳起优雅的、轻飘飘的舞来。这时小人鱼就举起她一双美丽的、白嫩的手，用脚尖站着，在地板上轻盈地跳着舞——从来还没有人这样舞过。她的每一个动作都衬托出她的美。她的眼珠比奴隶们的歌声更能打动人的心坎。

大家都看得入了迷，特别是那位王子——他把她叫作他的"孤儿"。她不停地舞着，虽然每次当她的脚接触到地面的时候，她就像是在锋利的刀上行走一样。王子说，她此后应该永远跟他在一起；因此她就得到了许可睡在他门外的一个天鹅绒的垫子上面。

他叫人为她做了一套男子穿的衣服，好使她可以陪他骑着马同行。他们走过香气扑鼻的树林，绿色的树枝扫过他们的肩膀，鸟儿在新鲜的叶子后面唱着歌。她和王子爬上高山。虽然她纤细的脚已经流出血来，而且也叫大家都看见了，她仍然只是大笑，继续伴随着他，一直到他们看到云块在下面移动，像一群向遥远国家飞去的小鸟为止。

在王子的宫殿里，夜里大家都睡了以后，她就向那宽大的台阶走去。为了使她那双发烧的脚可以感到一点清凉，她就站进寒冷的海水里。这时她不禁想起了住在海底的人们。

有一天夜里，她的姐姐们手挽着手浮过来了。她们一面在水上游泳，一面唱出凄怆的歌。这时她就向她们招手。她们认出了她；她们说她曾经多么叫她们难过。这次以后，她们每天晚上都来看她。有一晚，她遥远地看到了多年不曾浮出海面的老祖母和戴着王冠的海王。他们对她伸出手来，但他们不像她的那些姐姐，没有敢游近地面。

王子一天比一天更爱她。他像爱一个亲热的好孩子那样爱她，但是他从来没有娶她为皇后的思想。然而她必须做他的妻子，否则她就不能得到一个不灭的灵魂，而且会在他结婚的头一个早上就变成海上的泡沫。

"在所有的人当中，你是最爱我吗？"当他把她抱进怀里吻她前额的时候，小人鱼的眼睛似乎在这样说。

"是的，你是我最亲爱的人！"王子说，"因为你在一切人中有一颗最善良的心。你对我是最亲爱的，你很像我某次看到过的一个年轻女子，可是我永远再也看不见她了。那时我是坐在一艘船上——这船已经沉了。巨浪把我推到一个神庙旁的岸上。有几个年轻女子在那儿做祈祷。她们最年轻的一位在岸旁发现了我，因此救了我的生命。我只看到过她两次：她是我在这世界上能够爱的唯一的人，但是你很像她，你几乎代替了她留在我的灵魂中的印象。她是属于这个神庙的，因此我的幸运特别把你送给我。让我们永远不要分离吧！"

"啊，他却不知道我救了他的生命！"小人鱼想，"我把他从海里托出来，送到神庙所在的一个树林里。我坐在泡沫后面，窥望是不是有人会来。我看到那个美丽的姑娘——他爱她胜过于爱我。"这时小人鱼深深地叹了一口气——她哭不出声来。"那个姑娘是属于那个神庙的——他曾说过。她永远不会走向这个人间的世界里来——他们永不会见面了。我是跟他在一起，每天看到他的。我要照看他，热爱他，为他献出我的生命！"

现在大家在传说王子快要结婚了，他的妻子就是邻国国王的一个女儿。他为这事特别装备好了一艘美丽的船。王子在表面上说是要到邻近王国里去观光，事实上他是为了要去看邻国君主的女儿。他将带着一大批随员同去。小人鱼摇了摇头，微笑了一下。她比任何人都能猜透王子的心事。

"我得去旅行一下！"他对她说过，"我得去看一位美丽的公主：这是我父母的命令，但是他们不能强迫我把她作为未婚妻带回家来！我不会爱她的。你很像神庙里的那个美丽的姑娘，而她却不像。

如果我要选择新嫁娘的话，那么我就要先选你——我亲爱的、有一双能讲话的眼睛的哑巴孤女。"

于是他吻了她鲜红的嘴唇，摸抚着她的长头发，把他的头贴到她的心上，弄得她的这颗心又梦想起人间的幸福和一个不灭的灵魂来。

"你不害怕海吗，我的哑巴孤儿？"他问。这时他们正站在那艘华丽的船上：它正向邻近的王国开去。他和她谈论着风暴和平静的海，生活在海里的奇奇怪怪的鱼，和潜水夫在海底所能看到的东西。对于这类的故事，她只是微微地一笑，因为关于海底的事儿她比谁都知道得清楚。

在月光照着的夜里，大家都睡了，只有掌舵人立在舵旁。这时她就坐在船边上，凝望着下面清亮的海水。她似乎看到了她父亲的王宫。她的老祖母头上戴着银子做的皇冠，正高高地站在王宫顶上；她透过激流朝这条船的龙骨瞭望。不一会儿，她的姐姐们都浮到水面上来了，她们悲哀地望着她，痛苦地扭着她们白净的手。她向她们招手，微笑，同时很想告诉她们，说她现在一切都很美好和幸福。不过这时船上的一个侍者忽然向她这边走来。她的姐姐们马上就沉到水里；侍者以为自己所看到的那些白色的东西，不过只是些海上的泡沫。

第二天早晨，船开进邻国壮丽皇城的港口。所有教堂的钟都响起来了，号笛从许多高楼上吹来，兵士们拿着飘扬的旗子和明晃的刺刀在敬礼。每天都有一个宴会。舞会和晚会在轮流举行着，可是公主还没有出现。人们说她在一个遥远的神庙里受教育，学习皇家的一切美德。最后她终于到来了。

小人鱼迫切地想要看看她的美貌。她不得不承认她的美了，她从来没有看见过比这更美的形体。她的皮肤是那么细嫩，洁白；在她黑长的睫毛后面是一对微笑的、忠诚的、深蓝色的眼珠。

"就是你！"王子说，"当我像一具死尸躺在岸上的时候，救活我的就是你！"于是他把这位羞答答的新嫁娘紧紧地抱在自己的怀里。"啊，我太幸福了！"他对小人鱼说，"我从来不敢希望的最好的东西，现在终于成为事实了。你会为我的幸福而高兴吧，因为你是一切人中最喜欢我的人！"

小人鱼把他的手吻了一下。她觉得她的心在碎裂。他举行婚礼后的头一个早晨就会带给她灭亡，就会使她变成海上的泡沫。

教堂的钟都响起来了，传令人骑着马在街上宣布订婚的喜讯。每一个祭台上，芬芳的油脂在贵重的油灯里燃烧。祭司们挥着香炉，新郎和新娘互相挽着手来接受主教的祝福。小人鱼这时穿着丝绸，戴着金饰，托着新嫁娘的披纱，可是她的耳朵听不见这欢乐的音乐，她的眼睛看不见这神圣的仪式。她想起了她要灭亡的早晨，和她在这世界上已经失去了的一切东西。

在同一天晚上，新郎和新娘来到船上。礼炮响起来了，旗帜在飘扬着。一个金色和紫色的皇家帐篷在船中央架起来了，里面陈设得有最美丽的垫子。在这儿，这对美丽的新婚夫妇将度过他们这清凉和寂静的夜晚。

风儿在鼓着船帆。船在这清亮的海上，轻柔地航行着，没有很大的波动。

当暮色渐渐垂下来的时候，彩色的灯光就亮起来了，水手们愉快地在甲板上跳起舞来。小人鱼不禁想起她第一次浮到海面上来的情景，想起她那时看到的同样华丽和欢乐的场面。她于是旋舞起来，飞翔着，正如一只被追逐的燕子在飞翔着一样。大家都在喝彩，称赞她，她从来没有跳得这么美丽。锋利的刀子似乎在砍着她的细嫩的脚，但是她并不感觉到痛，因为她的心比这还要痛。

她知道这是她看到他的最后一晚——为了他，她离开了她的族人和家庭，她交出了她美丽的声音，她每天忍受着没有止境的苦痛，然而他却一点儿也不知道。这是她能和他在一起呼吸同样空气的最后一晚，这是她能看到深沉的海和布满了星星的天空的最后一晚。同时一个没有思想和梦境的永恒的夜在等待着她——没有灵魂，而且也得不到一个灵魂的她。一直到半夜过后，船上的一切还是欢乐和愉快的。她笑着，舞着，但是她心中怀着死的思想。王子吻着自己的美丽的新娘；新娘抚弄着他的乌亮的头发。他们手挽着手到那华丽的帐篷里去休息。

船上现在是很安静的了。只有舵手站在舵旁。小人鱼把她洁白的手臂倚在舷樯上，向东方凝望，等待着晨曦的出现——她知道，头一道太阳光就会叫她灭亡，她看到她的姐姐们从波涛中涌现出来了。她们是像她自己一样地苍白。她们美丽的长头发已经不在风中飘荡了——因为它已经被剪掉了。

"我们已经把头发交给了那个巫婆，希望她能帮助你，使你今后不至于灭亡。她给了我们一把刀子。拿去吧，你看，它是多么快！在太阳出来以前，你得把它插进那个王子的心里去。当他的热血流到你脚上时，你的双脚将会又连到一起，成为一条鱼尾，那么你就可以恢复人鱼的原形，你就可以回到我们这儿的水里来；这样，在你没有变成无生命的咸水泡沫以前，你仍旧可以活过你三百年的岁月。快动手！在太阳出来以前，不是他死，就是你死了！我们的老祖母悲恸得连她的白发都落光了，正如我们的头发在巫婆的剪刀下落掉一样。刺死那个王子，赶快回来吧！快动手呀！你没有看到天上的红光吗？几分钟以后，太阳就出来了，那时你就必然灭亡！"

她们发出一个奇怪的、深沉的叹息声，于是她们便沉入浪涛里去了。

小人鱼把那帐篷上紫色的帘子掀开，看到那位美丽的新娘把头枕在王子的怀里睡着了。她弯下腰，在王子清秀的眉毛上亲了一吻，于是她向天空凝视——朝霞渐渐地变得更亮了。她向尖刀看了一眼，接着又把眼睛掉向这个王子；他正在梦中喃喃地念着他的新嫁娘的名字。他思想中只有她存在。刀子在小人鱼的手里发抖。但是正在这时候，她把这刀子远远地向浪花里扔去。刀子沉下的地方，浪花就发出一道红光，好像有许多血滴溅出了水面。她再一次把她模糊的视线投向这王子，然后她就从船上跳到海里，她觉得她的身躯在融化成为泡沫。

现在太阳从海里升起来了。阳光柔和地、温暖地照在冰冷的泡沫上，因为小人鱼并没有感到灭亡。她看到光明的太阳，同时在她上面飞着无数透明的、美丽的生物。透过它们，她可以看到船上的白帆和天空的彩云。它们的声音是和谐的音乐，可是那么虚无缥缈，人类的耳朵简直没有办法听见，正如地上的眼睛不能看见它们一样。它们没有翅膀，只是凭它们轻飘的形体在空中浮动。小人鱼觉得自己也获得了它们这样的形体，渐渐地从泡沫中升起来。

"我将向谁走去呢？"她问。她的声音跟这些其他的生物一样，显得虚无缥缈，人世间的任何音乐都不能和它相比。

"到天空的女儿那儿去呀！"别的声音回答说，"人鱼是没有不灭的灵魂的，而且永远也不会有这样的灵魂，除非她获得了一个凡人的爱情。她的永恒的存在要依靠外来的力量。天空的女儿也没有永恒的灵魂，不过她们可以通过善良的行为而创造出一个灵魂。我们飞向炎热的国度里去，那儿散布着病疫的空气在伤害着人民，我们可以吹起清凉的风，可以把花香在空气中传播，我们可以散布健康和愉快的精神。三百年以后，当我们尽力做完了我们可能做的一切善行以后，我们就可以获得一个不灭的灵魂，就可以分享人类一切永恒的幸福了。你，可怜的小人鱼，像我们一样，曾经全心全意地为那个目标而奋斗；你忍受过痛苦；你坚持下去了；你已经超升到精灵的世界里来了。通过你的善良的工作，在三百年以后，你就可以为你自己创造出一个不灭的灵魂。"

小人鱼向上帝的太阳举起了她光亮的手臂，她第一次感到要流出眼泪。

在那条船上，人声和活动又开始了。她看到王子和他美丽的新娘在寻找她。他们悲悼地望着那翻腾的泡沫，好像他们知道她已经跳到浪涛里去了似的。在冥冥中她吻着这位新嫁娘的前额，她对王子微笑。于是她就跟其他的空气中的孩子一道，骑上玫瑰色的云块，升入天空里去了。

"这样，三百年以后，我们就可以升入天国！"

"我们也许还不需等那么久！"一个声音低语着，"我们无形无影地飞进人类的住屋里去，那里面生活着一些孩子。每一天如果我们找到一个好孩子，如果他给他父母带来快乐、值得他父母爱他的话，上帝就可以缩短我们考验的时间。当我们飞过屋子的时候，孩子是不会知道的。当我们幸福地对着他笑的时候，我们就可以在这三百年中减去一年；但当我们看到一个顽皮和恶劣的孩子而不得不伤心地哭出来的时候，那么每一颗眼泪就使我们考验的日子多加一天。"

（1837 年）

五

年

级

落花生 *

　　我们屋后有半亩隙地。母亲说："让它荒芜着怪可惜，既然你们那么爱吃花生，就辟来作花生园罢。"我们几姊弟和几个小丫头都很喜欢——买种的买种，动土的动土，灌园的灌园；过不了几个月，居然收获了！

　　妈妈说："今晚我们可以做一个收获节，也请你们爹爹来尝尝我们的新花生，如何？"我们都答应了。母亲把花生做成好几样的食品，还吩咐这节期要在园里的茅亭举行。

　　那晚上的天色不大好，可是爹爹也到来，实在很难得！爹爹说："你们爱吃花生吗？"

　　我们都争着答应："爱！"

　　"谁能把花生的好处说出来？"

　　姊姊说："花生的气味很美。"

　　哥哥说："花生可以制油。"

　　我说："无论何等人都可以用贱价买它来吃；都喜欢吃它。这就是它的好处。"

　　爹爹说："花生的用处固然很多；但有一样是很可贵的。这小

＊ 作者为中国现代作家许地山，选自《落花生》，海豚出版社，2012 年 6 月版。

小的豆不像那好看的苹果、桃子、石榴，把它们的果实悬在枝上，鲜红嫩绿的颜色，令人一望而发生羡慕的心。它只把果子埋在地底，等到成熟，才容人把它挖出来。你们偶然看见一棵花生瑟缩地长在地上，不能立刻辨出它有没有果实，非得等到你接触它才能知道。"

我们都说："是的。"母亲也点点头。爹爹接下去说："所以你们要像花生，因为它是有用的，不是伟大、好看的东西。"我说："那么，人要做有用的，不要做伟大、体面的人了。"爹爹说："这是我对于你们的希望。"

我们谈到夜阑才散，所有花生食品虽然没有了，然而父亲的话现在还印在我心版上。

珍珠鸟 *

真好！朋友送我一对珍珠鸟。放在一个简易的竹条编成的笼子里，笼内还有一卷干草，那是小鸟舒适又温暖的巢。

有人说，这是一种怕人的鸟。

我把它挂在窗前。那儿还有一盆异常茂盛的法国吊兰。我便用吊兰长长的、串生着小绿叶的垂蔓蒙盖在鸟笼上，它们就像躲进深幽的丛林一样安全。从中传出的笛儿般又细又亮的叫声，也就格外轻松自在了。

阳光从窗外射入，透过这里，吊兰那些无数指甲状的小叶，一半成了黑影，一半被照透，如同碧玉，斑斑驳驳，生意葱茏。小鸟的影子就在这中间隐约闪动，看不完整，有时连笼子也看不出，却见它们可爱的鲜红小嘴儿从绿叶中伸出来。

我很少扒开叶蔓瞧它们，它们便渐渐敢伸出小脑袋瞅瞅我。我们就这样一点点熟悉了。

三个月后，那一团愈发繁茂的绿蔓里边，发出一种尖细又娇嫩的鸣叫。我猜到，是它们有了雏儿。我呢？决不掀开叶片往里看，连添食加水时也不睁大好奇的眼去惊动它们。过不多久，忽然有

＊ 作者为中国当代作家冯骥才，选自《珍珠鸟》，作家出版社，2009 年 4 月版。

一个小脑袋从叶间探出来。更小哟，雏儿！正是这个小家伙！

它小，就能轻易地由疏格的笼子钻出身。瞧，多么像它的母亲；红嘴红脚，灰蓝色的毛，只是后背还没有生出珍珠似的圆圆的白点。它好肥，整个身子好像一个蓬松的球儿。

起先，这小家伙只在笼子四周活动，随后就在屋里飞来飞去，一会儿落在柜顶上，一会儿神气十足地站在书架上，啄着书背上那些大文豪的名字；一会儿把灯绳撞得来回摇动，跟着跳到画框上去了。只要大鸟在笼里生气地叫一声，它立即飞回笼里去。

我不管它。这样久了，打开窗子，它最多只在窗框上站一会儿，决不飞出去。

渐渐它胆子大了，就落在我书桌上。

它先是离我较远，见我不去伤害它，便一点点挨近，然后蹦到我的杯子上，俯下头来喝茶，再偏过脸瞧瞧我的反应。我只是微微一笑，依旧写东西，它就放开胆子跑到稿纸上，绕着我的笔尖蹦来蹦去，跳动的小红爪子在纸上发出嚓嚓响。

我不动声色地写，默默享受着这小家伙亲近的情意。这样，它完全放心了。索性用那涂了蜡似的、角质的小红嘴，"嗒嗒"啄着我颤动的笔尖。我用手抚一抚它细腻的绒毛，它也不怕，反而友好地啄两下我的手指。

有一次，它居然跳进我的空茶杯里，隔着透明光亮的玻璃瞅我。它不怕我突然把杯口捂住。是的，我不会。

白天，它这样淘气地陪伴我；天色入暮，它就在父母的再三呼唤声中，飞向笼子，扭动滚圆的身子，挤开那些绿叶钻进去。

有一天，我伏案写作时，它居然落到我的肩上。我手中的笔不觉停了，生怕惊跑它。待一会儿，扭头看，这小家伙竟趴在我的肩头睡着了，银灰色的眼睑盖住眸子，小红脚刚好给胸脯上长长的绒毛盖住。我轻轻抬一抬肩，它没醒，睡得好熟！还咂咂嘴，难道在做梦！

我笔尖一动，流泻下一时的感受：

信赖，往往创造出美好的境界。

猎人海力布 *

从前有一个猎人名叫海力布。他很愿意帮助人，打来的禽兽，从不自己单独享用，总分给大家，因此，海力布很受大家欢迎。

一天，海力布到深山去打猎，在密林的旁边，看见一条小白蛇盘睡在山丁子树下。他放轻脚步绕过去，没有惊动它。正在这时，忽地从头上飞过一只灰鹤，嗖的一声俯冲下来，用爪子抓住那条睡着的小白蛇，便又腾空飞去。小白蛇惊醒后，尖叫："救命！救命！"海力布急忙拉弓搭箭，对准灰鹤射去。灰鹤一闪，丢下了小白蛇就逃跑了。海力布对小白蛇说："可怜的小东西，快回去找你的爸爸妈妈吧！"小白蛇向海力布点了点头，表示了感谢，就隐到草丛里去了。海力布也收拾好弓箭回家了。

第二天，海力布又路过昨天走过的地方，看见一群蛇拥着一条小白蛇迎了上来。海力布觉得很奇怪，刚想绕道过去，那条小白蛇却向他说话了："救命的恩人，您好吗？您可能不认得我，我是龙王的女儿。昨天您救了我的命，我的爸爸和妈妈今天特别叫我来这儿迎接您，请您到我们家里去一趟，我的爸爸和妈妈好当面

* 选自《民间童话故事选》，中国社会科学院文学研究所民间文学室主编，董森、肖莉编，北京出版社，1979 年 4 月版。

感谢您。"小白蛇说到这里又走近两步压低声音说,"您到我家以后,我的爸爸和妈妈给您什么您都别要,只要我爸爸嘴里含着的宝石。您得着那块宝石,把它含在嘴里,就能听懂世界上各种动物的话。对您来说,有了这块宝石,打起猎来,那真是再方便不过了。"

海力布听了,一面点头,一面跟着小白蛇往深谷里走去。越走越冷,走到一扇大门跟前,小白蛇说:"我的爸爸和妈妈想请您先到我家宝库里去看看。"小白蛇正说着的时候,老龙王已经迎上前来,很恭敬地说:"您救了我的爱女。我真感谢您!现在就请到我聚藏珍宝的仓库里去看看,您愿意要什么,就拿什么,请您不要客气!"说着,就引海力布走进一间大屋子,屋里放的全是珍珠宝石,辉煌夺目。老龙王引着海力布看完这个仓库又走到那个仓库,一共走了一百零八个仓库,但是海力布没有看中一个宝贝。老龙王很难为情地向海力布问:"我的恩人!我这些仓库里的宝物,您一样也不稀罕吗?"海力布说:"这些宝物虽然都很好,但只可以用来做美丽的装饰,对我们打猎的人来说,没有什么用处。如果龙王爷真想给我点东西做纪念,就请把您嘴里含的那块宝石给我吧!"龙王听了这话,略略迟疑了一下,便把嘴里含的宝石吐出来,递给了海力布。

海力布得了宝石,辞别龙王出来的时候,小白蛇又跟了出来,再三叮嘱说:"有了这块宝石,您什么都可以知道。但是,您所知道的一切,千万不要向别人说。如果说了,就会从头到脚变成僵石而死去!千万记住!"

从此,海力布在山中打猎可方便了。他能听懂所有的飞禽和走兽的语言,隔着大山有什么动物他都知道。这样过了几年,有一天，他到山里去打猎，忽然听见一群飞鸟议论说："我们快到别处去吧！明天这里的大山要崩裂，洪水要泛滥，不知要淹死多少野兽！"

海力布听了这个消息，心里很着急，也没心再打猎了，赶紧回家，向大家说："我们赶快迁移到别处去吧！这里的大山就要崩裂，洪水就要泛滥，这个地方住不得了！"

大家听了他的话都很奇怪，有的认为根本不会有这桩事，有的认为可能是海力布发疯了，谁都不相信。急得海力布掉下眼泪说："大家难道先叫我死了，才相信我的话吗？"

几个年老的人向海力布说：

"你从来不说谎话，这是我们大家都知道的。可是你现在说，大山就要崩裂，洪水就要泛滥，这有什么根据呢？请你把理由告诉我们！"

海力布想：灾难立刻就要到来了。如果我只知道自己避难，让大家受祸，这能行吗？我宁肯牺牲自己，也要救出大家。于是，他便把因为救了小白蛇而获得宝石，今天又如何听见群鸟议论和忙着逃难的情形，以及不能把听来的事情告诉别人，否则立刻就会变成石头僵死，等等，和盘对大家讲了。海力布一面说着一面变着，渐渐变成了一块僵硬的石头。大家看见海力布变成了石头，立刻悲痛地赶着牛羊马群，把家迁走了。就在这天晚上，阴云密布，连夜大雨下个不停。第二天早晨，在轰轰的雷声中，忽然听见一声震天动地的巨大响声，刹时山崩水涌，洪水滔滔，整个山村都被大水淹没了。大家都感动地说："不是海力布为大家而牺牲，我们都会被洪水淹死了！"

海力布舍己救人的故事一代代地流传下来。据说，现在还有个叫"海力布石头"的地方。

甘珠尔扎布　记译

金字塔夕照 *

　　九月的开罗是金色的。

　　在金色的夕阳下，金色的田野，金色的沙漠，连尼罗河的河水也泛着金光；而那古老的金字塔啊，简直像是用纯金铸成的。远远望去，它像飘浮在沙海中的三座金山，似乎一切金色的光源，都是从它们那里放射出来的。你看，天上地下，黄澄澄，金灿灿，一片耀眼的色调，一幅多么开阔而又雄浑的画卷啊！

　　从少小时候起，我就听到过许多有关金字塔的传说，向往着它神秘的风采。如今，当我来到金字塔下，望着这人间的奇迹，更禁不住思绪激荡。我不知道金字塔这个汉文译名，最早是怎么得来的。究竟是出于象形，还是会意？但无论哪一种考虑，我认为都是绝妙的。说它象形，你看它多像一个汉文的"金"字；说它会意，几千年来在世界历史上，在人们的心目中，金字塔不愧是熠熠发光的珍宝，人类劳动和智慧的结晶，它的价值无疑比金子还要贵重。

　　有人说金字塔的白昼和月夜，各有各的情趣，各有各的美。

＊ 作者为中国当代作家穆青，选自《金字塔夕照》，山东友谊书社编，山东人民出版社，1986 年 1 月版。

但我觉得最令人难忘的，恐怕还是这大漠落照中金字塔的色彩。那一片迷人的金色，简直把你熔化进一个神奇的境界，使你充满豪迈的感受，引起无边的遐想，不能自已地产生一种怀古的幽思……

也许是迎合人们这种心理，据说，每当夜晚，金字塔前都要举行几场所谓"声光表演"。埃及人用奇异的灯光，制造种种幻景，用一些古老的乐曲、模拟的音响和对话，来再现几千年前法老王宫中烜赫的威仪，在一片声光交错的扑朔迷离之中，使你仿佛置身于古埃及往昔的盛世，产生种种奇妙的幻觉和联想。而当这些声光沉寂下来的时候，一切都消失了，只有金字塔依然在黑暗中矗立。

我没有机会欣赏这虚幻的情景，重温金字塔那早已逝去的繁荣。踏着沙漠中的夕阳漫步，展现在我面前的毕竟是一个现实而同样令人迷惘的世界。

我看见，一些肥胖的外国人骑着干瘦的埃及骆驼，在兴高采烈地漫游；

我看见，穿着破旧长袍的埃及人，见到外国游人到来，便蜂拥而上，争抢着要为他们充当向导；

我看见，在金字塔下，在沙尘迷漫的道路两旁，一群肮脏的孩子拿着粗糙的石雕、木刻，到处在向游人兜售，甚至追逐在人们的身后纠缠不休。

有人告诉我，如果时间稍早一点，你还可以看到许多外国阔佬愿意掏出钱来，让一些矫健的埃及人表演攀登金字塔的绝技，欣赏他们像猿猴一样，能在十分钟之内爬上450英尺的金字塔顶端，然后再爬下来……

谈话间，几个埃及老人牵着骆驼和毛驴迎面走来，他们雪白的胡须，奇异的服饰，再加上打扮得花花绿绿的骆驼和毛驴，在金字塔前组成了一幅独具特色的画面。可是，当我正要举起相机的时候，同伴们悄悄制止了我：

"不要照，他们会向你要钱的！"

我收起相机，默默地走开了。

一阵轻风吹过，飘起地上游人丢弃的片片纸屑，也带来沙漠地带那种特有的干燥郁闷的气息。夕阳已逐渐下沉，暮色正从沙漠的边缘悄悄向这里逼近。四野的游人渐渐稀疏，远去……这时，我忽然觉得，金字塔其实是荒凉的。

在司芬克斯面前，我停下了脚步。这个人面狮身的大石像，在暮色苍茫中，似乎也失去了它原有的光彩。关于它，过去我曾读过不少动人的描写，有人说它的表情是神秘的，也有人说它充满了忧郁。我想，这大概是由于各人的心情和感受不同所产生的不同印象。当年，拿破仑侵入开罗，耀武扬威，不可一世。许多人拜倒在他的脚下，唯独这个司芬克斯依然昂首高踞，面向东方，仿佛故意在向他挑战，惹得这位法军统帅大为恼火，竟下令开枪打坏了它的鼻子。后来，一些外国的游人，又把它当作能够带来好运的神物，千方百计要从它身上砸点石块带走，这样就更使它遭到遍体鳞伤的摧残。只有那些真正同情埃及人民，并和他们有着同样命运的人们，才会从心灵深处感受到它的忧郁，甚至觉得它的眼睛里满含着泪水。

五千年了，这座人面狮身的石像，经历了多少风风雨雨啊！它目睹了埃及历史上的兴盛和衰微，也看到了近几个世纪以来，在殖民主义、帝国主义的掠夺下，埃及人民的苦难。说司芬克斯是埃及历史的见证，是丝毫也不算夸张的。听说这里的声光表演，也让它用苍老的声音叙述自己的历史和见闻。当然，它可以讲许多令人神往的往事，也可以盛赞古埃及悠久而又灿烂的文化，但我不知道，对于眼前发生在它周围的情景：那剥落的石块，憔悴的沙漠，那贫穷的老人，肮脏的孩子，那一匹匹羸弱呆痴的骆驼，一双双在外国游人面前伸出的大手、小手……它又能说些什么呢？难道它能埋怨埃及子孙的不肖，责备他们是靠着祖宗的遗产在向人乞讨吗？

……

想到这些，我的心情是沉重的。

我曾到过西方一些著名的城市，在它们的广场上，像一把朝天的宝剑一样，耸立着古埃及的尖碑，博物馆里陈列着中国的青铜和瓷器，也陈列着巨大的埃及石棺和雕刻。似乎没有这些古老文物的点缀，就很难炫耀这个国家的财富和文明。其实，在我看来，这些并不能给它们增加什么光彩，相反，恰恰是他们罪恶掠夺的见证。

多少年来，正是由于这些无止境的掠夺、奴役和压榨，使得整个非洲陷入深深的苦难。全世界的吸血鬼们几乎都把他们的尖喙，插进过非洲的血管。有时，我甚至想过，如果金字塔和司芬克斯，不是如此巨大和不可动摇，恐怕它们也早已泣别了自己的故乡，离开了尼罗河畔……

记得刚到开罗的头几天，这座城市曾以自己对照鲜明的外观，给我留下了极其深刻的印象。这里既有埃及古老文明的庄严与圣洁，又有西方现代世界中的堕落和糜烂；既有数不尽的高楼大厦，川流不息的滚滚车流，又有随处可见的栖息在街头路边的乞儿和流浪者。在一些国际性豪华的旅馆和饭店，你可以品尝到世界各地的佳肴，但在埃及普通人民的生活中，当时却不得不忍受着"无肉月"的折磨。开罗市内有一个奇特的"死人城"，那里原是一个巨大的公墓，而现在却成为成千上万无家可归的穷苦埃及人的住所。我曾经去参观过这个活人和死人杂居的地方，垃圾堆旁支着简陋的锅灶，墓前晾晒着破衣烂衫，污水在到处流淌，一些赤条条的孩子的头上、脸上，叮满了可怕的苍蝇……这一切使我深深感到，巍峨的金字塔以及围绕着它的整个埃及国土，仿佛是一个五光十色的多棱镜，不同的镜面反映出截然不同的景象。它们彼此是那么矛盾，然而，又是那么真实！

夕阳的余晖逐渐消退下去，不知什么时候，月亮已苍白地悬挂在金字塔的上空。这时，一辆辆开着车灯的小卧车，接连不断地从灯火闪烁的开罗市区，经过我们的身边，向金字塔背后的夜色中驰去。朋友们告诉我，那里有一些专供外国阔佬们寻欢作乐的夜花园、夜总会，它们就在离金字塔不远的地方，在一片沙漠中追求着别开生面的梦境。

同伴们问我要不要也去那里看看夜景，我笑了笑，摇头谢绝了。我说："如果有机会再来埃及，我倒想看看金字塔的黎明。"我想，在漫天朝霞的红光里，金字塔必定是另一番景象！

丁东草（三章）[*]

丁　东

我思慕着丁东——

可是并不是那环佩的丁东，铁马的丁东，而是清冽的泉水滴下深邃的井里的那种丁东。

清冽的泉水滴下深邃的井里，井上有大树罩荫，让你在那树下盘旋，倾听着那有节奏的一点一滴，那是多么清永的凉味呀！

古时候深宫里的铜壶滴漏在那夜境的森严中必然曾引起过同样的感觉，可我不曾领略过。

在深山里，崖壑幽静的泉水边，或许也更有一番逸韵沁人心脾，但我小时并未生在山中，也从不曾想过要在深山里当一个隐者。

因此我一思慕着丁东，便不免要想到井水，更不免要想到嘉定的一眼井水。

住在嘉定城里的人，怕谁都知道月儿塘前面有一眼丁东井的吧。井旁有榕树罩荫，清冽的水不断地在井里丁东。

诗人王渔洋曾经到过嘉定，似乎便是他把它改为了方响洞的。是因为井眼呈方形？还是因为井水的声音有类古代的乐器“方

＊　作者为中国现代作家郭沫若，原载《文艺生活》，1943 年第 3 卷第 4 期。

响"？或许是双关二意吧？

但那样的名称，那有丁东来得动人呢？

我一思慕着丁东，便不免要回想着这丁东井。

小时候我在嘉定城外的草堂寺读过小学。我有一位极亲密的学友就住在丁东井近旁的丁东巷内。每逢星期六，城里的学生是照例回家过夜的，傍晚我送学友回家，他必然要转送我一程；待我再转送他，他必然又要转送。像这样的辗转相送，在那昏黄的街道上也可以听得出那丁东的声音。

那是多么隽永的回忆呀，但不知不觉地也就快满四十年了。相送的友人已在三十年前去世，自己的听觉也在三十年前早就半聋了。

无昼无夜地我只听见有苍蝇在我耳畔嗡营，无昼无夜地我只感觉有风车在我脑中旋转，丁东的清澈已经被友人带进坟墓里去了。

四年前我曾经回过嘉定，却失悔不应该也到过月儿塘，那儿是完全变了。方响洞依然还存在，但已阴晦得不堪。我不敢挨近它去，我相信它是已经死了。

我愿意谁在我的两耳里注进铁汁，让这无昼无夜嗡营着的苍蝇，无昼无夜旋转着的风车都一道死去。

然而清冽的泉水滴下深邃的井里，井上有大树罩荫；你能在那树下盘旋，倾听着那一点一滴的声音，那是多么清永的凉味呀！

我永远思慕着丁东。

三十一年十月三十日

鹭鸶

鹭鸶是一首精巧的诗。

色素的配合，身段的大小，一切都很适宜。

白鹤太大而嫌生硬，可不用说，即如粉红的朱鹭或灰色的苍鹭，也觉得大了一些，而且太不寻常了。

然而鹭鸶却因为它的常见，而被人忘却它的美。

那雪白的蓑毛，那全身的流线型结构，那铁色的长喙，那青色的脚，增之一分则嫌长，减之一分则嫌短，素之一忽则嫌白，黛之一忽则嫌黑。

在清水田里时有一只两只站着钓鱼，整个的田便成了一幅嵌在琉璃框里的画面。田的大小好像是有心人为鹭鸶设计出的镜匣。

晴天的清晨每每看见它孤独地站在小树的绝顶，看来像不是安稳，而它却很悠然。这是别的鸟很难表现的一种嗜好。人们说它是在望哨，可它真是在望哨吗？

黄昏的空中偶见鹭鸶的低飞，更是乡居生活中的一种恩惠。那是清澄的形象化，而且具有了生命了。

或许有人会感着美中的不足，鹭鸶不会唱歌。但是鹭鸶的本身不就是一首很优美的歌吗？——不，歌未免太铿锵了。

鹭鸶实在是一首诗，一首韵在骨子里的散文诗。

三十一年十月三十一日

石榴

五月过了，太阳增加了它的威力，树木都把各自的伞盖伸张了起来，不想再争妍斗艳的时候，有少数的树木却在这时开起了花来。石榴树便是这多数树木中最可爱的一种。

石榴有梅树的枝干，有杨柳的叶片，奇崛而不枯瘠，清新而不柔媚，这风度实兼备了梅柳之长，而舍去了梅柳之短。

最可爱的是它的花，那对于炎阳的直射毫不避易的深红的花。单瓣的已够陆离，双瓣的更为华贵，那可不是夏季的心脏吗？

单那小茄形的骨朵已经就是一种奇迹了。你看，它逐渐翻红，逐渐从顶端整裂为四瓣，任你用怎样犀利的劈刀也都劈不出那样的匀称，可是谁用红玛瑙琢成了那样多的花瓶儿，而且还精巧地插上了花？

单瓣的花虽没有双瓣者的豪华，但它却更有一段妙幻的演艺，红玛瑙的花瓶儿由希腊式的安普刺❶变为中国式的金罍，殷周时古味盎然的一种青铜器。博古家所命名的各种锈彩，它都是具备着的。

你以为它真是盛酒的金罍吗？它会笑你呢。秋天来了，它对于自己的戏法好像忍俊不禁地，破口大笑起来，露出一口的皓齿。那样透明光嫩的皓齿你在别的地方还看见过吗？

我一来就喜欢夏天。夏天是整个宇宙向上的一个阶段，在这时使人的身心解脱尽重重的束缚。因而我更喜欢这夏天的心脏。

有朋友从昆明回来，说昆明石榴特别大，子粒特别丰腴，有酸甜两种，酸者味更美。

禁不住唾津的潜溢了。

三十一年十月三十一日

---

❶ 作者原注：是英文 ampulla 的音译，即一种尖底胆瓶。

月　迹 *

我们这些孩子，什么都觉得新鲜，常常又什么都不觉满足；中秋的夜里，我们在院子里盼着月亮，好久却不见出来，便坐回中堂里，放了竹窗帘儿闷着，缠奶奶说故事。奶奶是会说故事的；说了一个，还要再说一个……奶奶突然说：

"月亮进来了！"

我们看时，那竹窗帘儿里，果然有了月亮，款款地，悄没声儿地溜进来，出现在窗前的穿衣镜上了：原来月亮是长了腿的，爬着那竹帘格儿，先是一个白道儿，再是半圆，渐渐地爬得高了，穿衣镜上的圆便满盈了。我们都高兴起来，又都屏气儿不出，生怕那是个尘影儿变的，会一口气吹跑了呢。月亮还在竹帘儿上爬，那满圆却慢慢儿又亏了，缺了；末了，便全没了踪迹，只留下一个空镜，一个失望。奶奶说："它走了，它是多多的；你们快出去寻月吧。"

我们就都跑出门去，它果然就在院子里，但再也不是那么一个满满的圆了，尽院子的白光，是玉玉的，银银的，灯光也没有

---

* 作者为中国当代作家贾平凹，选自《贾平凹散文选》，范培松编，百花文艺出版社，1992 年 9 月版。

这般儿亮的。院子的中央处，是那棵粗粗的桂树，疏疏的枝，疏疏的叶，桂花还没有开，却有了累累的骨朵儿。我们都走近去，不知道那个满圆儿去哪儿了，却疑心这骨朵儿是繁星儿变的；抬头看着天空，星儿似乎就比平日少了许多。月亮正在头顶，明显大多了，也圆多了，清清晰晰看见里边有了什么东西。

"奶奶，那月上是什么呢？"我问。

"是树，孩子。"奶奶说。

"什么树呢？"

"桂树。"

我们都面面相觑了，倏忽间，哪儿好像有了一种气息，就在我们身后袅袅，到了头发梢儿上，添了一种淡淡的痒痒的感觉；似乎我们已在了月里，那月桂分明就是我们身后的这一棵了。

奶奶瞧着我们，就笑了：

"傻孩子，那里边已经有人了呢。"

"谁？"我们都吃惊了。

"嫦娥。"奶奶说。

"嫦娥是谁？"

"一个女子。"

哦，一个女子。我想。月亮里，地该是银铺的，墙该是玉砌的：那么好个地方，配住的一定是十分漂亮的女子了。

"有三妹漂亮吗？"

"和三妹一样漂亮的。"

三妹就乐了：

"啊啊，月亮是属于我的了！"

三妹是我们中最漂亮的，我们都羡慕起来；看着她的狂样儿，心里却有了一股儿的嫉妒。我们便争执了起来，每个人都说月亮是属于自己的。奶奶从屋里端了一壶甜酒出来，给我们每人倒了一小杯儿，说：

"孩子们，你们瞧瞧你们的酒杯，你们都有一个月亮哩！"

我们都看着那杯酒，果真里边就浮起一个小小的月亮的满圆。捧着，一动不动的，手刚一动，它便酥酥地颤，使人可怜儿的样子。大家都喝下肚去，月亮就在每一个人的心里了。

奶奶说：

"月亮是每个人的，它并没有走，你们再去找吧。"

我们越发觉得奇了，便在院里找起来。妙极了，它真没有走去，我们很快就在葡萄叶儿上，瓷花盆儿上，爷爷的锨刃儿上发现了。我们来了兴趣，竟寻出了院门。

院门外，便是一条小河。河水细细的，却漫着一大片的净沙；全没白日那么的粗糙，灿灿地闪着银光，柔柔和和得像水面了。我们从沙滩上跑过去，弟弟刚站到河的上湾，就大呼小叫了：

"月亮在这儿！"

妹妹几乎同时在下湾喊道：

"月亮在这儿！"

我两处去看了，两处的水里都有月亮，沿着河沿跑，而且哪一处的水里都有月亮了。我们都看起天了，我突然又在弟弟妹妹的眼睛里看见了小小的月亮。我想，我的眼睛里也一定是会有的。噢，月亮竟是这么多的：只要你愿意，它就有了哩。

我们就坐在沙滩上，掬着沙儿，瞧那光辉，我说：

"你们说，月亮是个什么呢？"

"月亮是我所要的。"弟弟说。

"月亮是个好。"妹妹说。

我同意他们的话。正像奶奶说的那样，它是属于我们的，每个人的。我们就又仰起头来看那天上的月亮，月亮白光光的，在天空上。我突然觉得，我们有了月亮，那无边无际的天空也是我们的了：那月亮不是我们按在天空上的印章吗？

大家都觉得满足了，身子也来了困意，就坐在沙滩上，相依相偎地甜甜地睡了一会儿。

忆读书 *

一谈到读书，我的话就多了！

我自从会认字后不到几年，就开始读书。倒不是四岁时读母亲教给我的商务印书馆出版的国文教科书第一册的"天、地、日、月、山、水、土、木"以后的那几册，而是七岁时开始自己读的"话说天下大势，分久必合，合久必分……"的《三国演义》。

那时我的舅父杨子敬先生每天晚饭后必给我们几个中表兄妹讲一段《三国演义》，我听得津津有味，什么"宴桃园豪杰三结义，斩黄巾英雄首立功"，真是好听极了。但是他讲了半个钟头，就停下去干他的公事了。我只好带着对于故事下文的无限悬念，在母亲的催促下，含泪上床。

此后，我决定咬了牙，拿起一本《三国演义》来，自己一知半解地读了下去，居然越看越懂，虽然字音都读得不对，比如把"凯"念作"岂"，把"诸"念作"者"之类，因为我只学过那个字一半部分。

谈到《三国演义》，我第一次读到关羽死了，哭了一场，便把书丢下了。第二次再读时，到诸葛亮死了，又哭了一场，又把书丢下了。最后忘了是什么时候才把全书读到"分久必合"的结局。

---

* 作者为中国现代作家冰心，原载《散文世界》，1989 年第 11 期。

这时我同时还看了母亲针线笸里常放着的那几本《聊斋志异》，聊斋故事是短篇的，可以随时拿起放下，又是文言的，这对于我的作文课很有帮助，因为我的作文老师曾在我的作文本上批着"柳州风骨，长吉清才"的句子，其实我那时还没有读过柳宗元和李贺的文章，只因那时的作文，都是用文言写的。

因为看《三国演义》引起了我对章回小说的兴趣，对于那部述说"官迫民反"的《水浒传》尤其欣赏。那部书里着力描写的人物，如林冲——林教头风雪山神庙一回，看了使我气愤填胸！——武松、鲁智深等人，都有其自己极其生动的风格，虽然因为作者要凑成三十六天罡七十二地煞勉勉强强地写满了一百零八人的数目，我觉得也比没有人物个性的《荡寇志》强多了。

《精忠说岳》并没有给我留下太大的印象，虽然岳飞是我从小就崇拜的最伟大的爱国英雄。在此顺便说一句，我酷爱古典诗词，但能够从头背到底的，只有岳武穆的《满江红》"怒发冲冠"那一首，还有就是李易安的《声声慢》，她那几个叠字："寻寻觅觅……凄凄惨惨戚戚……"写得十分动人，尤其是以"寻寻觅觅"起头，描写尽了"如有所失"的无聊情绪。

到得我十一岁时，回到故乡的福州，在我祖父的书桌上看到了林琴南老先生送给他的《茶花女遗事》，使我对于林译外国小说引起了广泛的兴趣，那时只要我手里有几角钱，就请人去买林译小说来看，这又使我知道了许多外国的人情世故。

《红楼梦》是在我十二三岁时候看的，起初我对它的兴趣并不大，贾宝玉的女声女气，林黛玉的哭哭啼啼，都使我厌烦，还是到了中年以后再拿起这部书看时，才尝到"满纸荒唐言，一把辛酸泪"一个朝代和家庭的兴亡盛衰的滋味。

总而言之，统而言之，我这一辈子读到的中外的文艺作品，不能算太少。我永远感到读书是我生命中最大的快乐！从读书中我还得到了做人处世的"独立思考"的大道理，这都是从《修身》课本中所得不到的。

我自 1986 年到日本访问回来后即因伤腿闭门不出，"行万里路"做不到了，"读万卷书"更是我唯一的消遣。我每天都会得到许多书刊，知道了许多事情，也认识了许多人物。同时，书看多了，我也会挑选、比较。比如说看了精彩的《西游记》就会丢下烦琐的《封神传》，看人物如生的《水浒传》就不会看索然无味的《荡寇志》，等等。对于现代的文艺作品，那些写得朦朦胧胧的、堆砌了许多华丽的词句的、无病而呻、自作多情的风花雪月的文字，我一看就从脑中抹去；但是那些满带着真情实感、十分质朴浅显的篇章，哪怕只有几百上千字，也往往使我心动神移，不能自己！

书看多了，从中也得到一个体会：物怕比，人怕比，书也怕比，"不比不知道，一比吓一跳"。

因此，某年的六一国际儿童节，有个儿童刊物要我给儿童写几句指导读书的话，我只写了九个字，就是：

读书好，多读书，读好书。

1989 年 9 月 8 日清晨

国际扫盲日，中国教师节前夕

呼兰河传＊（节选二）

呼兰河这小城里边住着我的祖父。

我生的时候，祖父已经六十多岁了，我长到四五岁，祖父就快七十了。

我家有一个大花园，这花园里蜂子，蝴蝶，蜻蜓，蚂蚱，样样都有。蝴蝶有白蝴蝶，黄蝴蝶。这种蝴蝶极小，不太好看。好看的是大红蝴蝶，满身带着金粉。

蜻蜓是金的，蚂蚱是绿的，蜂子则嗡嗡的飞着，满身绒毛，落到一朵花上，胖圆圆的就和一个小毛球似的不动了。

花园里边明晃晃的，红的红，绿的绿，新鲜漂亮。

据说这花园，从前是一个果园。祖母喜欢吃果子就种了果园。祖母又喜欢养羊，羊就把果树给啃了。果树于是都死了。到我有记忆的时候，园子里就只有一棵樱桃树，一棵李子树，因为樱桃和李子都不大结果子，所以觉得他们是并不存在的。小的时候，只觉得园子里边就有一棵大榆树。

这榆树，在园子的西北角上，来了风，这榆树先啸，来了雨，

＊ 作者为中国现代作家萧红，选自《呼兰河传（全新校订版）》第三章第一节，人民文学出版社，2018 年 4 月版。

大榆树先就冒烟了。太阳一出来，大榆树的叶子就发光了，它们闪烁得和沙滩上的蚌壳一样了。

祖父一天都在后园里边，我也跟着祖父在后园里边。祖父戴一个大草帽，我戴一个小草帽，祖父栽花，我就栽花，祖父拔草，我就拔草。当祖父下种种小白菜的时候，我就跟在后边，把那下了种的土窝，用脚一个一个的溜平，那里会溜得准，东一脚的，西一脚的瞎闹。有的把菜种不单没被土盖上，反而把菜子踢飞了。

小白菜长得非常之快，没有几天就冒了芽了，一转眼就可以拔下来吃了。

祖父铲地，我也铲地，因为我太小，拿不动那锄头杆，祖父就把锄头杆拔下来，让我单拿着那个锄头的"头"来铲。其实哪里是铲，也不过爬在地上，用锄头乱勾一阵就是了。也认不得哪个是苗，哪个是草。往往把韭菜当做野草一起的割掉，把狗尾草当做谷穗留着。

等祖父发现我铲的那块满留着狗尾草的一片，他就问我：

"这是什么？"

我说：

"谷子。"

祖父大笑起来，笑得热了，把草摘下来问我：

"你每天吃的就是这个吗？"

我说：

"是的。"

我看着祖父还在笑，我就说：

"你不信，我到屋里拿来你看。"

我跑到屋里，拿了鸟笼上的一头谷穗，远远的就抛给祖父了。说：

"这不是一样的吗？"

祖父慢慢的把我叫过去，讲给我听，说谷子是有芒针的。狗尾草则没有，只是毛嘟嘟的真像狗尾巴。

祖父虽然教我，我看了也并不细看，也不过马马虎虎承认下来就是了。一抬头看见了一个黄瓜长大了，跑过去摘下来，我又去吃黄瓜去了。

黄瓜也许没有吃完，又看见了一个大蜻蜓从旁飞过，于是丢了黄瓜又去追蜻蜓去了。蜻蜓飞得多么快，哪里会追得上。好则一开初也没有存心一定追上。所以站起来，跟了蜻蜓跑了几步就又去做别的去了。

采一个倭瓜花心，捉一个大绿豆青蚂蚱，把蚂蚱腿用线绑上，绑了一会，也许把蚂蚱腿就绑掉，线头上只拴了一只腿，而不见蚂蚱了。

玩腻了，又跑到祖父那里去乱闹一阵，祖父浇菜，我也抢过来浇，奇怪的就是并不往菜上浇，而是拿着水瓢，拼尽了力气，把水往天空里一扬，大喊着：

"下雨了，下雨了。"

太阳在园子里是特大的，天空是特别高的，太阳的光芒四射，亮得使人睁不开眼睛，亮得蚯蚓不敢钻出地面来，蝙蝠不敢从什么黑暗的地方飞出来。是凡在太阳下的，都是健康的，漂亮的，拍一拍连大树都会发响的，叫一叫就是站在对面的土墙都会回答似的。

花开了，就像花睡醒了似的。鸟飞了，就像鸟上天了似的。虫子叫了，就像虫子在说话似的。一切都活了。都有无限的本领，要做什么，就做什么。要怎么样，就怎么样。都是自由的。倭瓜愿意爬上架就爬上架，愿意爬上房就爬上房。黄瓜愿意开一个谎花，就开一个谎花，愿意结一个黄瓜，就结一个黄瓜。若都不愿意，就是一个黄瓜也不结，一朵花也不开，也没有人问它似的。玉米愿意长多高就长多高，他若愿意长上天去，也没有人管。蝴蝶随意的飞，一会从墙头上飞来一对黄蝴蝶，一会又从墙头上飞走了一个白蝴蝶。它们是从谁家来的，又飞到谁家去？太阳也不知道这个。

只是天空蓝悠悠的，又高又远。

可是白云一来了的时候，那大团的白云，好像翻了花的白银似的，从祖父的头上经过，好像要压到了祖父的草帽那么低。

我玩累了，就在房檐底下找个阴凉的地方睡着了。不用枕头，不用席子，就把草帽扣在脸上就睡了。

月是故乡明*

每个人都有个故乡，人人的故乡都有个月亮，人人都爱自己故乡的月亮。事情大概就是这个样子。

但是，如果只有孤零零的一个月亮，未免显得有点孤单。因此，在中国古代诗文中，月亮总有什么东西当陪衬，最多的是山和水，什么"山高月小""三潭印月"，等等，不可胜数。

我的故乡是在山东西北部大平原上。我小的时候，从来没有见过山，也不知山为何物。我曾幻想，山大概是一个圆而粗的柱子吧，顶天立地，好不威风。以后到了济南，才见到山，恍然大悟：山原来是这个样子呀。因此，我在故乡里望月，从来不同山联系。像苏东坡说的"月出于东山之上，徘徊于斗牛之间"，完全是我无法想象的。

至于水，我的故乡小村却大大地有。几个大苇坑占了小村面积一多半。在我这个小孩子眼中，虽不能像洞庭湖"八月湖水平"那样有气派，但也颇有一点儿烟波浩渺之势。到了夏天，黄昏以后，我在坑边的场院里躺在地上，数天上的星星。有时候在古柳下面

---

* 作者为中国现代作家、东方学家、语言学家季羡林，选自《三真之境：季羡林散文精选》，海天出版社，2001 年 5 月版。

点起篝火。然后上树一摇，成群的知了飞落下来。比白天用嚼烂的麦粒去粘要容易得多。我天天晚上乐此不疲，天天盼望黄昏早早来临。

到了更晚的时候，我走到坑边，抬头看到晴空一轮明月，清光四溢，与水里的那个月亮相映成趣。我当时虽然还不懂什么叫诗兴，但也顾而乐之，心中油然有什么东西在萌动。有时候在坑边玩很久，才回家睡觉。在梦中见到两个月亮叠在一起，清光更加晶莹澄澈。第二天一早起来，到坑边苇子丛里去捡鸭子下的蛋，白白地一闪光，手伸向水中，一摸就是一个蛋。此时更是乐不可支了。

我只在故乡待了六年，以后就背井离乡，漂泊天涯。在济南住了十多年，在北京度过四年，又回到济南待了一年，然后在欧洲住了近十一年，重又回到北京，到现在已经四十多年了。在这期间，我曾到过世界上将近三十个国家。我看过许许多多的月亮。在风光旖旎的瑞士莱芒湖上，在平沙无垠的非洲大沙漠中，在碧波万顷的大海中，在巍峨雄奇的高山上，我都看到过月亮，这些月亮应该说都是美妙绝伦的，我都异常喜欢。但是，看到它们，我立刻就想到我故乡中那个苇坑上面和水中的那个小月亮。对比之下，无论如何我也感到，这些广阔世界的大月亮，万万比不上我那心爱的小月亮。不管我离开我的故乡多少万里，我的心立刻就飞来了。我的小月亮，我永远忘不掉你！

我现在已经年近耄耋。住的朗润园是燕园胜地。夸大一点说，此地有茂林修竹，绿水环流，还有几座土山点缀其间。风光无疑是绝妙的。前几年，我从庐山休养回来，一个同在庐山休养的老朋友来看我。他看到这样的风光，慨然说："你住在这样的好地方，还到庐山去干嘛呢！"可见朗润园给人印象之深。此地既然有山，有水，有树，有竹，有花，有鸟，每逢望夜，一轮当空，月光闪耀于碧波之上，上下空蒙，一碧数顷，而且荷香远溢，宿鸟幽鸣，真不能不说是赏月胜地。荷塘月色的奇景，就在我的窗外。不管是谁来到这里，难道还能不顾而乐之吗？

然而，每值这样的良辰美景，我想到的却仍然是故乡苇坑里的那个平凡的小月亮。见月思乡，已经成为我经常的经历。思乡之病，说不上是苦是乐，其中有追忆，有惆怅，有留恋，有惋惜。流光如逝，时不再来。在微苦中实有甜美在。

月是故乡明。我什么时候能够再看到我故乡里的月亮呀！我怅望南天，心飞向故里。

一九八九年十一月三日

梅花魂 *

故乡的梅花又开了。

一年一度，那朵朵冷艳、缕缕幽芳，总使我想起飘零他乡、葬身异国的外祖父。

算来，自南洋一别，离开外祖父也二十来年了……

一

我出生在东南亚的星岛。回国以前，一直和外祖父住在星洲城直落亚逸街上。我妈是外祖父唯一的女儿，我是外祖父唯一的外孙女儿。外祖父对我的钟爱，那就别提了！据妈妈说，我三岁时，老人便开始为我积攒嫁妆，有人回唐山 ❶，便托人捎这捎那，从金玉首饰、文房四宝到苏州刺绣、上海绸缎、景德镇瓷器，等等，真是无所不有。

外祖父年青时读了不少经、史、诗、词，又能书善画，是星岛文坛颇负盛名的文人。我两周岁起，外祖父便常常抱着我，坐在梨花木大交椅上，一遍又一遍、不厌其烦地教我读唐诗宋词。

---

* 作者为中国当代作家陈慧瑛，选自《此情此心——女性散文六家》，北方文艺出版社，1991 年 10 月版。

❶ 编者注：唐山，华侨对祖国的习称。

每每读到"独在异乡为异客，每逢佳节倍思亲""春草明年绿，王孙归不归？""慈母手中线，游子身上衣""自在飞花轻似梦，无边丝雨细如愁"之类的句子，常有一颗两颗冰凉的泪珠，落在我的腮边、手背。这种时候，我便会拍着手笑起来："外公哭了！外公哭了！"老人总是摇摇头，长长地吁一口气，说："莺儿，你小呢，不懂！"

那时，外祖父家中有不少古玩，我偶尔摆弄，老人也不甚留意。唯独书房里那一幅老干虬枝的墨梅，他却分外爱惜，家人碰也碰不得。我五岁那年，有一回到书房玩耍，不小心给捺上了个脏手印。外祖父登时拉下脸来，我有生以来第一次听见他训斥我妈："孩子要管教好，这清白的梅花，是玷污得的吗？"训罢，便用保险刀片，轻轻刮去污迹，然后用细绸子慢慢抹净了。看见慈祥的外公大发脾气，我心里又害怕，又奇怪，一幅画梅，有甚稀罕呢？

那时，外祖父刚过七十大寿，却已经侨居海外经商五十来年了。老人究竟有多少财产，妈妈和我都不甚了然。但外祖父有带花园的别墅，有私家小汽车，有船头行、"八九"行（贸易货栈），有信局，有一眼望不到头的橡胶园，这些，我是知道的。到了我记事时，外祖父已经是当地商界屈指可数的佼佼者了。

外祖父虽出国多年，可每逢夏历除夕，都要郑重其事地朝北祭祀祖宗。放祭品的中案桌上，也总有一大束腊梅，插在青花大瓷瓶里，据说那梅花是由内地经香港空运去的。这种时候，外祖父往往要跟我们说起唐山的亲朋故旧，山川人情。说着说着，常常会忽然噤声，背剪着手，踱进房间，以至终日戚戚，不发一言。我也闹不明白，这样好的家境，老人愁什么呢？妈妈对我提过，在唐山老家，外祖父田无一垄，地无一寸，一间破瓦房，几十年前早被族中强房夷为平地。要不，他怎会漂洋渡海，远离家乡？但是，外公为什么还思念唐山哪？

二

有一天，妈妈忽然告诉我：

"莺儿，我们返唐山去！"

"干嘛要回去呢？"

"那儿才是我们的祖国呀！"

哦，祖国！那就是地图上像一片枫叶，像一只金鸡的地方吗？那就是拥有长江、黄河、万里长城，还有天堂一般的苏、杭，还有住着我的亲奶奶的白鹭之乡的国土吗？

我欢呼起来！小小的心，充满了欢乐。

可是，我马上想起了外祖父，我亲爱的外祖父：

"外公走吗？"

"外公年纪太大了！"

"外公让我们走吗？"

妈妈背过脸去，没作声……

我跑进外祖父的书房，看见老人躺在藤沙发上。我说：

"外公，你也回祖国去吧！"

想不到外祖父竟像小孩一样呜呜地哭起来了……

离别的前一天早上，外祖父早早地起了床，把我叫到书房去，郑重地递给我一卷白杭绸包起的东西。我打开一看，原来是墨梅。

"外公，这不是你最宝贝的画吗？"

"是啊，莺儿，你要好好保存。这梅花，是我们中国的国花。旁的花儿，大抵是春暖花才开。她却不一样，愈是寒冷，愈是风欺雪压，花儿便开得愈精神，愈秀气。她是最有品格、有灵魂、有骨气的呢！几千年来，我们中华民族出了许多有气节的人物，他们不管历尽多少磨难，受到怎样的欺凌，从来都是顶天立地，从来不肯低头折节。他们，就像这梅花一样。一个中国人，无论在怎样的境遇里，总要有梅花的秉性才好！"

停了一息，老人又说：

"唐山解放了，我却垂垂老矣！回国回乡的心愿，只能让你们去完成了！莺儿，将来长大了，第一要读好书，报效国家；第二要孝顺你妈。这是我们国人的忠孝之道，你要记住！"

我忙点头，怕老人又哭。

回国那一天，正是元旦，热带是无所谓隆冬的，但腊月天气，毕竟也凉飕飕的。外祖父把我们送到码头，妈妈抽泣着；我拉住外祖父的手，大声地哭着。外祖父俯下身来，给我披了件法兰绒外套，不知说了句什么，大概是想安慰我，无声的泪，却顺着两颊的皱纹，弯弯曲曲地流下来……赤道上的风，吹乱了老人平日梳理得整整齐齐的银发，我觉得外祖父一下子衰老了许多……

妈妈终于狠下心来，拉着我登上了"万福顺"大客轮。泪眼朦胧的外祖父，又亲自赶上船来，递给我一把手绢，一包雪白的细亚麻布，绣着血色梅花……

当年的我，还过于稚嫩，并不懂得，我带走的，岂止是我慈爱的外祖父珍藏的一幅丹青，几朵血梅？我带走的，是一颗异国华侨老人的赤子心哪！

三

七天七夜的航行，"万福顺"号穿过了深邃辽阔的太平洋。我和妈妈终于回到了日夜向往的祖国，回到了厦门——我可爱的故乡！

在祖国的怀抱里，我受完了高等教育。上学期间，外祖父一直从经济上支持我。十来年间，老人来信时常要提起："莺儿，待你学有所成，一定前来接我归去！"

可是，天不从人愿。我上大学三年级时，一个冬日午后，一封加急电报，带来外祖父离开人间的噩耗——真没想到，昔日星岛码头一别，竟成永诀。重洋万里，冥路茫茫，妈妈和我，真是悲恸欲绝。

接到电报数日后，海外的舅舅寄来了《南洋商报》《星洲日报》等好几种报纸。这些报纸都登有讣告，还发表了南洋商界、学界悼念外祖父的文章，表彰外祖父这位"南洋商界巨子、文坛将星、知名爱国华侨"抗日战争时期为国热心捐款，新中国成立后，为发展家乡教育、卫生事业，不惜慷慨解囊，等等，并盛赞老人热爱祖国文明，宣扬民族教化，高风亮节有如寒梅修竹……这时候，外祖父生前的许多公益善举和爱国情操，我才陆续了解。

我回国后，家乡面貌日新月异。而且，祖国也已经把我培育成材，可是，老人却无福瞻仰他朝思暮想的故国风采，无缘再见他视为掌上明珠的外孙女儿……生离死别，叫人怎能不哀伤？老人逝后次年初春，我在老家的山坡上，种下了两株梅树：一株腊梅，一株红梅……我想，倘若老人泉下有知，魂兮归来，一定会高兴的。

而我，也可借此聊寄哀思了！

四

　　我大学毕业之后，赶上十年动乱，从风光绮丽的南国海滨被分配到了遥远的太行山。离家前夕，妈妈把外祖父的那幅墨梅用塑料薄膜包好，装进我的行囊……

　　梅花，来自异国的坚贞的梅花，伴我走上了真正的人生。

　　到了太行山，我先在一所专区师范任教。那是中国大地惨遭浩劫的年代，知识分子成了臭老九。我执教不久，便与学校同人一起被下放到山区劳动改造去了。

　　在太行深山里，我孑然一身，举目无亲。和当地山民一样，我睡土窑，喝雪水，吃玉米疙瘩和糠窝窝。患了胃溃疡，时时疼得冒冷汗。浑身长虱子，常常整夜睡不着。在滴水成冰的日子里，跟着男社员上山开大寨田，粗重的镢头敲在坚硬的冻土上，我细嫩的虎口震裂了。在大雪封门的深夜，饥饿的野狼、豹子拼命拱着我简陋的窑门……

　　那里，和星岛自然无法相提并论，就是和故乡厦门相比，我也仿佛到了别一世界。春花秋月，转眼五年过去了。生活的艰难还在其次，难道，十七年寒窗勤学苦读得来的知识，除了埋入荒山，竟毫无用场？多少个朝霞如花的黎明，多少个夕阳似血的黄昏，我痛苦地思索着，前程在哪？希望在哪里？

　　侨居海外的老父，担心爱女受苦，一封封滴着清泪的信笺，催我出国；星岛的舅妈，巴黎的表姐，澳大利亚的表哥，一个个轮番来信开导我："既然国内读书无用，你又何必过于执着？还是到我们这儿来吧！"

可是，我总觉得，祖国像母亲。她，用智慧的乳汁把我哺育长大。在母亲危难之秋，我怎忍心掉头而去？

在愁肠百结的太行岁月，在艰辛跋涉的人生路上，我常常悄悄地打开那一幅外祖父留给我的梅花，她的冰雪清姿，她的凛冽正气，像火，给了我温暖；像血，给了我活力。我也常常想起老人临别的赠言：

"一个中国人，无论在怎样的境遇里，总要有梅花的秉性才好！"

是啊，在生活的风霜里，我不也应该做一朵梅花吗？

在那些乌云压顶的日月里，每一次海外来鸿，我都哭了。但摩天大厦、香槟、高级"的士"毕竟吸引不了我。我离不开自己的祖国哪，我终于在祖国的土地上，站稳了自己的脚跟！

今天，早已严冰化春水的祖国的今天，我调回了海上花园厦门，成了一名新闻记者。祖国和人民，给我重任，也给我奖励……

海内外亲友，都祝贺我；外祖父在天之灵，当也感到欣慰……

我仍珍存着外祖父心爱的墨梅——她浸透了几代海外赤子对祖国圣洁的爱情；她在祖国苦难的时光，给了我不寻常的热能和可贵的信念！

故乡的冬梅又盛开了，明如烛，灿如霞……

梅花，美丽的赤子之魂呵！

青年刘伯承的故事 *

下过一次地狱

一九一六年元旦，蔡锷将军在昆明起义后，亲率护国军一路军向四川挺进。刚刚黄袍加身、自称中华帝国皇帝的袁世凯慌忙派曹锟担任总司令，督师入川进剿。三月中旬，蔡锷将军在川南重镇泸州附近棉花坡一带与曹锟的北洋军展开了决战。

三月二十日拂晓，刘伯承奉命率川东护国军第四支队袭占了川东有名的鬼城——丰都县城，遮断长江，阻止了北洋军从水路增援川南。激战中，刘伯承身先士卒，不幸身负重伤：一枪击伤颅顶，一枪从右边太阳穴打进，从右眼穿出，血流如注，生命垂危。

* 作者为中国当代作家毕必成，原载《星火》小说专号，1984 年第 10 期。编者注：2021 年 5 月 17 日上午，就《军神》这篇课文，编者请朋友咨询了三位医护人员（浙江大学医学院附属第二医院的眼科医生、神经外科医生、护士长），三位专业人士的意见综合如下：

1. 如今这类手术必须全麻进行。

2. 施麻药不会影响脑神经，术后也不会对大脑有负面影响。

3. 患者如果要求不用麻药，为了规避风险，医生有权拒绝手术。

4. 患者误以为麻药有副作用，医生应该向患者解释麻药的功能，阐明医学常识，而不是围绕"手术时能不能忍痛"这一点与患者沟通。

5.1900 年左右，全球就开始普及医生在诊断、手术时佩戴口罩，课文配图里的医生未戴口罩，显然不合理。

支队另一负责人王伯常急得手足无措，刘伯承醒过来，微弱地告诉王伯常，丰都县邮政局王局长是他的好友，可以把他送到王局长家，以免拖累队伍，希望支队能如约坚守到天黑再撤，以保证蔡锷将军在川南决战胜利。王伯常答应了。

傍晚，支队转移了。王局长匆匆给刘伯承包扎伤口，把他安置在自家的板楼上，扶他躺下，盖上棉被叮嘱道："伯承，我去设法把郎中请来。你嫂子带娃儿到乡下躲兵灾去了，家里也没人照应你，你千万别出去。"刘伯承颔首答应，无力地闭上左眼，昏昏睡去。王局长带上房门，担心北洋军进城乱搜，找来一把大铁锁把房门锁上，这才下楼去找郎中。

这时，在江面上被阻挡了一天的北洋军舰艇接到川南来电，蔡锷已占领泸州，无须增援了。舰长恼羞成怒，下令炸平丰都！

一刹间，炮弹倾泻，丰都城陷入一片火海。

正在城里到处寻找郎中的王局长顾不得弹片横飞，房屋倒塌，穿过火光烛天的街巷，分开逃命的人群，拼命往回跑。跑到自家楼前，他惊呆了：

木楼中弹起火，倒塌了半边！

他满是尘垢的脸上汗血混流，一双眼睛映着冲天大火，木瞪瞪的充满了恐惧。

轰然一声，木楼在火海中全塌了，腾起的烟火更高地卷向夜空。

"伯承！！"

他撕心裂魄地大叫一声，双手捂住面孔跪了下去。

大火过后，丰都县城几成废墟。无家可归的人们，寻找亲人残骸的人们，大哭小叫，惨不忍睹，王局长找人帮忙，扒开自家的废墟。一切都烧毁了，有一具烧毁的尸骸只剩下一点未烧尽的肠肠肚肚，无法辨认出是谁。他认定这就是刘伯承的残骸，痛哭流涕地装进一只坛子，葬在城东冥山脚下的乱冢之中，面对滔滔大江立下一块石碑，上刻"亡友刘伯承之墓"。

三月二十七日，按乡俗，是刘伯承去世的"头七"。傍晚，王局长带着香纸供品，躲过北洋军警的盘查，悄悄溜出城，来到冥山脚下为刘伯承上供。

如血的夕照中，墓地上新冢一片，奠祭亡魂的人们都陆续回城去了，静悄悄的只有涛声和江风吹动纸幡的簌簌声。

王局长在刘伯承的墓前摆上供品，点燃香纸，流着泪长跪在地，悲痛欲绝地说："伯承，是我害了你，我不该把你锁在房中……"他泣不成声，揖拜叩首："伯承，七天了，你要有灵，就来受受我的祭供吧。"

正在这时，身后有一个熟悉的声音喊他："王兄！"

王局长浑身一哆嗦，颤颤惊惊地回头一看，立刻火烫了一般跳起身，惊恐地连连后退。

暮色苍茫中，刘伯承拄根竹棍慢慢走来。他脸上瘦削苍白，胡子拉杂，扎着右眼，穿一身破旧的庄稼人的衣裤，微笑着说："王兄！"

王局长魂飞魄散，扑通跪下，连连磕头。

刘伯承不解地说："王兄，你怎么啦？"说着，欲上前扶起他。

王局长面无血色，一边躲避，一边语无伦次地说："伯承，你，你莫怨吓我，我，我是害了你，我按时给你上供，不不，我终身给你上供！……"

刘伯承看到他身边的墓碑，明白王局长把自己当鬼魂了，忙解释道："王兄，我没死，还活着。"

王局长叩头如捣蒜："我，我知道你会显灵的……"

刘伯承笑了，伸出手说："你摸摸我的手。"

王局长往后缩着："不，不。"

刘伯承又说："你摸摸我的手是热是冷，就知道是人是鬼了。"

王局长将信将疑，鼓起勇气摸了一下刘伯承的手，刚要缩回，让刘伯承一把抓住了，说："是热的吧？"王局长这才相信了刘伯承没有死，不由悲喜交集地问刘伯承是怎样死里逃生的。刘伯承告诉王局长：那晚他正在昏睡，被猛烈的爆炸声惊醒了；他挣扎着爬起身，冷静地判明了自己的处境，踉跄着扑到门边，用力拉门，谁知房门被反锁上了，拉不开；这时，又一颗炮弹飞来，落在邻家的房子上，巨大的爆炸气浪几乎把木楼掀倒，冲天的火光腾空而起，火舌扑上来烧着了木楼的窗户；他情急生智，把床上的棉被往身上一裹，从燃烧的窗口顺屋脊滚了下去；摔到地上，他晕过去了，幸好碰到几个逃难的热心人，见他是护国军，把他抬到城外藏在一个农民家里，才捡了一条命。王局长这才明白在废墟中扒出的残骸，不知是哪个逃难的过路人被倒塌的房子砸倒烧死的。

他欣喜地说：

"伯承，我明天就叫人把这坟平掉。"

刘伯承上前抚摸着刻着自己名字的墓碑，感慨地说："留着吧。"

王局长说："留着不吉利。"

刘伯承反倒笑了，幽默地说："大吉大利。刘伯承在丰都鬼城已下过一次地狱，阎王爷再不会轻易要他了！"

从此，这座"刘伯承之墓"一直留在丰都城东的冥山脚下，直到"文化大革命"，才被当作"四旧"横扫掉，历时整整五十年！

"堪称军神！"

重庆临江门外，有一个德国人沃克开设的诊所。沃克医生当过德军军医，医术很高明，只因为患有糖尿病，在讲究优生学的德国无法结婚成家，这才来到中国，在重庆行医。

这一天，王局长亲自把刘伯承护送到重庆，改名换姓到沃克诊所求医。

沃克端坐桌后，神情孤傲。他待刘伯承在对面凳子上坐下后，头也不抬，冷冷地问："什么名字？"

刘伯承平静地回答："刘大川。"

沃克在病历上记下，仍没抬头："年龄？"

刘伯承又回答："二十四岁。"

沃克这才抬头望着刘伯承，问："什么病？"

刘伯承不卑不亢地说："土匪打伤了眼睛。"

沃克放下笔，起身正准备察看刘伯承的伤势，一位护士走进诊室，谨小慎微地说："沃克医生，五号病床的先生害怕做手术，要求……"

沃克粗暴地打断了护士的话，鄙夷地说："叫他滚蛋！我的诊所里再不要见到这个胆小鬼！"

护士诺诺连声地退走了。

王局长担忧地看了刘伯承一眼。刘伯承笑笑，不动声色。

沃克医生余怒未息，但熟练地解开了刘伯承右眼上的绑带。他怔住了，蓝色的眼睛里闪出惊疑的神情。他重新审视着小职员打扮的刘伯承，冷冷地问："你是干什么的？"

刘伯承镇定地回答："邮局职员。"

沃克医生又激动了，厉声地说："你是军人。"

王局长慌了。刘伯承拉拉他，沉静地反问道："为什么？"

沃克医生一针见血地说："我当过德军的军医。这样重的伤势，只有真正的军人才能这样从容镇定！"

短短的相处，刘伯承看出了沃克身上潜藏着日耳曼民族的优越感，在他面前，哀求是无用的，只有居高临下地慑服他！刘伯承微微一笑，锐利地回答："沃克医生，军人处事靠自己的判断，而不是老太婆似的喋喋不休！"

沃克又一次怔住了。他头一次碰到这样机敏刚强、自尊自重的中国人，一时竟无言以答。

王局长吓坏了，连忙劝阻刘伯承说："兄弟，莫要招惹沃克医生生气啰！"

护士也闻声走回来，责怪刘伯承："先生，你胆敢这样对待沃克医生，请你出去！"

沃克医生伸手制止了护士，双目火辣辣地盯着刘伯承。

刘伯承凛然相对。

良久，沃克医生的目光柔和了，突然对护士吩咐："准备手术。"

护士难以置信地："沃克医生……"

沃克医生又冒火了："我不重复我的命令！"

护士赶紧执行命令去了，王局长这才释然地偷偷擦了一把头上的汗水。

不一会儿，手术准备好了，刘伯承换了衣服送进了手术室。沃克医生也换上了手术服，洗净手，戴上了消毒手套。这时，护士跑过来，低声告诉他刘伯承拒绝使用麻醉剂。沃克医生的眉毛扬了起来，二话没说，走进手术室，对躺在手术台上的刘伯承火腾腾地说："年轻人，在这儿要听从医生的指挥！"

刘伯承平静地回答："沃克医生，眼睛离脑子太近，我担心施行麻醉会影响脑神经。而我，今后需要一个非常清醒的大脑！"

沃克再一次怔住了，竟有点口吃地说："你，你能忍受吗？你的右眼需要摘除坏死的眼球，把烂肉和新生的息肉一刀刀割掉。"

刘伯承说："试试看吧。"

沃克医生说："你想做刮骨疗毒的关云长？"

刘伯承居然微微一笑，说："有第一个，就应该有第二个。"

沃克医生只好下令不用麻醉开始手术。他凝聚全部心力，精心地做着手术。不知为什么，一向在手术台上从容镇静的他，这次，双手却有些颤抖。时令虽然刚交初夏，天气并不热，他额上却汗珠滚滚，护士帮他擦了一次又一次。最后，他忍不住开口对刘伯承说："你痛不过可以哼叫。"刘伯承却仍然一声不吭。倒是他自己需要咬牙坚持了。他咬紧牙关，割了一刀又一刀，心里一边嘀咕：这个年轻人难道晕过去了？

殊不知，刘伯承在以最大的意志力克制自己。他的双手紧紧抓住身下的白垫单，手臂上汗如雨下，青筋暴起。他越来越使劲，崭新的白垫单居然被抓破了！等到手术结束，手术台边的地板上已被他手臂上淌下的汗水濡湿了一片！

脱去手术服的沃克医生擦着汗走过来，对刘伯承由衷地说："年轻人，我真担心你会晕过去。"

刘伯承脸色苍白，神情虚弱。他勉力一笑说："我一直在数你的刀数。"

沃克医生吓了一跳，不甚相信地问："我割了多少刀？"

刘伯承说："七十二刀。"

沃克惊呆了，失声嚷道："你是一个真正的男子汉，一块会说话的钢板！按德意志的观点，你堪称军神！"

刘伯承笑笑说："您过奖了。"

孤傲暴躁的沃克医生头一次浮出慈祥的神情。他想说什么又忍住了，挥手让护士出去，然后关上手术室的门，目视着刘伯承说："告诉我，你的真名叫什么。"

刘伯承坦诚地回答："刘伯承。"

沃克医生肃然起敬地说："啊，川东支队的将领，久仰久仰，认识你很荣幸。袁世凯悬赏十万买你的头！"

刘伯承开玩笑地说："您要是告诉北洋政府我在这儿，准能发一笔大财。"

沃克医生似受了污辱，怒冲冲地说："对侮辱我人格的人，我不惜决斗！"

刘伯承微笑道："眼好以后，一定奉陪！"说着，友好地伸出手去。

沃克医生紧紧握住刘伯承的手，风趣地挤挤眼睛说："伤口愈合之后，我给你安上一颗德国造的假眼珠，你就可以重返战场了，我的军神！"

刷子李[*]

　　码头上的人，全是硬碰硬。手艺人靠的是手，手上就必得有绝活。有绝活的，吃荤，亮堂，站在大街中央；没能耐的，吃素，发蔫，靠边待着。这一套可不是谁家定的，它地地道道是码头上的一种活法。自来唱大戏的，都讲究闯天津码头。天津人迷戏也懂戏，眼刁耳尖，褒贬分明。戏唱得好，下边叫好捧场，像见到皇上，不少名角便打天津唱红唱紫、大红大紫；可要是稀松平常，要哪没哪，戏唱砸了，下边一准起哄喝倒彩，弄不好茶碗扔上去，茶叶沫子沾满戏袍和胡须上。天下看戏，哪儿也没天津倒好叫得厉害。您别说不好，这一来也就练出不少能人来。各行各业，全有几个本领齐天的活神仙，刻砖刘、泥人张、风筝魏、机器王、刷子李，等等。天津人好把这种人的姓，和他们拿手擅长的行当连在一起称呼。叫长了，名字反没人知道。只有这一个绰号，在码头上响当当和当当响。

　　刷子李是河北大街一家营造厂的师傅。专干粉刷一行，别的不干。他要是给您刷好一间屋子，屋里任嘛甭放，单坐着，就赛

＊ 作者为中国当代作家冯骥才，选自《俗世奇人（足本）》，人民文学出版社，2016 年 1 月版。

升天一般美。最别不叫绝的是，他刷浆时必穿一身黑，干完活，身上绝没有一个白点。别不信！他还给自己立下一个规矩，只要身上有白点，白刷不要钱。倘若没这本事，他不早饿成干儿了？

但这是传说。人信也不会全信。行外的没见过的不信，行内的生气愣说不信。

一年的一天，刷子李收个徒弟叫曹小三。当徒弟的开头都是端茶、点烟、跟在屁股后边提东西。曹小三当然早就听说过师傅那手绝活，一直半信半疑，这回非要亲眼瞧瞧。

那天，头一次跟师傅出去干活，到英租界镇南道给李善人新造的洋房刷浆。到了那儿，刷子李跟管事的人一谈，才知道师傅派头十足。照他的规矩一天只刷一间屋子。这洋楼大小九间屋，得刷九天。干活前，他把随身带的一个四四方方的小包袱打开，果然一身黑衣黑裤，一双黑布鞋。穿上这身黑，就赛跟地上一桶白浆较上了劲。

一间屋子，一个屋顶四面墙，先刷屋顶后刷墙。顶子尤其难刷，蘸了稀溜溜粉浆的板刷往上一举，谁能一滴不掉？一掉准掉在身上。可刷子李一举刷子，就赛没有蘸浆。但刷子划过屋顶，立时匀匀实实一道白，白得透亮，白得清爽。有人说这蘸浆的手法有高招，有人说这调浆的配料有秘方。曹小三哪里看得出来？只见师傅的手臂悠然摆来，悠然摆去，好赛伴着鼓点，和着琴音，每一摆刷，那长长的带浆的毛刷便在墙面啪的清脆一响，极是好听。啪啪声里，一道道浆，衔接得天衣无缝，刷过去的墙面，真好比平平整整打开一面雪白的屏障。可是曹小三最关心的还是刷子李身上到底有没有白点。

　　刷子李干活还有个规矩：每刷完一面墙，必得在凳子上坐一大会儿，抽一袋烟，喝一碗茶，再刷下一面墙。此刻，曹小三借着给师傅倒水点烟的机会，拿目光仔细搜索刷子李的全身。每一面墙刷完，他搜索一遍，居然连一个芝麻大小的粉点也没发现。他真觉得这身黑色的衣服有种神圣不可侵犯的威严。

　　可是，当刷子李刷完最后一面墙，坐下来，曹小三给他点烟时，竟然瞧见刷子李裤子上出现一个白点，黄豆大小。黑中白，比白中黑更扎眼。完了！师傅露馅儿了，他不是神仙，往日传说中那如山般的形象轰然倒去。但他怕师父难堪，不敢说，也不敢看，可忍不住还要扫一眼。

　　这时候，刷子李忽然朝他说话：

　　"小三，你瞧见我裤子上的白点了吧。你以为师傅的能耐有假，名气有诈，是吧？傻小子，你再细瞧瞧吧——"

　　说着，刷子李手指捏着裤子轻轻往上一提，那白点即刻没了，再一松手，白点又出现，奇了！他凑上脸用神再瞧，那白点原是一个小洞！刚才抽烟时不小心烧的。里边的白衬裤打小洞透出来，看上去就跟粉浆落上去的白点一模一样！

　　刷子李看着曹小三发怔发傻的模样，笑道：

　　"你以为人家的名气全是虚的？那你是在骗自己。好好学本事吧！"

　　曹小三学徒头一天，见到听到学到的，恐怕别人一辈子也未准明白呢！

我的朋友容容 *

在我所有的朋友中，容容也许能算是最亲密的一个了，虽然，她也是最年轻的一个：今年共总三十六个月，就是说，正满三岁。

我们住在一个院子里。住在这院子里的人可不少，但最最著名的人物却还得算容容，关于她的生活故事，这院子里"流传"得可多呢。下面，就是我记载下来的一部分。

从狩猎到饲养

我们院子里的一位老先生（系某出版社校对）听说我要为容容"写传"，就摇着头不以为然地说："古之圣贤才能立传，而容容乃是一个幼儿，除了吃就是玩，有何可传者乎？"其实我写的根本不是什么《容容传》；至于说容容的生活"除了吃就是玩"，这样的"评价"却是不够公允的。至少从容容的角度来看，她一天到晚"除了吃"之外，大部分时间是忙于劳动、工作、公益等项，甚至有时忙到连吃饭也忘了，需得她奶奶拿着饭碗，紧跟在后面，瞅空就喂她一口，实行"监督吃饭"，因为当时容容正坐在一排椅子上，忘我地在为一群无形的乘客驾驶着公共汽车。试问终点站

---

* 作者为中国当代儿童文学作家任大霖，原载《上海文学》，1961 年第 11 期。

还没到，作为一名负责的司机兼售票员，怎能光顾自己爬下来回去吃饭呢？何况容容要做的工作绝不是仅仅这一项而已，开完汽车，她还得去煮饭给"小宝宝"（就是她的洋娃娃）吃，而且这几天"小宝宝"在生病，还得给他打针；此外，她还要"做电影"给奶奶看；而邻居的小珍、小琳还在邀她去举行"红旗大游行"呢！你瞧，容容有多忙呀！

近来，容容忽然又搞起饲养工作来了，但这却得从"狩猎"说起。因为她所饲养的动物，几乎全部是猎取来的，这一点，倒颇有原始人的风气。就拿目前还活着的一群饲养物来看，计有：大蚱蜢三只，小蚱蜢十余只，金虫一只，驼背乌壳虫一只（据她奶奶说，这是"放屁虫"，可是容容却认定它是一只"知了"，所以还是养着），其他不知名的昆虫若干只，这一切都是从后园草丛中捉来的；只有大肚子蝈蝈儿一只，是奶奶从市上买来的，但因为样子长得奇丑，得不到容容的欢心，养了两天，就遭到"放逐"，被丢到篱笆外边的野草丛里去了。

如果你能亲眼看看容容打猎的情景，你必定会很感动，而且不得不承认她是一位极其勇悍的猎人。当她在草丛中赶出一只蚱蜢的时候，她那本来就很大的眼睛立刻瞪得像两粒玻璃弹子，然后，用整个身子猛扑下去，如果蚱蜢飞开了，她就赶紧爬起来，追过去，又用全身扑过去，总之，不把蚱蜢逮住，就是接连摔上十来跤也在所不惜。有一次，我看她有些可怜，就走过去帮她个忙，给她逮住了蚱蜢。谁知道我的行动反而惹她不高兴，扭腰跺脚地几乎哭起来，我连忙把蚱蜢放了，再让她自己扑到地上去，亲手捉了这头"野兽"，才喜笑颜开地跑去把它关进奶粉瓶里。由此可见，容容称得起是一个"真正的猎人",因为听说一个真正的猎人最关心的并不是猎获物的多少,而打猎的过程才是他们最大的乐趣。

一天,邻居一个孩子送给她两只蟋蟀,这一下,那些大小蚱蜢和各色昆虫全都倒了霉,它们被一股脑儿地塞进了火柴匣子,奶粉瓶腾出来成了蟋蟀的新居。以后,容容的钟爱都集中在这两只蟋蟀身上了,每餐吃饭,她总要从饭碗里抓一大撮饭粒,丢到瓶内,并且看着蟋蟀捧饭大嚼,把肚子胀得老长,她才安心地去吃饭。她对这两只蟋蟀寄予多大的期望呵!她要把它们养得比大肚子蝈蝈儿还大,并且唱好听的歌给她听。

几天过去了,两只蟋蟀既不长大,也没有叫过一声,就是一个劲儿地吃粮食。容容终于耐不住了,她捧着瓶,到处打听:"奶奶,我的蟋蟀干吗不唱歌啦?""任叔叔,我的蟋蟀过几天才会唱歌?"我细细地看了她的蟋蟀,发现它们原来都是"三枪",就是尾巴上长着三根枪的,任何一个孩子都知道这是毫无用处的,既不会叫,也不会斗,其价值并不比一个"放屁虫"高多少。但是我们都没有向她说清这一点,所以她暂时还保留着这两个"食客"。

金铃子的故事

一天,容容家来了一个乡下客人,是奶奶的远房侄子。他送给容容一对金铃子,关在一个小巧的竹根雕成嵌着玻璃的盒子里。只要稍稍喂一点饭粒什么的,小小的金铃子就会一天到晚叫着,"铃铃铃,铃铃铃",这声音又清脆又优美,听了叫人想起秋天的原野,想起田里丰实的玉米秆,想起早上露水点点的牵牛花。这样的东西对于每一个城市孩子来说都是极珍贵的礼物,容容更是把它当作宝贝一样。那两只蟋蟀就此失宠，终于被丢掉了。

容容整天拿着金铃子不放，甚至晚上睡觉的时候，也把它们放在枕边。金铃子的声音在夜间显得更清脆动听，容容把头枕在小手上，久久地欣赏着这来自农村的音乐，听着听着，她说："奶奶，金铃子的家是在乡下的。""奶奶，乡下有很多很多的田，田里有草，草上有米的。"奶奶知道她是在说稻，因为乡下来的叔叔曾给容容讲了不少关于农村的事情，现在容容把金铃子的叫声和那些新鲜的事情融合在一起了。她一边出神地听，一边又说："奶奶，乡下还有很多很多河浜，河浜里有很多很多鱼。乡下的鱼是活的，会游泳的。乡下还有真的牛，不会咬人的……"她记得的就是这些。听着听着，她睡着了，小脸上还留着深情的微笑，也许她在梦中正骑着"真的牛"，在"草上有米"的田里走着……

金铃子成了容容最心爱的伙伴，相对之下，连小汽车、"小宝宝"和橡皮鹅也黯然失色了。但谁能料想得到，有一天她居然肯把这么心爱的东西送给我呢！

那时我生病住在医院里。一天，容容的奶奶来探望我了，她是作为我们院子里所有邻居的代表来的，带来了好些吃的东西：这两只饼是某大婶的，这两只苹果是某大伯的……最后，她从兜里掏出了一个竹根雕成的小盒子："这是容容送给你的。"

我一看，这不是那对金铃子吗？我简直愣住了。

"就是那对金铃子，容容当成宝贝的。"奶奶说，"容容一定要我拿来，她说任叔叔在医院里独自个睡着有多冷清呵，她简直有些可怜你，也许金铃子的叫声能给你解些寂寞。"

我捧着盒子，就像捧着一颗赤热的孩子的心，而泪水在眼眶里转。我笑着说："谢谢您，奶奶，您的容容有多善良啊！金铃子带回去给她吧，我终究是大孩子了，没有金铃子也不会寂寞的。"

"留下吧，任叔叔，她说定了给你，带回去反而要惹她哭闹的，她的脾气你知道，倔强得像牛犊。"

金铃子就这么留在病床边。它的叫声确实给我减少了病房生活的寂寥。这时高时低的"铃铃"声，常常把我带到童年时代的回忆中去，使我想起故乡的秋天，想起童年时代那些淘气可笑的事情来。我还记得那时有一个好朋友，是一个小女孩子，名叫秋姑。我和她一起放鹅，一起在河滩上捞螺蛳和河蚌，也一起在屋后寻找被风吹落的枣子。有一次她病了，我孤单得要命。她要一对金铃子，我就钻到矮矮的小枣树丛中去为她寻找，枣树刺扎破了我的肩胛，马蜂把我的小手指叮得像一颗红枣，但我还是不顾一切地找着，终于捉住了一对金铃子，拿去送给秋姑……当我躺在病床上回忆着这遥远的一切时，我自己也忍不住笑了。金铃子的叫声就是这样的富有魅力！

几天后，我病好出院了。当我回到家里，第一件事就是把金铃子送去还给容容。我亲热地抱着她打转，她也高兴得用小手拍打我的脑袋，纵声大笑着。

一封奇怪的信

我的朋友容容还是一位以助人为乐，而且热心公益的人。

我订着一份《文汇报》。每天早上，容容总是搬着椅子，爬上去，踮起脚，从大门口邮箱里取出报纸来，然后爬下椅子，奔来把报纸交给我："任叔叔，报纸来啦！"

不知从什么时候开始，这已经成了她的习惯；而且她认为这是一项"权利"，是绝对不让别人侵犯的。

有一天，我忘了尊重她的权利，自己去把报纸取来了。我正在看报，容容走来，她看看我手里的报纸，忽然翘起了嘴唇，挺委屈地走了；过了一会儿，我听到她的哭声，以及奶奶又骂又哄的声音。起先我不加注意，后来忽然感到这似乎跟报纸的事有些关系，过去一打听，果然，她是为了报纸的事在发脾气。我连忙把报纸送回到大门口去。容容就不哭了，又搬着椅子去把报纸取了来交给我，才又高兴起来。容容就是这么忠于职守。

一天我下班回家，容容给我拿来一封信，是我一个老同学从外地寄来的。容容似乎对信发生了浓厚的兴趣，等我看完信，她好奇地问："任叔叔，这是什么？"

"这是信。"

"信是什么？"

"信就是信。譬如说，我有个好朋友，我有话跟他讲，我就可以写一封信给他。信封上写了个名字，就可以寄了。"

"那么我也可以寄给好朋友吗？"

"当然可以，如果你有好朋友的话。"我笑着说。

"就拿这样的信封寄吗？"

"对。"

"到哪儿去寄呢？"

"往邮筒里一塞就行了，我们大门外边不就有个邮筒吗？"

"知道啦！知道啦！"她高兴地说。

不知什么时候，她把我的信封拿去玩了，我也不在意。不料过了一天，邮递员通知我说有一封"欠资待领"的信，叫我到邮局去领。我连忙上邮局付了邮资，领出信来一看，啊，原来又是那位老同学寄来的。这家伙跟我捣什么蛋，信封上贴了张用过的旧邮票。我一边生气一边拆信，啊！老天爷，难道他疯了？信里连半个字也没有，却装着一张梧桐树叶。真是奥妙！我把叶子翻来覆去看了半天，怎么也猜不出它包含着什么意思。

我十分纳闷。回到家里，容容却跟在我旁边，老用一种异样的眼光看着我，似乎准备告诉我什么秘密。过了一会儿，她似乎忍不住了，就拉住我，在我耳边轻轻地说："任叔叔，我告诉你，我寄给你一封信！真正的信！"

"什么？"我奇怪地问。

"我今天给你寄了一封信。就用那个信封寄的。里面藏着一片叶子……"

不等她说完，我就大笑起来，几乎把肚子都笑疼。原来那"欠资待领"的信件就是她寄的呀！

为了这封信，她奶奶把她好好地骂了一顿；后来院子里的人都知道了这回事儿，都拿它当笑话讲。可是容容却还是很高兴，她也不懂奶奶干吗要骂她，人们干吗要笑她。试问，这有什么可笑的呢？她不过是寄了一封信，而且信也寄到了我这里，这有什么不对呢？要知道她和我是好朋友，而好朋友是可以互相寄信的呀！

"大学生"

容容忽然成了"大学生"了。院子里的人全叫她"大学生"。

这绝不是因为容容真的考进了大学。不，她连幼儿园还没进呢！

那么是怎么回事呢？原来最近容容开始认识了几个阿拉伯数字，从 1 到 5，还有 7 和 8，至于 6 和 9，她还是稀里糊涂的。这几个数字是她从钟面上学来的，是奶奶教会她的。

这么一来，她总算是有文化了。有了文化，自然就得读书读报。而容容又是个特别用功的人，喜欢读书，看见人家读书，她总要爬到膝盖上来，"1，2，3，4"地抢着念。原来她是光念页码，不看正文的。这速度多快呀！人家才读了两行，她已经把整本书"念"光啦。

容容开始从我的书架里找书念。她看了《呐喊》，又看《彷徨》，接着又阅读《静静的顿河》《红楼梦》和《莫泊桑中短篇小说选集》，不到一天，她已经读完了全部的安徒生童话和契诃夫小说集。根据这样的阅读速度，不出两天，她肯定大大超过我的阅读程度了，因为我到今天还没把契诃夫的全部小说读完呢！所幸的是：她虽然读得那么快，但终究是不看正文，只念页码的，而我却正相反，是不念页码，只读正文的。这就是我跟她读书方法上主要的区别。

但无论如何，容容总之是在我们院子里出名了。她走到哪儿，哪儿的人就管她叫"大学生"，因为她读书读得既多又快，就跟大学生一样。

容容的奶奶知道容容把我的书架翻乱了，走来向我赔不是。她说，容容这些天来越发淘气了，整天干些顽皮的勾当，缠着问些古怪的问题。我说，这不能算淘气，这是说明她长大起来了，好奇心也越发浓厚了。该把她送到幼儿园里去受教育了。

奶奶思想斗争了好一阵，终于给容容到幼儿园去报了名。回来的时候，顺路买了只漂亮的小书包来。

容容就真的变成一个学生了。你瞧，她头上梳了一条朝天辫，身穿工装裤，背着小书包，满院子走来走去，看见人就说："明天我要上学去了！我们学校顶顶好，高房子，园里有小小楼梯（就是滑梯）。老师也顶顶好，老师喜欢容容！"

晚上，容容睡不着，一次一次爬起来看天。一会儿，她在院子里说："奶奶，天上棉花多起来了，星星看不见了！"一会儿又说："奶奶，天下雨啦！院子里下雨，不知道大门外边下不下？"跑到大门外边，又说："奶奶，大门外边也在下雨哪！奶奶，学校里下雨吗？"奶奶好说歹说才哄她睡着了。

第二天，天空没有一丝儿"棉花"，太阳分外明亮，把院子里的槐树叶，照得透明翠绿，就像是碧玉雕成似的。我们的容容，背着书包，由奶奶领着，第一天上幼儿园去。全院子的人，包括那位出版社校对科的老先生在内，都到大门口来欢送她们，好像她们不是上学去，而是出国旅行去似的。

再见！再见！

再见，容容！祝你学习顺利，从幼儿园直到大学毕业，都像今天这么幸福，永远生活在这样明亮、和煦、温暖、灿烂的阳光下！

我正在写着，容容放学回来，爬到我的膝盖上，问道："任叔叔，你在写什么？"我告诉她，就在写她的事情。她听了，拿起稿纸，左看右看，横看竖看地好一会，然后皱起鼻头，不相信地说："骗人！骗人！不是写我，不是写我！我有一个头，我有两只手，还有脚，还有肚子，你这儿怎么全没有这些哪？"

我说:"不是骗你,真的在写你,你瞧,这里不是写着你的名字吗?"我把容容两个字指给她看。

她仔细地看看这两个字,还用手指头摸了摸,忽然又皱起鼻头说:"啊,你写得不像,不像,一点也不像!这就是我吗?我的头是这么小,这么小吗?"她指指"容"字上面的一点,又摸摸自己的头,嚷着说:"奶奶,任叔叔在写我,写得一点儿也不像!一点点点点儿也不像!"

她的"评价"就是这样:"一点点点点儿也不像!"这自然不是基本肯定,而是基本否定了。这么说,我写的是一篇失败的作品。唉,这是使我伤心的。写作之前,就遭到老先生的反对;写作之后,又遭到小主角兼小读者的否定,我的创作积极性受到了一定的影响,那么,就让我到此搁笔吧!

一九六一年秋,上海

跳　水 *

　　有艘大帆船环游了世界，驶回本国去。一天，是个风平浪静的日子，人们都聚在甲板上。有一只大猴子在人当中钻来钻去，惹得人人发笑。这猴子会翻斤头，会蹦跳，会装鬼脸，还会学人样。看来它知道大家给它引得高兴了，因此闹得格外厉害。

　　它向一个十二岁的孩子——船长的儿子——跳过去，把他头上的帽子揪下来，戴在自己的头上，连蹦带跳地爬上桅杆去了。大家哄然笑了起来。孩子的帽子给抢掉了，连他自己也不知道该笑呢，还是该生气。

　　猴子坐在第一档帆杠上，摘下了帽子，开始用牙和爪子乱扯。它好像跟这孩子开着玩笑似的，故意扯给他看，还向他装着鬼脸呢。

　　孩子吓唬它，吆喝它，可是猴子拿着帽子扯得更起劲。水手们越发大笑起来啦。这时候，孩子涨红了脸，脱了外衣，向桅杆扑上去抓猴子。他沿着绳子，一下子就攀到第一档帆杠上了，可是猴子比他更灵活，更敏捷，他正想抓帽子的一忽儿，猴子已经爬得更高了。

* 作者为俄国文学家列·托尔斯泰，选自《托尔斯泰故事集》，吴栎之译，少年儿童出版社，1957 年 8 月版。

"看你逃得了！"孩子大叫了一声，随手又爬高了些。

猴子再逗引他，爬得更高些，可是孩子已经憋着一肚子气，怎么肯罢手。猴子和孩子就这样爬呀爬呀，一会儿就爬到最高的一层去了。

猴子在最高的一层，伸长了四肢，一只后脚拉住绳子，把帽子挂在最高一档帆杠的尾端上，自己却爬上了桅杆的尖顶，缩着身子，呲着牙，显得很得意。

从桅杆到挂着帽子的帆杠尾端，距离有两俄尺，要是双手不放开绳子和桅杆，就没法拿到帽子。

这时候，孩子非常激动。他不加考虑就放开了桅杆，踏在帆杠上。甲板上的人都哈哈大笑起来，看着猴子和船长的儿子在胡闹。但是当他们看到船长的儿子放开绳子，两手摇摇摆摆地踏上了帆杠的时候，全都吓呆了。

只要他脚下一滑，他就会掉到甲板上摔死的。况且即使他平平稳稳地走到帆杠的末端，把帽子拿到了，也不容易掉转身，回

到桅杆这边来的。

大家一声不响地看着他，期待着将会发生些什么。

忽然有人恐怖地大叫了一声，孩子给这声喊叫提醒了，他往下一看，身子立刻就摇晃起来了。

正当这时候，船长——孩子的父亲从客舱里走出来。他拿着一管枪正准备打海鸥，突然看见自己的儿子在桅杆上，马上就瞄准他，高声喊道："跳到水里去！快点跳到水里去呀！我要开枪啦！"孩子摇晃着，还搞不明白父亲的意思。"跳啊，不然我就开枪啦！一，二……"父亲一喊完了"三"，孩子把头朝下一冲，跳下去了。

孩子的身体像颗炮弹在海上噗通一声，波浪还没有来得及把他覆没的时候，二十个勇敢的水手已经从船上跳到水里去了。大约经过四十秒钟——大家都觉得这段时间很长——孩子的身体才冒了出来。水手们把他救起，带到船上来了。

过了一会儿，水从孩子的嘴里、鼻子里流了出来，孩子才开始转过气来。

船长见到了这种情景，突然大叫了一声，好像有样东西哽住他的喉咙似的，走进自己的房舱去了，因为他不愿意让任何人看见他哭。

傻子出国记[*]（节选）

威尼斯小艇划起来就像蟒蛇一样洒脱自在。船身长二三十英尺，又窄又深，好像独木船；尖削的船头和船尾翘出水面，有如蛾眉月钩，只是弯度不怎么厉害罢了。

船头上装着个钢栌，外附战斧一柄，仿佛时时要将过往船只砍成两片，只是从不下手。小艇浑身漆成黑色，因为在威尼斯全盛时代，小艇装点得太华丽了，元老院便下令禁止这类装饰，而且规定必须用朴素而庄严的黑漆来代替。如果实有其事的话，毫无疑问，阔绰的庶民在大运河上冒充贵族的样子未免太显著了，是应当泼些冷水。如今那项禁令既已失效，可见是尊重圣洁的历史和传统，才保持这阴森森款式的。那么就由它去吧。这是一种丧服的颜色。威尼斯在哭丧呢。小艇的船艄上铺着甲板，船夫就站在上面。他只使一把桨——桨叶当然很长，因为他简直站得笔直呢。小艇的右舷边突出一个木栓，高一英尺半，正面有两个小钩，或者说弯口，后面也有一个。船夫拿桨靠在木栓上当支点，常常在木栓前后调换方向，在上下弯口转移位置，船要怎么划，桨就

* 作者为美国作家马克·吐温，选自《傻子出国记》，陈良廷、徐汝椿译，人民文学出版社，1985 年 11 月版。

怎么搁——他究竟怎能把桨嵌在那么小的凹口中，或者看风使舵，或者笔直前进，或者突然拐弯，这对我来说是个难题，也是件趣味无穷的事。恐怕我对一路经过的那些刻花雕像的宫殿不大注意，注意的倒是船夫那手绝技吧。他往往像要撞上去似的擦过转角，或者间不容发地掠过其他小艇，吓得我就像人家的臂肘擦过四轮马车车轮时孩子说的那样，"缩起来"了。谁知他竟算得分毫不差，像素有训练的马车夫一样有恃无恐，在熙来攘往、百老汇般热闹的河上那些船只当中穿进穿出。他可从不出差错。

有时我们顺着大运河飞驶而去，刚刚来得及朝大门口瞥一眼，不料小艇又进了郊外的暗巷，四下一片寂静，霉迹斑斑点点，河水凝滞不动，杂草丛生，房屋荒废，毫无生气，我们不由肃然，落入沉思默想的意境。

那船夫虽然没穿缎子号衣，没戴羽冠，没裹绸子紧身衣，倒是活脱脱一个泼皮的写照。他气宇轩昂，和颜悦色，随机应变；一举一动都显得温文尔雅。他那条长长的独木船，还有他那漂亮的身影，巍然高居在船艄上，衬托着晚空，这幅情景活像一幅画，在外邦人看来煞是新颖，分外动人。

我们坐在软席车厢般的船舱里，舱里拉着窗帘，我们不是抽烟，就是看书，或者眺望舱外的过往船只、房屋、桥梁、行人，心里一团高兴。在国内，乘着四轮马车，颠颠簸簸地走在卵石路上，决不会这么痛快的。我们还是头一回晓得，天下有这么安闲而愉快的漫游呢。

可这真是件稀罕事，居然看到人家把船只当作自备马车使用，实在稀罕极了。我们看到生意人走到大门口，到商业区去办公，乘的不是街车，而是小艇。

我们看到出门拜客的小姐站在门口阳台上，嗬嗬笑着，跟主人吻别，挥着扇子，说："改天来喔——嗳，一定来喔——你总是这么怕羞——妈妈快把你想死啦——我们已经搬进新房子，嘿，那地方才美哩！——到邮局、教堂、基督教青年会再方便不过了；我们还可以在后院子里那么有意思地钓钓鱼，开开心，举行游泳比赛——哦，你千万得来——路一点也不远，要是往南过圣马可大广场和奈何桥，穿过小巷，再往北，经过圣玛利亚·德·福拉瑞堂，进大运河，那就没一点儿路——嗳，一定来喔，莎莉·玛利亚——再见！"说着这小甜嘴就一跳一蹦地走下台阶，跳上小艇，悄悄说："好讨厌的老东西，但愿她别来！"小艇一溜烟地拐了弯，顿时不见影踪。还有一位姑娘砰地关上大门，说："唉，这场活罪总算熬过去了——可看来我总得去探望她了——好神气的讨厌鬼！"普天下的人看来就是一个样。我们看到羞答答的小伙子，蓄着淡淡的胡子，长着浓浓的头发，笨头笨脑，全身打扮倒是雅而不俗，乘着小艇，到她父亲公馆门口，吩咐船夫戽出船里积水，等他回来，然后就怯生生地走上台阶，正巧在大门口碰到"老太爷"！只听得他打听新开张的英国银行在哪条街，仿佛他上这儿来，就是为了这件事，说着就跳进船，心惊胆战地溜走了！只见他偷偷拐个弯，又一直划来，哗的一声，拉开窗帘，目送老太爷乘的小艇渐渐消失，他那位苏珊就奔了出来，嘴里叽里呱啦，卿卿我我地吐出一连串意大利情话，陪他划进一片汪洋的大街，驶往丽奥都桥去了。

我们看到太太小姐上街买东西，天下妇女买东西都是这个样，在一条条街上，一家家铺子里穿进穿出，还是不脱那副风习，只是在路旁等候她们一两个钟头的，不是自备马车，而是小艇。小艇等在外面，她们叫殷勤周到的年轻店员翻箱倒箧地搬出数不清的绫罗绸缎；结果只买了一包针，就乘上小艇去光顾其他商店大肆威虐了。她们总叫店里把货送回家，还是不脱那副风习。普天下的人几乎都是一个样；眼看一个威尼斯小姐到铺子里，买了一毛钱的蓝缎带，叫店里装在大货船上送回家，不由想起这真像我心爱的故乡中的情况。啊，在关山万里的异乡客地，就是这点儿人情味叫人感动得掉眼泪。

我们看到男女小孩随同保姆，乘着小艇去兜风。我们看到全家大小，个个举止沉着，穿着出客衣服，拿着经书和念珠，跨上小艇，摇船去做礼拜。在半夜里，我们看到戏馆散场，涌出一大群欢天喜地的少年男女；我们听到船夫大叫小嚷，瞅见争先恐后的人群跳上小艇，不知多少只黑船顺着月光如洗的大街驶去；只见他们在各处分散，到了纵横交叉的小街，就此不见影踪；只听得远处飘来隐隐约约的嬉笑声和道别声；不久，这番稀奇的盛况看不见了，眼前只剩下静悄悄的一片粼粼河水——巍峨大厦——簇簇阴影——偷偷映进月光下的古怪的石像脸庞——阒无一人的桥梁——停泊不动的船只。所有一切全笼罩着那种神秘莫测的岑寂。那种偷偷摸摸的宁静，正好吻合这梦境般的威尼斯古城的气氛。

荷兰风貌 *

自行车之城

按顺序讲，我从荷兰获得的第一个印象（黄铜式顶篷的绿色火车头除外）是：砖，窗户，主要的是自行车。那些砖，表现了荷兰本土的色彩：绿色的原野，小巧玲珑的红色住宅，白色的带沟槽的砖块，宽大明亮的玻璃窗；此外，又是绿色的原野，砖铺的马路，自行车沿着它静悄悄地从一幢红楼驶向另一幢红楼。楼房的四面，除了红色的砖，主要就是窗户，各种形状的大小不一的明净闪光的窗户。砖墙本身，没有什么特色可言。荷兰人的建筑艺术，最讲究窗户。窗户的造型，大小，高低，宽窄，各不相同，适合这个国家每个人的独特的需要。

现在要说到自行车了。过去我见过几辆，但像阿姆斯特丹这样多，我是从未见过的。这里，不是零零星星的几个车轮，而是成群，成串，成堆，简直是自行车的海洋，它们像麇集的细菌，蠕动的纤毛虫，飞舞的苍蝇。最精彩的是，当交通警变换信号灯，停止自行车前进，让行人横穿马路，然后再宽宏大量地开放绿灯

---

* 作者为捷克斯洛伐克作家恰佩克，选自《恰佩克选集·小说散文选》，万世荣译，人民文学出版社，1983 年 9 月版。

时，整个自行车队由几名突击手领头，以难以想象的速度，集体向前冲锋。熟悉当地情况的人说，当时荷兰有自行车二百五十万辆，包括王室成员，海员，婴儿，孤儿院的小孩，每三个人有一辆自行车。我没有统计过，恐怕还要更多一点。人们说，在荷兰，只要坐上自行车，它会自动地前进，因为这个国家的马路太平坦光滑了。

我见过骑自行车的修女，牵着牛骑车的农民，有的人骑在车上吃早点，有的将孩子，小狗带在车上，情人们手拉着手，并排骑着，奔向美满的未来。可以说，整个民族，都骑在自行车上。如果骑自行车在一定程度上成了民族的习惯，那就该想到，这对民族的特点，大概会产生影响的。依我说，大致有以下几点：

一、人们在自行车上习惯于自己照顾自己，不会干扰旁人骑车；

二、随时等待时机，只要有一箭之地，立即蹬起踏板；

三、平稳而行，不慌不忙，连一点儿闹声也没有；

四、有时尽管车骑拥挤，成群结队，在车上比步行还是更为保险，更少受外部的干扰；

五、自行车使人与人之间产生一种平等和同族之感；

六、培养坚忍不拔的精神；

七、养成严肃的习惯。

我这里讲的全是自行车的好处，比我所想的还要多。现在，自行车无法报复我，我可以公开地讲，我并不喜欢它们，因为人们在它上面，似坐非坐，似走非走，使我产生了一种不自然的感觉。再说，坐着前进，终究对民族发展的速度会有影响的。人们在车上不慌不忙地蹬着，同时却在迅速前进。可以看出，尽管荷兰人蹬踏板的速度同电影的慢动作一样，他们走得还是相当远了。但我作为步行者，不会妨碍他们骑车；但愿每个民族，运用他所掌握的手段，奔向自己的目标吧。

荷兰街头，还有一种引人注目的东西，那就是：狗。它们不戴嘴套，因而可以不停地吠叫，但相互不咬架，也不伤人，不像中欧那容易激怒的同类。由此可见，不戴嘴套，给以自由，不仅对猫来说，是上帝赐予的礼物，对于狗和我们人类来讲，也是如此。阿门。

鲜花之国

想了解一个地区，唯一的途径，就是你必须从火车上走下来，徒步旅行，骑自行车，乘小轿车、公共汽车、轮船等，因为铁轨像所谓手术刀一样，将大地分割成块，而公路与河流却同大地有机地联在一起，它们同人们千百年来所走过的道路完全相同。你从火车上所瞥见的原野，单调乏味，丝毫不吸引人；乘坐其他交通工具，则可以观赏树木、人群、村落、历史片断，甚至了解当地的精神状态。

你到荷兰旅行，请务必不要匆匆忙忙。因为在你面前，吊桥随时可能被拉起，满载奶制品的货船从桥下通过。这时候，仿佛当地的守护神在轻轻地对你说：“时间有的是，我在此至少已待了六百年了。”

多么遗憾啊，我经过荷兰人造低地的时候，错过了郁金香和水仙花盛开的时节，未能观赏荷兰原野的全部美景。我只见到人们像刨土豆似的在挖掘花树的根。不过我还是看到了鸢尾草、飞燕草、金色百合花、玫瑰花，苗圃和花室，还有面积达数平方公里的大型玻璃温室，大规模的养花工业，庞大的植物工厂，还有运送鲜花前往英国的火车、轮船和飞机。在荷兰，住宅的每个窗口和桌面上，都摆设着鲜花。房间每个角落，布置有花盆，运河中航行的是载满花枝的船舶。百花盛开的时候，有玫瑰、罂粟、睡莲、香豌豆花和西伯利亚鸢尾花。种花人在红、黄、灰白色蔷薇花丛中，欣喜若狂。花园里还有杜鹃花、夜合花等，不胜枚举。

荷兰，这是世界上最美丽的花园。家庭养花的园地，小巧别致。充沛的雨水，使花儿显得分外清新。银灰、金黄、绛红色的树丛中，百花盛开，群芳斗妍；池水清澈，粉红色睡莲舒展，大道笔直，苍翠柏树成荫。我心中似乎有位满怀羡慕之情的园丁说道，他们干得太妙了，如果我有这样一片肥美的土壤，土地里有充足的水分，冬天有温和的气候，再加精湛的园艺技术和足够的资金，难道我的花儿不比他们鲜艳百倍吗？

是的，园丁，你的花也许会枝繁叶茂。但荷兰的鲜花意味着更多的东西。五百年的园艺史，这从每一束花上都可以看得出来。看吧，那花儿显得多么矜持庄重，正如人们所说的，具有一种特别风度。几百年的时光，是无法超越的。末了，我还要告诉你，这里另有奥妙，那就是荷兰之光的神奇的作用。

荷兰之光

我不善于为你们刻画这荷兰之光。它是那般纯净、清澈，使你明察秋毫，看清万物的棱角和细节，一直看到世界的边缘。所以古代画家从事创作时，仿佛使用了放大镜似的，将作品表现得细致入微；当地饱含雨露的空气，对此也不无影响。此外，荷兰之光使各种色彩显得格外纯正，它们无比明亮，但并不刺眼，让人眼花缭乱；它们宛如晶莹的露珠点缀着的鲜花。荷兰之光，是那样纯粹明净，又是那样柔和清凉。要知道，光，对艺术和花朵具有重大作用；姑娘们的皮肤之美，同荷兰之光的影响必定有密切关系吧。

田园诗情

荷兰，是水之国，花之国，也是牧场之国。一条条运河之间的绿色低地上，黑白花牛，白头黑牛，白腰蓝嘴黑牛，在低头吃草。有的牛背上盖着防潮的毛毡。牛群吃草反刍，有时站立不动，仿佛正在思考什么。牛犊的模样像贵夫人，仪态端庄。老牛好似牛群的家长，

无比尊严。极目远眺，四周全是碧绿的丝绒般的草原和黑白两色的花牛。这就是真正的荷兰。

这是真正的荷兰：碧绿色的低地镶嵌在一条条运河之间，成群的骏马，彪悍强壮，腿粗如圆柱，鬃毛随风飞扬。除了深深的野草遮掩着的运河，没有什么能够阻挡它们飞驰到乌德列支或兹伏勒❶。辽阔无垠的原野似乎归它们所有，它们是这个自由王国的主人和公爵。

低地上还有白色的绵羊，它们在天堂般的绿色草原上，悠然自得。黑色的猪群，不停地呼噜着，像是对什么表示赞许。还有成千上万的小鸡，长毛山羊，但没有一个人影。这就是真正的荷兰。

只有到了傍晚，才看见有人驾着小船过来，坐上小板凳，给严肃沉默的奶牛挤奶。金色的晚霞铺在西天，远处偶尔传来汽笛声，接着又是一片寂静。在这里，谁都不叫喊吆喝，牛的脖子上的铃

❶ 阿姆斯特丹东部城市。

铛也没有响声，挤奶的人更是默默无言。

运河之中，装满奶桶的船只舒缓平稳地行驶，汽车火车，都装载着一罐一罐的牛奶运往城市。车过之后，一切又归于平静。

狗不叫，圈里的牛不发出哞哞声，马蹄也不踢马房的挡板，真是万籁俱寂。沉睡的牲畜，无声的低地，漆黑的夜晚，只有远处的几座灯塔在闪烁着微弱的光芒。

这就是那真正的荷兰。

现代的荷兰

如果你们问我，在荷兰最喜欢的是什么，我可以不假思索地回答说：住宅，还有奶牛，港口，维尔美也尔的画，鲜花，运河，云霞。我首先提到的是住宅，那就谈谈住宅吧。

我不清楚，荷兰妇女的地位如何。但我感到她们享有优势地位。因为在这里，处处显示出一种妇女所特有的整洁性。我并不是说，这里是裙钗统治，但抹布具有指挥权，则是毫无疑义的。在英国我感到惊讶的是，住宅都防护得严严实实的，好像临街的城堡，有栅栏、围墙、常青藤掩护着。而更使我惊讶的是荷兰，住宅和街道之间，别无屏障，窗外的小花园不设栏杆，宽大明亮的窗户没有挂窗帘，行人对灯光照耀下的室内舒适的陈设和有条有理的生活情景，真是一目了然。荷兰的街道同室内建筑十分相似，如同左邻右舍的公共走廊，美观整洁，井然有序。

荷兰似乎不造住房，而只是修建街道。住宅好像是街道的内部陈设和布置在两旁供人们使用的柜子，人们打扫住房的尘土，如同擦抹珍贵的家具。走进这样的住房，到处是窗户和滑门，这是为了充分利用空间。墙上满挂着风景画，仿佛使人看到了窗外的景致，低地，风车和运河。啊，原来这是凯普 ❶ 的绘画，那是德魏尔德 ❷ 的作品;这是德尔夫特的古瓷器皿，那是帝国时代的锡器。小伙子，这些不仅是古玩珍品，同时也代表着古色古香的家庭。

再简单地说说新建的街区吧。别的地方都在谈论新型建筑艺术、立体主义、工人新村和其他成就，而这里却是一公里一公里地在筹划新的建筑，有人也许会认为，这些工人街区，大约要一百年之后才可以住得满满的，因为街道极为广阔，还有儿童活动的草坪，带凉台的房屋，阳光普照，窗户明亮，空气清新，但到处悬挂着出租或出售的牌牌。那样漂亮的新区，几乎有半数空无一人。

荷兰以其特殊的方式，给现代建筑艺术家提供了范例：讲究实效，为现代化生活从事建筑，利用住宅建筑的所有成果，同时，明确而出色地保持和忠实于本国的精神、传统和民族特点。荷兰的建筑艺术，既非常现代化，也非常民族化。

我们怀着几分羡慕的心情指出，任何人类劳动，是无法超越时代的，几百年之后，再看看我们的所作所为吧。

❶ 凯普（1620—1691），荷兰画家。
❷ 德魏尔德（大约 1590—1630），荷兰画家。

手　指[*]

已故日本艺术论者上田敏的艺术论中，曾经说过这样的话："五根手指中，无名指最美。初听这话不易相信，手指头有什么美丑呢？但仔细观察一下，就可看见无名指在五指中，形状最为秀美……"大意如此，原文已不记得了。

我从前读到他这一段话时，觉得很有兴趣。这位艺术论者的感觉真锐敏，趣味真丰富！五根手指也要细细观察而加以美术的批评。但也只对他的感觉与趣味发生兴味，却未能同情于他的无名指最美说。当时我也为此伸出自己的手来仔细看了一会儿。不知是我的视觉生得不好，还是我的手指生得不好之故，始终看不出无名指的美处。注视了长久，反而觉得恶心起来：那些手指都好像某种蛇虫，而无名指尤其蜿蜒可怕。假如我的视觉与手指没有毛病，上田氏所谓最美，大概就是指这一点吧？

这回我偶然看看自己的手，想起了上田氏的话。我知道了：上田氏的所谓"美"，是唯美的美。借他们的国语说，是onnarashii（女相的）的美，不是otokorashii（男相的）的美。在绘画上说，这

* 作者为中国现代作家、画家丰子恺，选自《丰子恺文集》第5卷，丰陈宝、丰一吟编，浙江文艺出版社，1992年6月版。

是"拉费尔前派"（Pre-Raphaelists）一流的优美，不是赛尚痕（Cézanne）以后的健美。在美术潮流上说，这是世纪末的颓废的美，不是新时代感觉的力强的美。

但我仍是佩服上田先生的感觉的锐敏与趣味的丰富。因为他这句话指示了我对于手指的鉴赏。我们除残废者外，大家随时随地随身带着十根手指，永不离身，也可谓相亲相近了；然而难得有人鉴赏它们，批评它们。这也不能不说是一种疏忽！仔细鉴赏起来，一只手上的五根手指，实在各有不同的姿态，各具不同的性格。现在我想为它们逐一写照：

大指在五指中，是形状最难看的一人。他自惭形秽，常常退居下方，不与其他四者同列。他的身体矮而胖，他的头大而肥，他的构造简单，人家都有两个关节，他只有一个。因此他的姿态丑陋，粗俗，愚蠢，而野蛮；有时看了可怕。记得我小时候，我乡有一个捉狗屎 ❶ 的疯子，名叫顾德金的，看见了我们小孩子，便举起手来，捏一个拳，把大指矗立在上面，而向我们弯动大指的关节。这好像一支手枪正要向我们射发，又好像一件怪物正在向我们点头，我们见了最害怕，立刻逃回家中，依在母亲身旁。屡屡如此，后来母亲就利用"顾德金来了"一句话来作为阻止我们恶戏的法宝了。为有这一段故事，我现在看了大指的姿态愈觉可怕。但不论姿态，想想他的生活看，实在不可怕而可敬。他在五指中是工作最吃苦的工人。凡是享乐的生活，都由别人去做，轮不着他。例如吃香烟，总由中指食指持烟，他只得伏在里面摸摸香烟屁股；

❶ 编者注：捉狗屎，作者家乡话，意即捡狗屎（作肥料）。

又如拉胡琴，总由其他四指按弦，却叫他相帮扶住琴身；又如弹风琴弹洋琴，在十八世纪以前也只用其他四指；后来德国音乐家巴哈（Sebastian Bach）总算提拔他，请他也来弹琴；然而按键的机会，他总比别人少。又凡是讨好的生活，也都由别人去做，轮不着他。例如招呼人，都由其他四人上前点头，他只得呆呆地站在一旁；又如搔痒，也由其他四人上前卖力，他只得退在后面。反之，凡是遇着吃力的工作，其他四人就都退避，让他上前去应付。例如水要喷出来，叫他死力抵住；血要流出来，叫他拼命捺住；重东西要翻倒去，叫他用劲扳住；要吃果物了，叫他细细剥皮；要读书了，叫他翻书页；要进门了，叫他揿电铃；天黑了，叫他开电灯；医生打针的时候还要叫他用力把药水注射到血管里去。种种苦工，都归他做，他决不辞劳。其他四人除了享乐的讨好的事用他不着外，稍微吃力一点的就都要他帮忙，他的地位恰好站在他们的对面，对无论哪个都肯帮忙。他人没有了他的助力，事业都不成功。在这点上看来，他又是五指中最重要，最力强的分子。位列第一，而名之曰"大"，曰"巨"，曰"拇"，诚属无愧。日本人称此指曰"亲指"（oyayubi），又用为"丈夫"的记号；英国人称"受人节制"曰"under one's thumb"，其重要与力强于此盖可想见。用人群作比，我想把大拇指比方农人。

难看，吃苦，重要，力强，都比大拇指稍差，而最常与大拇指合作的，是食指。这根手指在形式上虽与中指、无名指、小指这三个有闲阶级同列，地位看似比劳苦阶级的大拇指高得多，其实他的生活介乎两阶级之间，比大拇指舒服得有限，比其他三指吃力得多！这在他的姿态上就可看出。除了大拇指以外，他最苍老：头团团的，皮肤硬硬的，指爪厚厚的。周身的姿态远不及其他三指的窈窕，都是直直落落的强硬的曲线。有的食指两旁简直成了直线，而且从头至尾一样粗细，犹似一段香肠。因为他实在是个劳动者。他的工作虽不比大拇指的吃力，却比大拇指的复杂。拿笔的时候，全靠他推动笔杆，拇指扶着，中指衬着，写出种种复杂的字来。取物的时候，他出力最多，拇指来助，中指等难得来衬。遇到龌龊的，危险的事，都要他独个人上前去试探或冒险。秽物、毒物、烈物，他接触的机会最多；刀伤、烫伤、轧伤、咬伤，他消受的机会最多。难怪他的形骸要苍老了。他的气力虽不及大拇指那么强，然而他具有大拇指所没有的"机敏"。故各种重要工作都少他不得。指挥方向必须请他，打自动电话必须请他，扳枪机也必须请他。此外打算盘、捻螺旋、解纽扣等，虽有大拇指相助，终是要他主干的。总之，手的动作，差不多少他不来，凡事必须请他上前作主。故英人称此指为 fore finger，又称之为 index，我想把食指比方工人。

五指中地位最优，相貌最堂皇的，无如中指。他住在中央，左右都有屏藩。他的身体最高，在形式上是众指中的首领人物。他的两个贴身左右，无名指与食指，大小长短均仿佛，好像关公左右的关平与周仓，一文一武，片刻不离地护卫着。他的身体夹在这两个人中间，永远不受外伤冲撞，故皮肤秀嫩，颜色红润，曲线优美，处处显示着养尊处优的幸福，名义又最好听：大家称他为"中"，日本人更敬重他，又尊称之为"高高指"（takatakayubi）。但讲到能力，他其实是徒有其形，徒美其名，徒尸其位，而很少用处的人。每逢做事，名义上他总是参加的，实际上他总不出力，譬如攫取一物，他因为身体最长，往往最先碰到物，好像取得这物是他一人的功劳。其实，他一碰到之后就退在一旁，让大拇指和食指这两个人去出力搬运，他只在旁略为扶衬而已。又如推却一物，他因为身体最长，往往与物最先接触，好像推却这物是他一人的功劳。其实，他一接触之后就退在一旁，让大拇指和食指这两个人去出力推开，他只在旁略为助势而已。《左传》"阖庐伤将指"句下注云："将指，足大指也。言其将领诸指。足之用力大指居多。手之取物中指为长。故足以大指为将，手以中指为将。"可见中指在众手指中，好比兵士中的一个将官，令兵士们上前杀战，而自己退在后面。名义上他也参加战争，实际他不必出力。我想把中指比方官吏。

无名指和小指，真的两个宝贝！姿态的优美无过于他们。前者的优美是女性的，后者的优美是儿童的。他们的皮肤都很白嫩，体态都很秀丽，样子都很可爱。然而，能力的薄弱也无过于他们了。无名指本身的用处，只有研脂粉，蘸药末，戴指戒。日本人称他为"红差指"（benisashiyubi），是说研磨胭脂用的指头。又称他为"药指"（kusuriyubi），就是说有时靠他研研药末，或者蘸些药末来敷在患处。英国人称他为 ring finger，就是为他爱戴指戒的缘故。至于小指的本身的用处，更加藐小，只是挖挖耳朵，扒扒鼻涕而已。他们也有被重用的时候：在丝竹管弦上，他们的能力不让于别人。当一个戴金刚钻指戒的女人要在交际社会中显示她的美丽与富有的时候，常用"兰花手指"撮了香烟或酒杯来敬呈她所爱慕的人。这两根手指正是这朵"兰花"中最优美的两瓣。除了这等享乐的光荣的事以外，遇到工作，他们只是其他三指的无力的附庸。我想把无名指比方纨绔儿，把小指比方弱者。

故我不能同情于上田氏的无名指最美说，认为他的所谓美是唯美，是优美，是颓废的美。同时我也无心别唱一说，在五指中另定一根最美的手指。我只觉五指的姿态与性格，有如上之差异，却并无爱憎于其间。我觉得手指的全体，同人群的全体一样。五根手指倘能一致团结，成为一个拳头以抵抗外侮，那就根根有效，根根有力量，不复有善恶强弱之分了。

廿五（1936）年三月卅一日作，曾载《宇宙风》

童年的发现 *

　　我在九岁的时候就发现了达尔文有关胚胎发育的规律，这完全是我独立思考的结果。

　　听完这句话，你大概忍不住会哈哈大笑，愿笑你就笑吧，反正笑声不会给你招来祸患；我跟你可不同，事情过去了三年，有一次我想起了自己的发现，情不自禁笑出了声音，竟使我当众受到了惩罚。这件事回头还要细说。

　　我的发现起始于梦中飞行。每天夜里做梦我都飞，我对飞行是那样迷恋，只要双脚一点，轻轻跃起，就能离开地面飞向空中。后来，我甚至学会了滑翔，在街道上空，在白桦林梢头，在青青的草地和澄澈的湖面上盘旋。我的身体是那样轻盈，那样随心所欲，运转自如，凭着双臂舒展和双腿弹动，似乎想去哪里，就能飞到那个地方。

　　经过反反复复的梦中飞翔，再和小伙伴们见面的时候，我看着他们就想笑。我洋洋自得，对他们既同情又怜悯，我认为在我

＊　作者费奥多罗夫，原载《散文》，1993 年第 7 期，谷羽译。瓦西里·德米特里耶维奇·费奥多罗夫（1918—1984），俄罗斯诗人，1950 年毕业于高尔基文学院，曾获 1968 年度俄罗斯联邦高尔基国家奖金，《童年的发现》选译自他的文集《诗人之梦》。

们中间只有我一个人具有飞行的天赋，可是，有一天我终于弄明白了，每到夜晚，我的小伙伴也都会在梦中飞腾。那时候，我们几个人决定去见我们的老师，让他来解答这个奇妙的问题。我们的老师列昂尼德·伊万诺维奇，报考托姆斯克大学没有成功，就到我们的学校来教书。他是个不太年轻的小伙子，沉默寡言，和成年人很少交往，但是和我们这些调皮的毛孩子倒是蛮谈得来。

"梦里飞行，说明你们是在长身体啊。"老师解释说。

"为什么只有晚上睡觉时才长？"

"白天你们太淘气，妨碍细胞的生长。到了晚上，细胞就不停地繁殖。"

"那么为什么人在生长的时候就要飞呢？这究竟是什么道理？"

"这是你们的细胞回想起了远古时代，那个时候，人还是飞鸟。"

"人怎么会是鸟？"我们万分惊讶。

"岂止是鸟！人还曾经是草履虫，是鱼，是青蛙，是兔子……还曾经是猴子……所有这些知识，等你们升入高年级，上课时老师都会给你们讲解。"

高年级，离我们是那样遥远，而飞行却仍在继续。和老师的一场谈话，只不过更加激发了我的想象力。我渴望弄明白，人究竟是怎么来的，我想得是那样痴迷，以至于从河里抓到一条鳊鱼，我都会翻来覆去地看个仔细，恨不得从鱼身上能够发现将来的人应该具有的某些特征。

我们这些男孩子，一个个像马驹子一样顽皮，几乎所有的空闲时间，都要泡在河里，湖里。我虽然长到九岁，但没有人带我去下田耕地，老马嫌累赘。对我说来，这当然是巴不得的开心事。假期里，我们总是一大早就去河里洗澡，天擦黑才回家。有一次，刚走到村口，就听人们说，村里来了电影放映队。发电机已经隆隆隆隆地转起来了。只要放映机上的两个圆圆的轮盘一转动，大家就能从银幕上看电影了。听说这回要演的是一部新片子。我们看过很多片子。最近看过的一部讲的是一个土匪女头领玛卢霞的故事，这女人胆子大，脾气暴。她冲一个男人说："钻你的被窝去！"一句话逗得全村人哄堂大笑。

我本来想给管发电机的人帮帮忙，可是没有成功，三个小伙伴比我跑得更快，捷足先登当了放映队员的小助手。买票得花五戈比。我拔腿就跑，冲进家门奔到妈妈跟前：

"妈，给我五戈比看电影！"

"凭什么给你五戈比！"妈妈挺生气，"整天见不到你的人影儿，不知在什么地方疯跑，现在倒好——进门就要五戈比！劈柴没有劈，院子没有扫……"

"妈妈，这些活儿我都干！"

"干完活我就给你钱。"

不到一个小时，我把一大堆桦木劈成了劈柴，码成了柴垛，用耙子清理了地上的木屑碎片，然后抄起扫帚打扫院子，扫干净的小草儿，绿茵茵的，散发出清新的气息。劳动虽然挺累，我的脑子却没有闲着。我一边扫地一边想远古时候人的翅膀，想人所经历的道路，真是奇异到难以置信，却又是那样幸运——由肉眼看不见的细胞，到活生生的人，简直是一大奇迹！鱼……青蛙……兔子……啊，看起来，人们最好别伤害青蛙，也别冲兔子开枪射击！……

乡村的孩子从小就知道，他们不是从白菜畦里降生到这个世界上来的。我们甚至还懂得一个秘密：母亲怀胎九个月才生下婴儿。"为什么是九个月呢？"我自己给自己提了个问题，"为什么不是八个月？不是十个月？偏偏是九个月呢？"我的扫帚缓缓地滑过地面上的小草儿。我绞尽脑汁思考这个问题的答案，想啊想啊，嘿！终于想出了个眉目：“哈！我总算明白了！这就跟画地图差不多。地上的距离很远很远，在地图上画出来只不过几厘米。人是由细胞构成的……从细胞变成小鱼，大概经过了一百万年。现在，这一百万年就折合成一个月。从小鱼变成青蛙又得经过一百万年，这又是一个月。这样推算下来，到变化成人，正好是九个月。"我的发现竟如此简单明了，我为此感到格外高兴。我想大概还没有人发现这个道理。"这件事讲起来倒叫人不好意思，"我在心里又想，"不过，这有什么不好开口的呢？！等我长大了，一定好好钻研这个问题。"

我从妈妈那里拿到了汗水换来的五戈比，匆匆忙忙就朝演电影的地方奔跑。

以后又过了三四年多，我已经上了六年级。老师开始给我们上生物课。有一次上课，年轻的女教师一本正经板着面孔讲达尔文，讲人的起源，讲人的发育和进化。这时候，我清清楚楚听见老师说，按照达尔文的观点，母腹中的胎儿再现了人的历史发展的每个阶段。当时教室里安静得出奇，大家都默不作声。可是我忽然想起了自己的发现，就情不自禁地笑出了声音。老师狠狠地瞪了我一眼，目光中甚至流露出几分厌恶。

"费奥多罗夫！……你笑什么！再笑就从教室里出去！"

"奥尔加·伊万诺夫娜，我……我想起了自己的发现……"

教室里一阵笑声。奥尔加·伊万诺夫娜气得脸色苍白，大步朝我走来。

"费奥多罗夫！……你立刻从教室里出去！……"

我的脸由于困窘和羞愧一下子涨得通红。只有这时候我才意识到，老师误解了我的笑声，以为我的笑不怀好意。幸亏她没有容我解释，不然的话，同学们听见我说自己三年前就发现了达尔文的进化论，他们还不笑塌了房顶！不过，被轰出教室，站在外面，我倒想出了一条自我安慰的理由，我明白了——世界上重大的发明与发现，总是伴随着驱逐和迫害。

松　鼠[*]

　　松鼠是一个漂亮的小动物，只能算是半野生的，并且，凭着它的乖巧，凭着它的驯良，即使是单凭它的生活习惯的天真，也都是不应该加以伤害的：它既不是肉食兽类，又无害于人，虽然有时它也捕捉鸟雀；它的经常食料是果实，杏仁、榛子、榉实和橡栗。它干净、灵动、活泼，非常敏捷，非常机警，非常技巧；它的眼睛是闪闪有光的，面像是清秀伶俐的，身体是遒劲矫健的，四肢是十分轻快的；它那副玲珑的小面孔衬上一条帽缨形的美丽的尾巴，显得格外漂亮，而它那尾巴老是直翘到头上，它就在尾巴底下躲阴凉。我们可以说，它最不像四足兽了；它通常都是坐着，差不多是直竖着身子坐着，用它的前爪，和用手一样，向嘴里送东西吃。它并不隐藏在地底下，却经常是在空中；由于轻捷，它很接近鸟类；它也和鸟儿一样，住在树顶上，满树林跑，从这棵树跳到那棵树，它也在树上做窝，摘果实，喝露水，只有树被风刮得太厉害了，它才下到地上来。人们在田野里、在无庇荫的光地上、在平原地区是找不到它的；它从来不接近人的居宅；它绝不待在小树丛里，它只

*　作者为法国博物学家、作家布封，选自《布封文钞》，任典译，人民文学出版社，1958 年 8 月版。

欢喜高树林，住在最雄伟的老树上。它怕水比怕土还厉害，有人言之凿凿地说，它要过水的时候，就用一块树皮当作船，用自己的尾巴当作帆和舵。它不像山鼠一到冬天就僵蛰，它经常是十分警觉的；它住的那棵树，只要有人稍微在树根上触动一下，它就从它的小窝里跑出来，逃到别的树上去，或者溜到树枝底下藏起来。它夏天拾榛子，满满塞到老树的空心和缝隙里，留到冬天受用；它也在雪底下找榛子，用爪子扒着，把雪翻开。它的叫声很响亮，比黄鼠狼的声音还要尖些；此外它还有一种闭着嘴的喃喃声，一种不高兴的恨恨声，每逢人家触恼它时，它就发出这样的声音来。它太轻快了，不能一步一步地行走，所以它通常总是小跳着前进，有时也连蹦带跑；它的爪子是这样锐利，动作又是这样敏捷，一棵皮面很光滑的山毛榉，它一忽儿就爬上去了。

在夏天的晴明之夜，我们可以听到松鼠在树上跳着叫，彼此互相追逐，它们仿佛怕日光的强烈；白天，它们待在窝里躲阴凉，晚上就出来练习跑，玩耍，吃东西。它们的窝是干净的，暖和的，雨淋不进去的，通常是做在树枝的分叉处；它们先搬些小木片，错杂着放在一起，再用一些干苔藓编扎起来；然后把苔藓挤紧，踏平，使它们的建筑物有足够的容量，足够得坚实，可以带着儿女在里面住着，既舒适而又安全：窝只朝上开一个小口，端端正正，很狭窄，勉强可以进出；窝口上面又有一种圆锥形的盖，把整个的窝遮蔽起来，使雨水向四周流去，不落进窝里。松鼠通常一胎生三四个小的。它们出了冬就换毛，毛呈灰褐色，新换的比脱落的颜色深些。它们用指爪和牙齿梳刷自己，摸抹自己，抹得光滑滑的；它们很干净，没有任何坏气味；肉相当好吃；尾毛可以制画笔，但是皮不能制成很好的裘裳。

鸟的天堂[*]

　　我们在陈的小学校里吃了晚饭。热气已经退了。太阳落下了山坡，只留下一段灿烂的红霞在天边，在山头，在树梢。

　　"我们划船去！"陈提议说。我们正站在学校门前池子旁边看山景。

　　"好。"别的朋友高兴地接口说。

　　我们走过一段石子路，很快地就到了河边。那里有一个茅草搭的水阁。穿过水阁，在河边两棵大树下我们找到了几只小船。

　　我们陆续跳在一只船上。一个朋友解开绳子，拿起竹竿一拨，船缓缓地动了，向河中间流去。

　　三个朋友划着船，我和叶坐在船中望四周的景致。

　　远远地一座塔耸在山坡上，许多绿树拥抱着它。在这附近很少有那样的塔，那里就是朋友叶的家乡。

　　河面很宽，白茫茫的水上没有波浪。船平静地在水面流动。三只桨有规律地在水里拨动。

　　在一个地方河面窄了，一簇簇的绿叶伸到水面来。树叶绿得

＊ 作者为中国现代作家巴金，选自《巴金六十年文选》，李济生、李小林编，上海文艺出版社，1986 年 12 月版。

可爱。这是许多棵茂盛的榕树，但是我看不出树干在什么地方。

我说许多棵榕树的时候，我的错误马上就给朋友们纠正了，一个朋友说那里只有一棵榕树，另一个朋友说那里的榕树是两棵。我见过不少的大榕树，但是像这样大的榕树我却是第一次看见。

我们的船渐渐地逼近榕树了。我有了机会看见它的真面目：是一棵大树，有着数不清的丫枝，枝上又生根，有许多根一直垂到地上，进了泥土里。一部分的树枝垂到水面，从远处看，就像一棵大树斜躺在水上一样。

现在正是枝叶繁茂的时节（树上已经结了小小的果子，而且有许多落下来了）。这棵榕树好像在把它的全部生命力展览给我们看。那么多的绿叶，一簇堆在另一簇上面，不留一点缝隙。翠绿的颜色明亮地在我们的眼前闪耀，似乎每一片树叶上都有一个新的生命在颤动，这美丽的南国的树！

船在树下泊下片刻，岸上很湿，我们没有上去。朋友说这里是"鸟的天堂"，有许多只鸟在这棵树上做窝，农民不许人捉它们。我仿佛听见几只鸟扑翅的声音，但是等到我的眼睛注意地看那里时，我却看不见一只鸟的影子。只有无数的树根立在地上，像许多根木桩。地是湿的，大概涨潮时河水常常冲上岸去。"鸟的天堂"里没有一只鸟，我这样想道。船开了。一个朋友拨着船，缓缓地流到河中间去。

在河边田畔的小径里有几棵荔枝树。绿叶丛中垂着累累的红色果子。我们的船就往那里流去。一个朋友拿起桨把船拨进一条小沟。在小径旁边，船停了，我们都跳上了岸。

两个朋友很快地爬到树上去，从树上抛下几枝带叶的荔枝，我同陈和叶三个人站在树下接。等到他们下地以后，我们大家一面吃荔枝，一面走回船上去。

第二天我们划着船到叶的家乡去，就是那个有山有塔的地方。从陈的小学校出发，我们又经过那个"鸟的天堂"。

这一次是在早晨，阳光照在水面上，也照在树梢。一切都显得非常明亮。我们的船也在树下泊了片刻。

起初四周非常清静。后来忽然起了一声鸟叫。朋友陈把手一拍，我们便看见一只大鸟飞起来，接着又看见第二只，第三只。我们继续拍掌，很快地这个树林变得很热闹了。到处都是鸟声，到处都是鸟影。大的，小的，花的，黑的，有的站在枝上叫，有的飞起来，有的在扑翅膀。

我注意地看。我的眼睛真是应接不暇，看清楚这只，又漏了那只，看见了那只，第三只又飞走了。一只画眉飞了出来，给我们的拍掌声一惊，又飞进树林，站在一根小枝上兴奋地唱着，它的歌声真好听。

"走吧。"叶催我道。

小船向着高塔下面的乡村流去的时候，我还回头去看留在后面的茂盛的榕树。我有一点留恋。昨天我的眼睛骗了我。"鸟的天堂"的确是小鸟的天堂啊！

一九三三年六月在广州

六年级

草　原[*]

　　自幼就见过"天苍苍，野茫茫，风吹草低见牛羊"这类的
词句。这曾经发生过不太好的影响，使人怕到北边去。这次，
我看到了草原。那里的天比别处的天更可爱，空气是那么清鲜，
天空是那么明朗，使我总想高歌一曲，表示我的愉快。在天底下，
一碧千里，而并不茫茫。四面都有小丘，平地是绿的，小丘也
是绿的。羊群一会儿上了小丘，一会儿又下来，走在哪里都像
给无边的绿毯绣上了白色的大花。那些小丘的线条是那么柔美，
就像没骨画那样，只用绿色渲染，没有用笔勾勒，于是，到处
翠色欲流，轻轻流入云际。这种境界，既使人惊叹，又叫人舒
服，既愿久立四望，又想坐下低吟一首奇丽的小诗。在这境界里，

[*]　作者为中国现代作家老舍，选自《小花朵集》，百花文艺出版社，1963年3
月。老舍："1961年夏天，我们——作家、画家、音乐家、舞蹈家、歌唱家等
共二十来人，应内蒙古自治区乌兰夫同志的邀请，由中央文化部、民族事务委
员会和中国文联进行组织，到内蒙古东部和西部参观访问了八个星期。陪同我
们的是内蒙古文化局的布赫同志。他给我们安排了很好的参观程序，使我们在
不甚长的时间内看到林区、牧区、农区、渔场、风景区和工业基地；也看到了
一些古迹、学校和展览馆；并且参加了各处的文艺活动，交流经验，互相学习。
到处，我们都受到领导同志们和各族人民的欢迎与帮助，十分感激！以上作为
小引。下面我愿分段介绍一些内蒙风光。"《内蒙风光》共七篇：《林海》《草原》
《渔场》《农产》《风景区》《呼和浩特》《工业基地》。

连骏马与大牛都有时候静立不动，好像回味着草原的无限乐趣。紫塞，紫塞，谁说的？这是个翡翠的世界。连江南也未必有这样的景色啊！

我们访问的是陈巴尔虎旗的牧业公社。汽车走了一百五十华里，才到达目的地。一百五十里全是草原。再走一百五十里，也还是草原。草原上行车至为洒脱，只要方向不错，怎么走都可以。初入草原，听不见一点声音，也看不见什么东西，除了一些忽飞忽落的小鸟。走了许久，远远地望见了迂回的，明如玻璃的一条带子。河！牛羊多起来，也看到了马群，隐隐有鞭子的轻响。快了，快到公社了。忽然，像被一阵风吹来的，远丘上出现了一群马，马上的男女老少穿着各色的衣裳，马疾驰，襟飘带舞，像一条彩虹向我们飞过来。这是主人来到几十里外，欢迎远客。见到我们，主人们立刻拨转马头，欢呼着，飞驰着，在汽车左右与前面引路。静寂的草原，热闹起来：欢呼声，车声，马蹄声，响成一片。车、马飞过了小丘，看见了几座蒙古包。

蒙古包外，许多匹马，许多辆车。人很多，都是从几十里外乘马或坐车来看我们的。我们约请了海拉尔的一位女舞蹈员给我们做翻译。她的名字漂亮——水晶花。她就是陈旗的人，鄂温克族。主人们下了马，我们下了车。也不知道是谁的手，总是热乎乎地握着，握住不散。我们用不着水晶花同志给作翻译了。大家的语言不同，心可是一样。握手再握手，笑了再笑。你说你的，我说我的，总的意思都是民族团结互助！

也不知怎的，就进了蒙古包。奶茶倒上了，奶豆腐摆上了，主客都盘腿坐下，谁都有礼貌，谁都又那么亲热，一点不拘束。

不大会儿，好客的主人端进来大盘子的手抓羊肉和奶酒。公社的干部向我们敬酒，七十岁的老翁向我们敬酒。正是：

祝福频频难尽意，举杯切切莫相忘！

我们回敬，主人再举杯，我们再回敬。这时候鄂温克姑娘们，戴着尖尖的帽儿，既大方，又稍有点羞涩，来给客人们唱民歌。我们同行的歌手也赶紧唱起来。歌声似乎比什么语言都更响亮，都更感人，不管唱的是什么，听者总会露出会心的微笑。

饭后，小伙子们表演套马、摔跤，姑娘们表演了民族舞蹈。客人们也舞的舞，唱的唱，并且要骑一骑蒙古马。太阳已经偏西，谁也不肯走。是呀！蒙汉情深何忍别，天涯碧草话斜阳！

乌兰巴干同志在《草原新史》短篇小说集里描写了不少近几年来牧民生活的变化，文笔好，内容丰富，值得一读。我就不想再多说什么。可是，我又没法不再说几句，因为草原和牧民弟兄实在可爱！好，就拿蒙古包说吧，从前每被呼为毡庐，今天却变了样，是用木条与草杆做成的，为是夏天住着凉爽，到冬天再改装。人的生活变了，草原上的一切都也随着变。看那马群吧，既有短小精悍的蒙古马，也有高大的新种三河马。这种大马真体面，一看就令人想起"龙马精神"这类的话儿，并且想骑上它，驰骋万里。牛也改了种，有的重达千斤，乳房像小缸。牛肥草香乳如泉啊！并非浮夸。羊群里既有原来的大尾羊，也添了新种的短尾细毛羊，前者肉美，后者毛好。是的，人畜两旺，就是草原上的新气象之一。

【拓展阅读】

老舍诗二首*

陈旗草原

陈旗一碧到云边，❶ 莫谓江南景独妍；

六月人归花满地，❷ 随时雨过翠连天。

远丘流雪群羊下， 大野惊风匹马还。

隐隐牧歌何处起， 遥看公社立炊烟。

主人好客手抓羊，❸ 乳酒酥油色色香。

祝福频频难尽意， 举杯切切莫相忘。

老翁犹唱当年曲， 少女新添时代装。

蒙汉情深何忍别， 天涯碧草话斜阳。

达赉湖

丘原青未了， 又到绿波前。

湖阔三江水， 鱼肥百草泉。

白鸥翔紫塞， 碧浪映霞天。

回望满洲里，边疆最北边。❹

* 作者为中国现代作家老舍，选自《老舍全集》第 13 卷，人民文学出版社，
2008 年 8 月版。

❶ 作者注：陈旗乃陈巴尔虎旗之简称，属呼伦贝尔盟。车行一百五十里，至牧业公社，
一碧无际，江南无此丽景。

❷ 作者注：牧民以六月初南下牧放，入秋即北返，牛肥马壮矣。

❸ 作者注：主人好客，待以手抓全羊。

❹ 作者注：湖在满洲里南，水汇三河，鱼多且美。水来自草原，一碧千顷。

叶圣陶内蒙日记[*]（节选）

八月二日，星期三。

晨八点出发，往观牧区。地点为海拉尔北一百五十里之陈巴尔虎旗，简称陈旗，所访者为白音哈达牧业公社之夏季牧场。出市街，有一段车路极不平，车身颠簸，如跨劣马。行四十分钟乃见平坦，然非特造之公路，仅于草地辟路，行之既久，压之已平耳。至此，望中乃无一树木，唯见草地，略有起伏。今年干旱，草未长发。有一河名莫尔冈，屈曲如盘香，如织物之图案，宽度各段相等，远望可取柳子厚之"明灭可见"四字状之。牛马羊之群随处可见。时见蒙古包，包外歇大车与马，盖牧民之所居。

十一点半抵所访之地，数十人驰马来迎，其势之盛，初所未料。经介绍，知为旗与公社之负责人，亦有社员。入蒙古包，周围以芦干为之，地铺毯子，为一社员之居。先进奶茶酪干。酪干极硬，余取一小块，嚼之久久仍不碎，只能囫囵吞下。据云彼辈所居在三百里外，五月末始来此放牧，居三个月回去。此区牧业，年有发展。改良品种之工作，各地皆有进展，而多少不等。牧民于农事，初感不习惯，旋知非农不足以促牧之进步，乃渐知重视。

既而出包观马群。社员表演套马之技。自马群中择一马御之，必先套马。牧人跨马，手持长竿，竿端系长绳为大圈，驰入马群，向所选马追逐，及距离能相及，则挥竿俾绳套其颈。套之而中，

＊ 作者为中国现代作家、教育家叶圣陶，原载《收获》，1981 年第 6 期。

马奔驰益急。牧者疾追之，手则转其竿，使绳圈渐缩小，及紧扣其颈，则已能控之使不复疾驰。于是另一牧人以马络头套之，此马即套住矣。追逐之际，牧人往往侧身如欲坠而并不坠，其技殊可观。亦有套而不中者，有套中而复逸去者。

复观表演骑劣马。择一劣马套住之，加上络头，骑者腾身而上。马则腾跃扭其项，务欲掀之使下。骑者左右狂鞭，身体左右前后倾侧，而竟不下。此辈盖视马如无物矣。复观赛马，若干骑疾驰，争取先到目的地。

入包进食，吃羊肉。今日共宰三羊，于草地掘穴，置锅其上煮之，以牛粪为燃料。是名"手抓羊肉"，盘中盛大块之肉，各人以小刀割下若干，手执而食之。今日则为我人设箸。肉绝无膻气，唯甚硬，余嚼之终不能烂，不敢多吃。本系淡食，今日为我人设酱油。尝牛奶酒，殊无酒味，所含酒精殆不多。

食罢，复出至包外。同人有试骑者。余少年时尝习骑，因请选一老实之马一试，居然走一小段路。他人有戒心，促余速下。曹禺试骑最久。旋皆席地而坐，观牧民舞蹈歌唱，复为摔跤之戏。摔跤，余系初见，两人相扑，使对方仆于地者为胜。为此戏者身体皆壮健非常。

将四点，辞别东道主而登车。数十骑飞驰相送，视来时更形欢跃。蒙人好客，善于表其感情，于此可见。

六点十分抵旅舍。余小睡，乃甚酣，晚餐时由他人唤醒。晚餐尝大鲫鱼，系特往数十里外捕得者，鱼长尺许，大而甚嫩。九点过即睡。

丁香结·未解的结 [*]

今年的丁香花似乎开得格外茂盛，城里城外，都是一样。城里街旁，尘土纷嚣之间，忽然呈出两片雪白，顿使人眼前一亮，再仔细看，才知是两行丁香花。有的宅院里探出半树银妆，星星般的小花缀满枝头，从墙上窥着行人，惹得人走过了还要回头望。

城外校园里丁香更多。最好的是图书馆北面的丁香三角地，种有十数棵的白丁香和紫丁香。月光下白的潇洒，紫的朦胧。还有淡淡的幽雅的甜香，非桂非兰，在夜色中也能让人分辨出，这是丁香。

在我住了断续近三十年的斗室外，有三棵白丁香。每到春来，伏案时抬头便看见檐前积雪。雪色映进窗来，香气直透毫端。人也似乎轻灵得多，不那么浑浊笨拙了。从外面回来时，最先映入眼帘的，也是那一片莹白，白下面透出参差的绿，然后才见那两扇红窗。我经历过的春光，几乎都是和这几树丁香联系在一起的。那十字小白花，那样小，却不显得单薄。许多小花形成一簇，许多簇花开满一树，遮掩着我的窗，照耀着我的文思和梦想。

[*] 作者为中国当代作家宗璞，选自《宗璞散文选集》，百花文艺出版社，2004 年 9 月版。

古人词云："芭蕉不展丁香结"，"丁香空结雨中愁"。在细雨迷蒙中，着了水滴的丁香格外妩媚。花墙边两株紫色的，如同印象派的画，线条模糊了，直向窗前的莹白渗过来，让人觉得，丁香确实该和微雨连在一起。

只是赏过这么多年的丁香，却一直不解，何以古人发明了丁香结的说法。今年一次春雨，久立窗前，望着斜伸过来的丁香枝条上一柄花蕾。小小的花苞圆圆的，鼓鼓的，恰如衣襟上的盘花扣。我才恍然，果然是丁香结。

丁香结，这三个字给人许多想象。再联想到那些诗句，真觉得它们负担着解不开的愁怨了。每个人一辈子都有许多不顺心的事，一件完了一件又来。所以丁香结年年都有。结，是解不完的；人生中的问题也是解不完的，不然，岂不太平淡无味了吗？

小文成后一直搁置，转眼春光已逝。要看满城丁香，需待来年了。来年又有新的结待人去解——谁知道是否解得开呢。

　　　　　　　　　　　　　　　　　　　1985 年清明—冬至

桥 *

黎明的时候，雨突然大了。像泼。像倒。

山洪咆哮着，像一群受惊的野马，从山谷里疯狂奔出来，势不可挡。

工地惊醒了。人们翻身下床，却一脚踩进水里。是谁惊慌地喊了一嗓子，一百多号人你拥我挤地向南跑。但，两尺多高的洪水已经开始在路面上跳舞。人们又疯了似的折回来。

东西没有路。只有北面那座窄窄的木桥。

死亡在洪水的狞笑声中逼近。

人们跌跌撞撞地向那木桥拥去。

木桥前，没腿深的水里，站着他们的党支部书记，那个不久就要退休的老汉。

老汉消瘦的脸上流着雨水。他不说话，盯着乱哄哄的人们。像一座山。

人们停住脚，望着老汉。

老汉沙哑地喊话："桥窄！排成一队，不要挤！党员排在后边。"

人群里喊出一嗓子："党员也是人。"

＊ 作者为中国当代作家谈歌，原载《语文月刊》，1991 年第 9 期。

有人响应："这不是拍电影。"

老汉冷冷地："可以退党，到我这儿报名。"

竟没人再喊。一百多人很快排成队，依次从老汉身边跑上木桥。

水渐渐蹿上来，放肆地舔着人们的腰。

老汉突然劈手从队伍里拖出一个小伙子，骂道："你他妈的还是个党员吗？你最后一个走！"老汉凶得像只豹子。

小伙子狠狠地瞪了老汉一眼，站到一边。

队伍秩序井然。

木桥开始发抖，开始痛苦地呻吟。

水，爬上了老汉的胸膛。终于，只剩下了他和那小伙子。

小伙子竟来推他："你先走。"

老汉吼道："少废话，快走。"他用力把小伙子推上木桥。

突然，那木桥轰地塌了。小伙子被吞没了。

老汉似乎要喊什么，但，一个浪头也吞没了他。

白茫茫的世界。

五天以后，洪水退了。

一个老太太，被人搀扶着，来这里祭奠。

她来祭奠两个人。

她丈夫和她的儿子。

原载 1989 年 12 月 25 日《北京晚报》

穷　人 *

　　渔夫的妻子让妮坐在小屋的火炉旁补一张旧帆。屋外海风怒号，波涛拍岸，溅起一阵阵浪花……外面又黑又冷，海上暴风骤雨，但渔家小屋里却温暖而舒适。地扫得干干净净，炉子里的火还没熄灭，木架上的餐具闪闪发亮。在怒海的咆哮声中，床上睡着五个孩子，挂着帐子。渔夫一早驾着小船出海，还没回来。让妮听着波涛的咆哮和狂风的呼号，感到心惊胆战。

　　古老的木钟嘶哑地敲了十下，十一下……始终不见丈夫归来。让妮想着心事。丈夫不顾惜身体，冒着寒冷和风暴出海打鱼。她从早到晚坐在家里干活。结果怎样呢？一家人只能勉强糊口。孩子们还是没鞋穿，不论冬夏都光着脚走路；连白面包都吃不上，大麦面包总算还吃得饱，但菜就只有鱼。"不过，赞美主，孩子们都身体健康，没什么可抱怨的，"让妮想，倾听着风暴的咆哮，"他现在在哪儿？主哇，你开开恩，保佑他，救救他！"她一面说，一面画十字。

　　睡觉还早。让妮站起来，包上一块厚头巾，点亮风灯，走到街上，

*　作者为俄罗斯文学家列夫·托尔斯泰，选自《苏拉特的咖啡馆》，草婴译，人民文学出版社，2021 年 8 月版。

看看海是不是平静些，天是不是亮了，灯塔上的灯有没有熄灭，丈夫的小船能不能望见。但海面上什么也看不见。风吹掉她的头巾，卷着什么刮断的东西敲打着邻居小屋的门。让妮想起她傍晚就想去探望害病的女邻居。"也没有人照顾她。"让妮想着，敲了敲门。她侧着耳朵听……没有人答应。

"做寡妇真苦啊！"让妮站在门口想，"虽说孩子不多，只有两个，可全靠她一个人张罗。如今又加上病！唉，做寡妇真苦啊！让我进去瞧瞧。"

让妮一再敲门，可是没有人答应。

"喂，邻居！"让妮叫道，"莫不是出什么事了？"她想着，推开门。

小屋里又潮湿又寒冷。让妮举起风灯，想看看病人在什么地方。首先映入她眼帘的是对着门放着的一张床，床上仰天躺着女邻居。她一动不动，没有声音，只有死人才是这副模样。让妮把风灯举得更近一些。不错，是她。她的头往后仰着，冰冷发青的脸上现出死的安详。一只苍白僵硬的手从干草上挂下来，仿佛要去抓什么东西。就在这死去的母亲旁边，睡着两个鬈发、胖腮的小男孩，他们身上盖着旧衣服，蜷缩着身子，两个浅黄头发的小脑袋紧紧地靠在一起。显然，母亲临死时还拿旧头巾盖住他们的小脚，又把自己的衣服盖在他们身上。他们的呼吸均匀而平静，他们睡得很香很甜。

让妮解下孩子们睡着的摇篮，用头巾把他们盖住，搬回家去。她的心跳得很厉害；她自己也不知道为什么要这样做，但她知道非这样做不可。

回到家里，她把这两个熟睡的孩子放在床上，让他们同自己的孩子睡在一起，又连忙拉拢帐子。她脸色苍白，神情激动，她忐忑不安地想："他会说什么呢？"她自言自语，"这可不是闹着玩的。自己有五个孩子，已够他受的了……是他来了？……不，还没来！……为什么把他们抱过来！……他会揍我的！那也活该，我自作自受。哦，他来了！不！……嗯，揍我一顿倒好些！"

门吱嘎一声，仿佛有人进来。让妮一惊，从椅子上站起来。

"不，没有人！主哇，我为什么要这样做！如今叫我怎么对他说呢？"让妮沉思起来，久久地坐在床前。

雨停了，天亮了，但风仍在呼啸，海仍在咆哮。

门突然开了，一股清新的海风冲进屋子，魁梧黧黑的渔夫拖着湿淋淋的破网走进来说："我回来了，让妮！"

"哦，你来了！"让妮说着站住，不敢抬起眼睛看他。

"嘻，这样的夜晚！真可怕！"

"是啊，是啊，天气真可怕！那么，鱼打得怎么样？"

"糟糕，真糟糕！什么也没打到，还把网给撕破了。倒霉，倒霉！这天气可真该死！我记不起几时有过这样的夜晚了，哪里还谈得上什么打鱼！赞美主，总算活着回来了……那么，我不在，你在家里做些什么呢？"

渔夫说着，把网拖进屋里，在炉子旁坐下。

"我吗？"让妮脸色发白，说，"我没做什么……缝缝补补……风吼得这么凶，真叫人害怕。我可替你担心呢！"

"是吧，是啊，"丈夫喃喃地说，"这天气真是活见鬼！可是你有什么办法呢！"

两人沉默了一阵。

"你知道吗，"让妮说，"邻居西蒙死了。"

"是吗？"

"我也不知道她什么时候死的，大概是昨天。哦，她死得好惨哪！她为孩子一定心疼死了！两个孩子那么小……一个还不会说话，另一个刚会爬……"让妮没再作声。

渔夫皱起眉；他的脸变得严肃，忧虑。

"嗯，是个问题！"他搔搔后脑勺说，"嗯，你看怎么办？得把他们抱过来，同死人待在一起怎么行？哦，我们总能熬过去的！快去！"

但让妮坐着一动不动。

"你怎么啦？不愿意吗？你怎么啦，让妮？"

"你瞧，他们就在这里呀。"让妮说着撩起帐子。

一九〇五年

小　站 *

　　小站坐落在山坳里，这是只有慢车才停靠两三分钟的小站。乘快车的旅客们，甚至连站名都没有来得及看清楚，火车就在一瞬间疾驰而过了。

　　就在这一瞬间，你也许只看到一间红瓦灰墙的小屋，月台上几根漆成淡蓝色的木栅栏，或者还有三五人影。而这一切，立即又全部消失，火车两旁，依然是峥嵘险峻的山岩和巨石。

　　也许你会偶然想起高尔基的《为了单调的缘故》那篇小说，想起那个寂寞的小车站和站上那些小人物悲欢离合的故事。当然，你决不会把我们这个小站同旧俄时代的小站拿来类比。但是，出于一种同志的关怀，你也许会想，这些小站上的同志们，工作单调不单调？日子过得寂寞不寂寞？

　　如果你有机会在这么一个小站上停留几分钟（不必更多了），你就会发现自己的疑虑不仅显得多余，而且多么可笑。它同高尔基笔下的小火车站，简直风马牛不相及。

　　这是一个在北方山区常见的小火车站。月台正面有一张红榜，

＊　作者为中国当代作家袁鹰，选自《袁鹰代表作》，黄河文艺出版社，1987年12月版。原载1962年12月4日《文汇报》。

那上面大字标明二百四十一天安全无事故的记录，那上面贴着竞赛优胜者的照片；红榜旁边，是一块黑板报，上面用白粉写着今早广播的新闻和首都报纸评论摘要，写着日本和非洲人民斗争的消息。那边，在出站口的旁边，贴着一张讲卫生的宣传画；月台上，有两三个挑着箩筐的农民，正准备上车进城去；几步以外，站上一位工作人员（他就是站长）正在同列车主任商量着什么。

如果所有这些并没有引起你多大兴趣，那么，请你欣赏栽在这月台两端的杏花吧。杏花开得多艳，像一群天真烂漫的姑娘，眯起眼睛朝着火车张开笑脸。特别在这四面都是灰沉沉色调的深山里，它们笑得那么美，那么娇，连头顶上的太阳光也不得不减几分颜色。

你再看一下那月台中间，还有一座小小的喷水池。不，与其说喷水池，毋宁说是一个比较大的盆景，这里有青山，有深谷，青山上栽着尺把高的小榆树，深谷里还有一潭清水，清水中间还有个喷泉孔，水珠四射，把青山上的宝塔亭台，洗涤得十分光洁，一尘不染。

小站上没有敲钟发信号的设备，更不用说电铃了，只听得站长吹一长声哨子，火车就缓缓地离开，长啸一声，继续自己的征途。

也许它留给你的印象仍然不怎么深。可是，亲爱的同志，你不妨细想一下：这小站的工作人员，最多不超过十名。早晨的广播，他们自然都会听到的，那么，这黑板上的消息是写给谁看的呢？这两株盛开着的杏花，又是为谁栽着的呢？陆放翁当年曾经借野梅抒发自己的抑郁心怀："驿外断桥边，寂寞开无主。已是黄昏独自愁，更著风和雨。"这两株杏花可不同，它一不寂寞，二不是无主。

它的主人，正是日日夜夜、南来北往的千万旅客！

还有这盆景。它及不上苏州或者广州园艺家的杰作，也没有个雅致的名字，但是，你可曾想到它的设计者、建筑者的那份好心呢？一般说，在这种只停两三分钟的小站上，旅客是不太愿意下车溜达的，就是说，这盆景每天未必有太多的欣赏者。但这丝毫也没有影响小站上同志们对生活的热爱。即使两三分钟，甚至只有一两秒钟，他们也不放过机会，为你送去一份革命大家庭里的情谊，使你在迢迢旅途的每一个驿站上，都接触到一股温暖。

请想想，小站上同志们的心思多么细：这一段山路，两旁都是光秃秃的石头山，没有什么秀丽的景色。正当一丝寂寞、几分困乏向你悄悄袭来的时刻，在你面前，忽然出现一盆青山绿水、两株娇艳的杏花！

于是，你从心底浮起了深深的谢意和敬意，急于要向那些默默为祖国社会主义事业服务，为许许多多过往行人服务的同志们，表达你激动的心情。从车窗里匆匆伸出头去往回一看，小站却已笼罩在山坳的暮霭里了。

向儿童说我童年的故事[*]

一封短信当作序

编辑先生：

我们的生活艰难而严肃，终日绷着脸工作，难得有一瞬间真正的快乐。幸亏我有两个女儿，由于她们，邻家的孩子们常常到我家里来。晚饭后，他们便利用我休息的时候，围着我叫我讲故事。我想，从《格林童话》到《稻草人》，从《西游记》到《阿丽斯漫游奇境记》，他们都是听惯了的。我讲什么呢？我讲我自己的故事吧。这些故事也许是贫乏的，没有趣味的，但是他们不能从第二个人的口里听到，因为这些故事是我自己的。我不但讲了，而且还要写给《大公园地》，其中有两个原因：第一是因为我曾经真正感到过片时的快乐；第二是因为《大公园地》如果是一个公园，就不妨像许多公园似的，开辟一片小草地供儿童们在上边玩耍，不要单纯看大人们的愁眉苦脸。不知你以为如何？

* 作者为中国现代作家冯至，选自《冯至全集》第三卷，河北教育出版社，1999年12月版。原载1944年昆明《中国儿童》，又载1948年3月28日天津《大公报·大公园地》。

彩色的鸟

在热带地方是不难看见羽毛美丽的鸟的，但是在北方，在我的家乡，最普通的鸟儿只是喜鹊、鸽子、乌鸦、麻雀。你们想，这些鸟儿不是灰色的，就是黑色的，不然就是白色的；它们的羽毛怎么会十分美丽呢？但是我一打开我的图画书，就不同了，里边的鸟儿有蓝色的、绿色的、紫色的、白色的……它们真是美丽呀，若在我的笼子里哪怕是只养这么一只，我已经心满意足了。

可是，笼子里边只有麻雀，房檐底下只有鸽子窝。一天，还有一个人送给我一只乌鸦，长得那样丑，声音那样难听；母亲说，把它放了吧，我还有一些舍不得。天天饲养着这类鸟儿，有多么单调。

我问父亲："书上的彩色的鸟儿我们这里怎么都没有呢？"

父亲说："它们在这里不适宜生存。"

"不适宜生存"，我却有些不懂，什么叫作不适宜生存呢？

父亲继续说："水里的鱼不能在陆地上生存，空中的鸟不能在水里生存。冬天若是把你放在一个冰冷的房子里，你就会冻出病来。这都叫作不适宜生存。南方的彩色的鸟儿都惯于温暖，所以不喜欢飞到我们这个冷的地方来。"

我听着，似懂非懂，我只是更思念彩色的鸟了。但是彩色的鸟怎么也飞不到我们的天空。我想，彩色的鸟既然没有，我就要制造彩色的鸟。母亲能够把衣服染成蓝色、红色、绿色，我为什么不把我的麻雀也染成蓝色、红色、绿色呢？—— 一天，母亲在染衣服，我就把各样的颜色都偷偷地留起来一点。午后，母亲的衣服都染完了，挂在院子里飘扬，非常好看。我就开始从笼子里把麻雀取出来一个，染一个。有的染蓝的，有的染成彩色，一切都按照我的心意，染完了一个，觉得比图画上画的还好看些，心里很高兴。我自言自语地说："我们这里也有彩色的鸟了。"

第二天一睁眼，就想去看那些彩色的鸟。但是走到笼前一看，已经有三只鸟死了，等到下午，又死了几只。最后只剩下一只还活着。这只是没有全身染遍了颜色，我只在它的翅膀上染了一点红。我看着这些活泼泼的鸟一个一个地死去，很懊丧，我只好把它们埋在房后的空地里。忙了一天，到了晚上，我才得休息。同时我自己想："无论如何，我是有过彩色的鸟了，可惜它们这么快地就死去了。大半这就是父亲所说的道理吧，彩色的鸟儿在我们这里不适宜生存。"

表里的生物

我小时候，住在一座小城里，城里没有工厂，所以也没有机械的声音。我那时以为凡能发出声音的，都是活的生物，早晨有鸟叫得很好听，夜里有狗吠得很怕人，夏天蝉在绿树上叫，秋晚有各种的虫在草丛中唱不同的歌曲；钟楼上的钟不是活的，有时却洪亮地响起来，那是有一个老人在敲，街心有时响着三弦的声音，那是一个盲人在弹。哪里有死的东西会自己走动并且能自动地发出和谐的声音呢。

可是父亲怀里的表有时放在桌子上，不但它的秒针会自己动转，并且它坚硬的表盖里会发出清脆的声音：滴答，滴答……没有一刻的休息，这声音比蝉鸣要柔和些，比虫的歌曲要单调些。一天我对父亲说：

"我爱听这表的声音。"我一边说一边向着表伸出手来。父亲立刻把我的手拦住了，他说：

"只许听，不许动。"停了一会儿，他又添上一句：

"小孩子不许动表。"

他这么说，增加了表的神秘。"不要动"，里边该是什么东西在响呢？我对于它的好奇心也一天比一天增加。树上的蝉，草里的虫，都不轻易被人看见，我想：这里边一定也有一个蝉或虫一类的生物吧。这生物被父亲关在表里，不许小孩子动。

越不许我动，我的手指越想动，但是我又不敢，因此我很痛苦。这样过了许多天。父亲一把表放在桌子上，我的眼睛就再也离不开它。有一次，父亲也许看我的样子太可怜了，也许自己有什么高兴的事，他向我笑着说："你来，我给你看看表里是什么在响，可是只许看，不许动。"

没有请求，父亲就主动给我看，我高兴极了，同时我的心也加紧跳动。父亲取出一把小刀，把表盖拨开，在我的面前立即呈现出一个美丽的世界：蓝色的、红色的小宝石，钉住几个金黄色的齿轮，里边还有一个小尾巴似的东西不住地摆来摆去。这小世界不但被表盖保护着，还被一层玻璃蒙着。我看得入神，唯恐父亲再把这美丽的世界盖上。但是，过了一会儿，父亲终于把表盖上了。父亲的表里边真是好看。

此后我就常常请求父亲把他的表打开给我看，有时父亲答应我，有时也拒绝我，这要看他高兴不高兴。一回，父亲又把表打开了，我问：

"为什么还蒙着一层玻璃呢？"

"这就是叫你只许看，不许动。"父亲回答。

"为什么呢？"我又问。

"这摆来摆去的是一个小蝎子的尾巴，一动就要螫你。"

我吓了一跳，蝎子是多么丑恶而恐怖的东西，为什么把它放在这样一个美丽的世界里呢？但是我也感到愉快，证实我的猜测没有错：表里边有一个活的生物。我继续问：

"为什么把那样可怕的东西放在这么好的表里？"

父亲没有回答。我只想，大半因为它有好听的声音吧。但是一般的蝎子都没有这么好的声音，也许这里边的与一般的蝎子不同。

后来我见人就说："我有蟋蟀在钵子里，蝈蝈儿在葫芦里，鸟儿在笼子里；父亲却有一个小蝎子在表里。"

这样的话我不知说了多久，也不知道到什么时候才不说了。

猫儿眼

母亲有一个戒指，上面镶着一颗宝石，和猫儿的眼睛一样，我问母亲："这是什么石？"

母亲说："这是猫儿眼。"

当时我很不喜欢这颗猫儿眼。哪有眼睛只有一只的呢？

母亲说："这种宝石虽然不很贵，但是大小一样的一对，也不很容易配。"

"那么，"我说，"我宁愿意爱猫的真眼睛，它们总是一对，不大不小，完全一样。它们的瞳孔又会变化。谁爱这样的死东西呢。"

母亲笑着不理会我，从此我就爱看猫的眼睛。尤其是那变来变去的瞳孔，早晨和晚上是圆的，正午就变成一道线。

"你手上的猫儿眼有这样有趣的变化吗？"

母亲笑着，先是不回答我，随后说一声："没有。"我更觉得得意了。

在没有灯的黑暗的屋子里，我常常一不留神，就碰到桌子上，凳子上，猫儿却是跑来跑去，它从来没有碰到过。有一回它在最黑暗的地方捉到了一个老鼠。

"你的猫儿眼有这样好的眼力吗？"我又刁难母亲。

母亲更没有法子回答了，我更得意了。同时我心里想："母亲，你把你的猫儿眼戒指扔掉罢，就是不扔掉，也要收起来才好。"但我不敢说出口来，只是感到骄傲，母亲的手指上的猫儿眼，既是一只，又没有变化，又看不见老鼠，哪里有真的猫眼睛好呢？

从此我就因为眼睛而更爱我的猫了。

经过几个月，一天早晨，有人来告诉我说：不知为什么我的猫死了。有人说是病死的，有人说是被邻家的狗抓死的。我不管死的理由，急急忙忙跑到死猫的身边。我看它卧在廊檐下一动也不动。眼皮垂下来，再也看不见它的一对大圆眼睛了。我想，眼皮把这一对眼睛蒙住了，我若扒开它，这对眼睛一定还是那样美，我还可以向母亲骄傲。但是我把眼皮一扒开，哪里还有眼睛，简直像是两团用灰土和成的泥被涂在那里。

这一瞬间，我哭了。我跑到母亲那里，我什么话也说不出，我望着母亲手指上的猫儿眼仍旧放着光彩，一点儿也没有变，我几月的自得，几月的骄傲，一时都消散了。

他们那时候多有趣啊[*]

　　那天晚上，玛琪甚至把这件事记在自己的日记里了。在 2155 年 5 月 17 日这一页里她写道："今天，托米发现了一本真正的书！"

　　这是一本很旧的书。玛琪的爷爷有一次告诉她，当他还是一个小孩子的时候，他的爷爷对他讲，曾经有那么一个时候，所有的故事都是印在纸上的。

　　他们翻着这本书，书页已经发黄，皱皱巴巴的。他们读到的字全都静立不动，不像他们通常在荧光屏上看到的那样，顺序移动，真是有趣极了，你说是不是？读到后面，再翻回来看前面的一页时，刚刚读过的那些字仍然停留在原地。

　　"呀！"托米说，"多浪费呀！我想，这样的书一读完，就得扔掉。我们的电视屏幕一定给我们看过一百万本书了，可它还能继续给我们许许多多别的书看，我可不会把它扔掉！"

　　"我也不会扔掉。"玛琪说。她只有十一岁，读过的电视书不像托米读过的那样多。托米已经十三岁了。

　　她问："你在哪儿找到这本书的？"

---

[*] 作者为美国作家阿西莫夫，选自《12 类悬幻：世界科幻小说选粹》，施咸荣译，中国书籍出版社，2007 年 10 月版。

"在我们家。"他指了一下，可并没有抬起头，因为他正在全神贯注地看书。"在顶楼上。"他又说。

"书里写的什么？"

"学校。"

玛琪脸上露出鄙夷不屑的神情："学校？学校有什么好写的？我讨厌学校。"玛琪一向讨厌学校，而且现在比以往任何时候都更憎恶它。那个机器老师一次又一次地给她做地理测验，她一次比一次答得糟。最后她的妈妈发愁地摇了摇头，把教学视察员找了来。

教学视察员是个身材矮小的胖子，脸红扑扑的，带着一整箱工具，还有测试仪和电线什么的。他对她笑了笑，递给她一个苹果，然后把机器教师拆开。玛琪暗暗希望拆开以后他就不知道怎样重新装上，可他却偏偏知道。过了一小时左右，机器老师已经重新装好，黑乎乎的，又大又丑，上面还带着一个很大的荧光屏。在这个荧光屏上，映出所有的课文，还没完没了地提出问题。这倒也无所谓，最令她痛恨的东西是那个槽口——她非得把作业和试卷塞进去的那个口子。她总是要用那种打孔文字编程序似的把作业和答卷写出来。在她六岁的时候，他们就让她学会使用这种文字了。而那个机器老师便飞速地批出了分数。

视察员把机器调好以后，拍拍她的脑袋，笑着对她妈妈说："这不是小姑娘的错，琼斯太太。我认为是这个机器里的地理部分调得太快了些，这种事是常有的。我把它调慢了，已经适合于十岁年龄的孩子们的水平了。说实在的，她总的学习情况够令人满意的了。"说着，他又拍了拍玛琪的脑袋。

玛琪失望极了，她本来希望他们会把这个机器老师拿走。他们有一次就把托米的老师搬走了将近一个月之久，因为历史那部分的装置完全显示不出图像来了。

所以她对托米说："怎么会有人写学校呢？"

托米用非常高傲的眼光瞧了她一眼："因为它不是我们这种类型的学校，傻瓜。那是几百年前的那种老式学校。"接着他一字一顿说："几世纪前。"

玛琪很难过。"嗯，我不知道古时候他们有什么样的学校。"她从他肩膀后面看了一会儿那本书，开口说："不管怎么说，他们总得有一个老师吧？"

"当然，他们有个老师，可不是我们这样的老师。是一个真人！"

"一个真人？真人怎么会是老师呢？"

"是这样的，他只不过给孩子们讲讲课，留些作业，提提问题。"

"真人可没那么聪明。"

"当然聪明啦。我爸爸就和我的机器老师知道得一样多。"

"不可能。真人不可能知道得和老师一样多。"

"我敢打赌，我爸爸知道得差不多和它一样多。"

玛琪不打算争吵下去，便说："我可不想让一个陌生人到家里来教我功课。"

托米尖声大笑。"你不知道的事太多了，玛琪。那些老师才不到你家里上课呢。他们有一个专门的地方，所有的孩子都到那儿去上学。"

"所有的孩子都学一样的功课吗？"

"那当然，如果他们年龄一样的话。"

"可我妈妈说，一个老师是需要调整的，好适合他所教的每个男孩子和女孩子的智力。另外，对每个孩子的教法都应该是不同的。"

"他们那时候刚好不是那么做的。如果你不喜欢书里说的这些事，你就干脆别读这本书。"

"我没说我不喜欢。"玛琪急忙说。她很想知道那些有趣的学校究竟是怎么回事。

他们还没看完一半，这时，玛琪的妈妈喊了起来。

"玛琪！该上课了！"

玛琪抬起头来。"还没到时间呢，妈妈。"

"到了，"琼斯太太说，"托米差不多也快到点了。"

玛琪对托米说："托米，下课以后我可以和你一起再读读这本书吗？"

"也许可以。"他冷冷地回答。然后，他吹着口哨走开了，胳膊底下挟着那本满是灰尘的旧书。

玛琪走进上课的地方。课室就在她卧室隔壁。机器老师的开关已经打开，正等着她。除了星期六和星期日，它每天总是在相同的时间开启的。因为妈妈说，假如小姑娘每天都按一定的时间学习，成绩会更好一些。

电视屏幕亮起来了，开口说："今天的算术课讲分数的加法。请把昨天的作业放进槽口。"

玛琪叹了口气，照它的话做了。她脑子里还在想着当她爷爷的爷爷是个小孩子的时候，他们办的那种老式学校。附近一带所有的孩子都到一处去上学，他们在校园里笑呀，喊呀，他们一起坐在课堂里上课；上完一天的课，就一块儿回家。他们学的功课都一样，这样，在做作业的时候他们就可以互相帮助，有问题还可以互相讨论。

而他们的老师是真人……

机器老师正在屏幕上显现出这样的字："我们把 1/2 和 1/4 这两个分数加在一起——"

玛琪在想，在过去的日子里，那些孩子一定非常热爱他们的学校。她正在想，他们那时候多有趣啊！

北京的春节 *

按照北京的老规矩，过农历的新年（春节），差不多在腊月的初旬就开头了。"腊七腊八，冻死寒鸦"，这是一年里最冷的时候。可是，到了严冬，不久便是春天，所以人们并不因为寒冷而减少过年与迎春的热情。在腊八那天，人家里，寺观里，都熬腊八粥。这种特制的粥是祭祖祭神的，可是细一想，它倒是农业社会的一种自傲的表现——这种粥是用所有的各种的米，各种的豆，与各种的干果（杏仁、核桃仁、瓜子、荔枝肉、桂圆肉、莲子、花生米、葡萄干、菱角米……）熬成的。这不是粥，而是小型的农产展览会。

腊八这天还要泡腊八蒜。把蒜瓣在这天放到高醋里，封起来，为过年吃饺子用的。到年底，蒜泡得色如翡翠，而醋也有了些辣味，色味双美，使人要多吃几个饺子。在北京，过年时，家家吃饺子。

从腊八起，铺户中就加紧地上年货，街上加多了货摊子——卖春联的、卖年画的、卖蜜供的、卖水仙花的等等都是只在这一季节才会出现的。这些赶年的摊子都教儿童们的心跳得特别快一些。在胡同里，吆喝的声音也比平时更多更复杂起来，其中也有

＊ 作者为中国现代作家老舍，选自《老舍全集》第 14 卷，人民文学出版社，2008 年 8 月版。

仅在腊月才出现的，像卖宪书的、松枝的、薏仁米的、年糕的等等。

在有皇帝的时候，学童们到腊月十九日就不上学了，放年假一月。儿童们准备过年，差不多第一件事是买杂拌儿。这是用各种干果（花生、胶枣、榛子、栗子等）与蜜饯掺和成的，普通的带皮，高级的没有皮——例如：普通的用带皮的榛子，高级的就用榛瓤儿。儿童们喜吃这些零七八碎儿，即使没有饺子吃，也必须买杂拌儿。他们的第二件大事是买爆竹，特别是男孩子们。恐怕第三件事才是买玩意儿——风筝、空竹、口琴等——和年画儿。

儿童们忙乱，大人们也紧张。他们须预备过年吃的使的喝的一切。他们也必须给儿童赶快做新鞋新衣，好在新年时显出万象更新的气象。

二十三日过小年，差不多就是过新年的"彩排"。在旧社会里，这天晚上家家祭灶王，从一擦黑儿鞭炮就响起来，随着炮声把灶王的纸像焚化，美其名叫送灶王上天。在前几天，街上就有多少多少卖麦芽糖与江米糖的，糖形或为长方块或为大小瓜形。按旧日的说法：用糖粘住灶王的嘴，他到了天上就不会向玉皇报告家庭中的坏事了。现在，还有卖糖的，但是只由大家享用，并不再粘灶王的嘴了。

过了二十三，大家就更忙起来，新年眨眼就到了啊。在除夕以前，家家必须把春联贴好，必须大扫除一次，名曰扫房。必须把肉、鸡、鱼、青菜、年糕什么的都预备充足，至少足够吃用一个星期的——按老习惯，铺户多数关五天门，到正月初六才开张。假若不预备下几天的吃食，临时不容易补充。还有，旧社会里的老妈妈论，讲究在除夕把一切该切出来的东西都切出来，省得在正月初一到初五再动刀，动刀剪是不吉利的。这含有迷信的意思，不过它也表现了我们确是爱和平的人，在一岁之首连切菜刀都不愿动一动。

除夕真热闹。家家赶做年菜，到处是酒肉的香味。老少男女都穿起新衣，门外贴好红红的对联，屋里贴好各色的年画，哪一家都灯火通宵，不许间断，炮声日夜不绝。在外边做事的人，除非万不得已，必定赶回家来，吃团圆饭，祭祖。这一夜，除了很小的孩子，没有什么人睡觉，而都要守岁。

元旦的光景与除夕截然不同：除夕，街上挤满了人；元旦，铺户都上着板子，门前堆着昨夜燃放的爆竹纸皮，全城都在休息。

男人们在午前就出动，到亲戚家，朋友家去拜年。女人们在家中接待客人。同时，城内城外有许多寺院开放，任人游览，小贩们在庙外摆摊，卖茶、食品和各种玩具。北城外的大钟寺、西城外的白云观、南城的火神庙（厂甸）是最有名的。可是，开庙最初的两三天，并不十分热闹，因为人们还正忙着彼此贺年，无暇及此。到了初五六，庙会开始风光起来，小孩们特别热心去逛，为的是到城外看看野景，可以骑毛驴，还能买到那些新年特有的玩具。白云观外的广场上有赛轿车赛马的；在老年间，据说还有赛骆驼的。这些比赛并不争取谁第一谁第二，而是在观众面前表演骡马与骑者的美好姿态与技能。

多数的铺户在初六开张，又放鞭炮，从天亮到清早，全城的炮声不绝。虽然开了张，可是除了卖吃食与其他重要日用品的铺子，大家并不很忙，铺中的伙计们还可以轮流着去逛庙、逛天桥和听戏。

元宵（汤圆）上市，新年的高潮到了——元宵节（从正月十三到十七)。除夕是热闹的，可是没有月光；元宵节呢，恰好是明月当空。元旦是体面的，家家门前贴着鲜红的春联，人们穿着新衣裳，可是它还不够美。元宵节，处处悬灯结彩，整条的大街像是办喜事，火炽而美丽。有名的老铺都要挂出几百盏灯来，有的一律是玻璃的，有的清一色是牛角的，有的都是纱灯；有的各形各色，有的通通彩绘全部《红楼梦》或《水浒传》故事。这，在当年，也就是一种广告；灯一悬起，任何人都可以进到铺中参观；晚间灯中都点上烛，观者就更多。这广告可不庸俗。干果店在灯节还要作一批杂拌儿生意，所以每每独出心裁的，制成各样的冰灯，或用麦苗作成一两条碧绿的长龙，把顾客招来。

除了悬灯，广场上还放花盒。在城隍庙里并且燃起火判，火舌由判官的泥像的口、耳、鼻、眼中伸吐出来。公园里放起天灯，像巨星似的飞到天空。

男男女女都出来踏月、看灯、看焰火；街上的人拥挤不动。在旧社会里，女人们轻易不出门，她们可以在灯节里得到些自由。

小孩子们买各种花炮燃放，即使不跑到街上去淘气，在家中也照样能有声有光的玩耍。家中也有灯：走马灯——原始的电影——宫灯、各形各色的纸灯，还有纱灯，里面有小铃，到时候就叮叮地响。大家还必须吃汤圆呀。这的确是美好快乐的日子。

一眨眼，到了残灯末庙，学生该去上学，大人又去照常做事，新年在正月十九结束了。腊月和正月，在农村社会里正是大家最闲在的时候，而猪牛羊等也正长成，所以大家要杀猪宰羊，酬劳一年的辛苦。过了灯节，天气转暖，大家就又去忙着干活了。北京虽是城市，可是它也跟着农村社会一齐过年，而且过得分外热闹。

在旧社会里，过年是与迷信分不开的。腊八粥，关东糖，除夕的饺子，都须先去供佛，而后人们再享用。除夕要接神；大年初二要祭财神，吃元宝汤（馄饨），而且有的人要到财神庙去借纸元宝，抢烧头股香；正月初八要给老人们顺星、祈寿。因此那时候最大的一笔浪费是买香蜡纸马的钱。现在，大家都不迷信了，也就省下这笔开销，用到有用的地方去。特别值得提到的是现在的儿童只快活地过年，而不受那迷信的熏染，他们只有快乐，而没有恐惧——怕神怕鬼。也许，现在过年没有以前那么热闹了，可是多么清醒健康呢。以前，人们过年是托神鬼的庇佑，现在是大家劳动终岁，大家也应当快乐地过年。

原载 1951 年 1 月《新观察》第二卷第二期

鲁滨逊漂流记 * （节选）

　　我现在已经安排好了我的住所，发现绝对需要找到一个生火的地方和一些生火的木柴。我为这件事情干了些什么，还有我怎样挖大我那个洞，以及我做了哪些使生活方便的设备，我会原原本本地一一叙述的。但是，我首先要交代一下我自己和我对生活的想法，想法倒可以被认为真不少哩。

　　我对自己所处的状况，感到前景暗淡，因为我在前面说过，我要不是被一场风暴刮得远远地离开了预定的航线，随波逐流地漂行在海上的话，是不会被抛弃在这座荒岛上的。这就是说，偏离了通常的人类贸易航线几百里路，所以我完全有理由认为，这是天意，认为在这个荒凉的地方，而且在这样荒凉的处境中，我会活不下去的。我每次这样回想的时候，会满腔辛酸地从脸上滚下许许多多眼泪。有时候，我免不了会对自己发牢骚，造物主干吗要这么丝毫不留余地地把他所创造的生物置于死地，整治得他们这么惨，把他们抛弃在绝地，让他们叫天天不应，叫地地不灵，使他们这么心如死灰；为这样活着还要表示感谢上帝，实在不合理。

　　但是，我心里总是很快地涌起一个念头，阻止我这些想法，

* 作者为英国作家笛福，选自《鲁滨逊漂流记》，鹿金译，中国书籍出版社，2005年4月版。

而且责怪我。尤其是有一天,我手里拿着枪,在海边走着,想到我困在这样的处境中,心情非常忧郁。这时候,理性似乎从另一方面在劝我,说:"得了,你处境荒凉,这话不错,不过别忘了,你们其他人在哪儿呢?登上艇子的你们不是有十一个吗?那十个人在哪儿呢?干吗不是他们脱险,而你送了命?干吗偏偏是你独自个儿保全了一条命。是待在这儿比较好呢,还是在那儿?"接着,我指指海。在考虑灾祸的时候,一定要考虑到灾祸中包含着的幸福,还要考感到伴随着灾祸来的更大的幸福。

于是,我又想起我的生活资料是多么丰富,要不是出现这样的情况的话,我会是什么遭遇呢?这是千万分之一的机会,那艘海船居然会从它第一次撞击的地方漂起来,漂到离海岸这么近的地方,这使我有时间把船上的一切取出来。要是我不得不生活在最初登岸的地方那样的环境中,既没有生活必需品,又没有提供必需品和觅取必需品的工具的话,我会是什么遭遇呢?"尤其是,"我大声说(虽然是对自己),"要是我没有一杆枪,没有弹药,没有制造东西或者用来干活儿的工具,没有衣服、床垫被褥、一个帐篷,或者任何避免日晒雨淋的所在的话,我会是什么遭遇呢?"而这一切我现在都有足够的数量,而且很有希望,我在用完了我的弹药以后,不用枪也可以维持自己的生活,所以我有一个还算过得去的看法:只要我活着,我在生活中就不会缺少什么。因为我从一开始就考虑到,我会怎样来应付万一发生的什么意外,来应付总有一天一定会到来的事情,甚至考虑到在弹药用光以后怎么来应付,我的健康状况变差和我的体力衰退以后怎样来应付。

我承认,我原来压根儿没想到我的弹药会在一次爆炸中化为灰烬——我的意思是说，我的火药被闪电引爆。现在，我亲眼看到了闪电和霹雳，不由自主地想起了爆炸，真是大为震惊。

我既然身在一个令人忧伤的、没有言语交流的生活场景中，也许这种生活在世界上是前所未闻的，这种生活我要从一开头就接受，而且按照顺序继续过下去。根据我的估算，我是在九月三十日，按照上文所说的情况，第一次登上了这个荒无人迹的岛。当时，对我们来说正是秋分前后，大阳正好在我的头顶上，因为根据观察，我估计自己是在北纬九度二十二分的地方。

我在岛上待了十一二天以后，我忽然想到，由于没有本子、笔和墨水，我将没法估算日子，甚至分不清安息日和工作日。为了避免这种情况，我用刀子在一根大木杆上用大写字母刻了一些字，把木杆做成一个大十字架，把它竖在我第一次登岸的地方，这就是："一六五九年九月三十日，我在这里登岸。"在这根方木杆的侧面，我每天用刀子刻一道刻痕。每第七道刻痕比其他的长一倍；每月第一天的刻痕比长的刻痕又长一倍。这样，我就有了日历，或者说，记下了星期、月份和年份。

接下来，我们得来看一看一些东西了。我在上面说过，我几次到船上去，取出了许多东西。在那些东西中，有几件价钱虽然比较小，但是对我来说用处却一点不小。那些东西我以前没有记下过，譬如说，特别是笔啊，墨水啊，还有纸；在船长、大副、炮手和木匠保管的物品中找到的几个包裹、三四个罗盘、几件数学仪器，还有日晷啊，望远镜啊，海图啊，和航海书，我把它们一股脑儿堆在一起，不管它们对我有没有用。我还找到三本印刷精美的《圣经》，这是同我的货物一起从英国运来的，我上船的时候把它们同其他东西收拾在一起，放在行李里。还有一些葡萄牙语的书，其中有两三本是天主教的祈祷书和几本其他的书。这一切我都仔细保存着。我绝不可以忘掉，我们在船上有一条狗和两只猫。关于它们不同凡响的经历，我在适当的时刻不妨奉告一二。因为那两只猫是我带上岸的；至于那条狗，是在我带着第一批货上岸的第二天，它自己从船上跳出来，游上岸到我这儿来的，在以后的许多年里是我的可信任的仆役。我不稀罕它可以给我弄来的任何东西，也不稀罕它可以同我做伴，讨好我；我只需要它同我说话，但是这办不到。我前面说过，我找到了笔、墨水和纸，我尽最大的可能节省使用。我将证明，只要我还有墨水，就能把事情说得非常准确。但是墨水用完以后，我就办不到了，因为我想尽办法还是制造不出墨水来。

这使我不由得想起，尽管我收罗了这一切东西，还是缺少许多。墨水就是其中的一种，还有，譬如说，用来挖土或者运土的铲子啊，鹤嘴锄啊，铁锹啊，还有针啊，别针啊，线啊；至于内衣和内裤嘛，我很快就习惯不穿也不碍什么事。

缺乏工具使我干什么都困难重重，吃力不讨好。我几乎花了一年工夫才完全布置好我那片用栅栏围起来的小小的地方，或者说有围栏的住所。那些尖桩或者圆桩沉得很，我要使出全力才举得起。我花了好长的时间才砍下那些木材，在林子里加工，但是运回家去的时间更要长得多。所以我需要花两天时间砍成一根木桩，把它运回家，在第三天才把它打进地里。为了达到这个目的，我先用一根很沉的木棒，后来想到了用铁撬棒打。我尽管弄到了一根，然而打起桩来很费劲，而且叫人很厌烦。

但是，我既然不得不干这活儿，而我又有的是时间去干，有什么必要去操心厌烦呢？这活儿要是干完了的话，除了在岛上转悠，寻找吃的以外，那我也别无其他的事可干了。而觅食的事情，这是我天天或多或少得干的嘛。

我现在开始认真考虑我的状况和我落在其中的处境。我一一记下我经历的事情。我倒并不是因为非常想望把自身的遭遇传给后人才动笔，因为我可能没有后嗣，而是要把一直萦系在我心头、不断折磨着我的想法吐露出来。既然我的理智眼下开始控制我的沮丧心情，我开始尽可能地安慰自己，拿我的凶险遭遇同吉祥的做个对比，从中我可以找出一些事情来分辨出我的情况还不是糟糕透顶的。我按照簿记中借方和贷方的格式毫无偏见地如实记录我遇到的舒心事和我经受的痛苦：

◎坏事	◎好事
我被抛弃在一座可怕的荒岛上，没有丝毫生还的希望。	但是我还活着，没有同我的伙伴们一样被淹死。
我被上帝单独挑出来，可以说是与世隔绝，受尽苦难。	但是，我被上帝单独挑出来，免于死亡，而船上其他人员都已丧命。上帝既然创造了一个奇迹，救了我的命，也就有可能使我摆脱现状。
我被从人类中分离出来，成为一个孤独的人，一个人类社会的被放逐者。	但是，我在这片没法维持生计的荒芜的土地上既没有挨饿，也没有奄奄待毙。
我没有衣服穿。	但是，我身在热带，即使有衣服也不用穿。
我没有任何防御力量或者手段来抗拒人或者野兽的侵袭。	但是，我被抛弃在一个岛上，在这里我看不见会伤害我的野兽，在非洲海岸上，我却看见过。要是我的船在那儿失事的话，那怎么办呢？
我没有人可以同我说话，或者宽慰我。	但是，上帝神奇地把船送到离岸很近的地方，我已经从船上取出这么多的必需品，有些会解决我的需要，有些甚至够我用上一辈子。

整个说来，这无可怀疑地证明了一个事实：这是世界上少有的叫人受尽苦难的处境，但是其中也有一些值得宽慰的反面的或者说正面的东西。让这个情况成为从这场世界上苦难最深重的经历中得出的一条指示吧：我们总是可以从这里找到一些东西来宽慰自己，而且在记述好事和坏事的时候，把它们记在账本的贷方一栏里。

现在，我的脑子里对自己的处境已经有了一点儿焉知非福的想法，我就不再远眺大海，一心想看到一艘船的踪影了。我说，我既然放弃了这些想法，就着手调整我的生活方式，尽我可能把一切安排得舒舒服服。

我已经叙述过我的住所，那是搭建在陡壁底下的一座帐篷，它由桩子和锚链组成的牢固的栅栏围着。不过，我现在宁可管栅栏叫墙了，因为我在栅栏外面加了一层约莫两英尺厚的草泥墙。过一些日子——我想过一年半吧——我从墙上架起椽子，一直架到陡顶，然后用树枝或者诸如此类的东西盖住帐篷顶，用来挡雨，因为我发现，在一年的有些日子里，总是要下暴雨。

我已经说过，我是怎样把我的一切货物搬进这个栅栏和在我住所后面我自己挖的那个洞的。但是，我还必须说，起先这是一堆乱糟糟地混在一起的货物，杂乱无章地堆放着，占有了我的全部地方，我连转身的余地都没有。于是，我动手把我那个洞挖得更大，往地底挖得更深，因为那是结构疏松的砂岩，只要我使劲儿挖，是挺容易挖的。就这样，我在发现自己已经相当安全，不会受到猛兽的威胁以后，就在洞右的岩石上挖，挖了一阵子，然后再向右边挖，终于把石壁挖通了，可以通到我的栅栏或者说防御工事外面，我在那儿装了一扇门。这不但使我进出方便，而且可以说是一条通往我的帐篷和贮藏室的长通道，还给我提供了贮存货物的地方。

我发现有些必需品是我最最需要的，尤其是一把椅子和一张桌子，因为没有桌椅，我不能享受世上剩下的不多几件舒适的东西了。没有一张桌子，我就不能趣味盎然地写东西、吃饭或者做一些事情。

于是，我就干起来。但是，在这儿我必须说明，理智既然是数学的依据和根本，那么凭着用理智来阐明和衡量一切事情，凭着用最合乎理性的判断力来处理一切事情，人人或早或晚都可能掌握一切机械技术的。我以前从来没有摆弄过工具。然而，通过干活、运用和设计，到了一定时候，我终于发现，我什么都不缺乏，我样样都做得出，尤其是要是我有工具的话。然而，哪怕没有工具，我也做出了许多东西，还有一些是只用一把锛子和一把短柄斧做出来的。也许以前没有人用这种方法使用这两种工具，并且花过那无法估量的力气。譬如说，我要是需要一块木板的话，那我没有别的办法，只能砍断一棵树，把它横放在我前面，用短柄斧破砍它的两边，直到我把它砍得同一块木板一样厚薄为止，然后用我的锛子把它削平。没错儿，用这办法削木板，一棵完整的树只能削一块。但是，我没有别的更好的办法，只能靠耐心。我要削一块木板，就得花许许多多的时间和劳力。但是，我的时间和劳力谈不上有什么价值，所以干这或者干那都一个样。

不管怎样，我在前面已经说过，我首先给自己做了一张桌子和一把椅子。这是我用从海船上取出来、放在我的木筏上运来的短木板做的。但是，我在用前面所说的办法削出了木板以后，就做了一些一英尺宽的大架子，一股脑儿摞在洞的一边，放我的工具、铁钉和铁制品，总之，把每样东西，都分门别类地放在上面，各有各的位置。这样，我就可以方便地拿到它们。我在石壁上打了一些钉子，用来挂枪和所有需要挂的东西，所以要是我这个洞被人看到的话，它看来像一个存放一切必需品的综合性仓库。我把一切安排得随手可取；看到一切都放得这么整整齐齐，尤其是看到我的一切必需的库存量是这么多，真是我的极大的乐趣。

骑鹅旅行记 *（节选）

　　男孩简直不敢相信他会变成小狐仙。"这大概是一场梦、一种幻觉吧！"他想，"过一会儿我肯定还会再变成一个人。"

　　他站在镜子前面闭上眼睛，过了好几分钟才睁开。当时他估计怪样子肯定消失了。可是怪样子并没有消失，他仍然像刚才一样小。从别的方面看，他和以前完全一样。他那淡黄的头发、鼻子上的雀斑、皮裤和袜子上的补丁都和过去一模一样，只不过变得很小很小罢了。

　　他发现，光那样站着等待是无济于事的，一定得想别的办法。他觉得最聪明的做法就是去找小狐仙讲和。

　　他跳到地板上开始寻找。他把椅子和柜橱后面、沙发底下和烤炉里都看了一遍。他甚至还钻进了几个耗子洞里，但还是没有找到他。

　　他一边寻找一边哭喊、恳求和许愿。他说他再也不对任何人失信，再也不捣蛋，读讲章时再也不睡觉。只要他能重新变成人，他一定做一个可爱、温柔和听话的孩子。但是不管怎么许愿还是毫无用处。

* 作者为瑞典作家拉格洛芙，选自《骑鹅旅行记》，高子英等译，人民文学出版社，1980 年 4 月版。

他忽然想起，曾听母亲讲过，小狐仙平时都是住在牛棚里的。他立刻决定到那里去看看是否能找到他。幸好房门半开着，不然他还够不到锁无法开门呢，而现在他没碰到任何障碍就跑出去了。

他到了门廊下就找他的木鞋，因为在屋子里他一直是光穿着袜子走路的。他正想着他怎样才能拖动那双又大又重的木鞋，可是他立刻看见门槛上放着一双很小的木鞋。他发现小狐仙考虑得很周到，竟然把木鞋也变小了，于是就更加不安起来。看来这件令人烦恼的事日子还长着呢。

门廊外面那块破榭木板上有一只麻雀在跳来跳去。他一看见男孩就叫了起来："叽叽，叽叽，快看放鹅娃尼尔斯！快看拇指大的小人儿！快看拇指大的小人儿尼尔斯·豪尔耶松！"

院子里的鹅和鸡立即掉过头来盯着男孩，并发出了一阵使人无法忍受的咯咯声。"咯咯里咕，"公鸡叫道，"他活该，咯咯里咕，他扯过我的鸡冠！"

"咕咕咕，他活该！"母鸡们叫道，而且叫个没完没了。那些鹅则聚集在一起，仰起头问："是谁把他变成了这个样子？是谁把他变成了这个样子？"

然而最奇怪的是男孩听懂了他们说的话。他感到大为吃惊，竟一丝不动地站在台阶上听了起来。"这可能是因为我变成了小狐仙的缘故吧！"他自语着，"肯定是由于这个原因，我才听懂了禽兽说的话语。"

那些鸡没完没了地叫着"他活该，他活该！"使他实在无法忍受。捡起一块石头朝他们扔了过去，并骂道："住嘴！你们这群乌合之众！"

但是他没有想到，他已不再是原来的样子，鸡根本就不怕他。整群鸡都跑到他身边，站在他周围叫着："咕咕咕，你活该！咕咕咕，你活该！"

男孩想摆脱他们，可是那些鸡在他后面追着叫着，都快把他的耳朵吵聋了。如果不是家里养的那只猫走了出来，他是怎么也溜不掉的。他们一看见猫便住了嘴，装着聚精会神地在地上刨虫子吃。

男孩马上跑到猫跟前。"亲爱的猫咪，"他说，"院子里各个角落和暗洞你不是都很熟悉吗？请你告诉我，在哪里能找到小狐仙？"

猫没有立刻回答。他坐下来，把尾巴精心地在腿前盘成了一个圆圈，两眼盯着男孩。那是一只大黑猫，脖子下面有个白斑点。他的皮毛平滑，在阳光下闪闪发亮。他的爪子收缩着，灰白的眼睛眯成了一条细缝，样子十分温柔。

"我知道小狐仙住在什么地方，"他低声说，"但是这并不等于说我愿意告诉你。"

"亲爱的猫咪，你可得帮我的忙呀！"男孩说，"你没看见他把我变成什么样子了吗？"

猫稍稍睁了睁眼睛，里面射出了一道寒光。他先得意扬扬地念了一阵经，然后才回答："要我帮你的忙？是不是因为你经常揪我的尾巴？"他最后说。

这时男孩恼怒了。他已经完全忘了他现在是多么弱小无力。"怎么着？我还要揪你的尾巴！"他说着便向猫扑了过去。

转眼间，猫摇身一变，男孩几乎不敢相信他还是刚才那个动物。他全身的毛都竖了起来，拱起腰，伸直了腿，四脚抓地，尾巴变得粗而短，两耳朝后，嘴里嘶叫着，瞪大的眼睛冒着火星。

男孩对猫并不示弱，反而向前逼近了一步。这时猫突然一跃，径直朝他扑了过去，把他摔倒在地，跳到他身上，前爪按住他的胸口，对着他的咽喉张开了大嘴。

男孩感觉到猫的爪子穿过他的背心和衬衣刺进了他的肉皮，锋利的犬牙触到了他的咽喉上。他拼命地喊着救命。

可是一个人也没有来。他断定，他死亡的时刻到了。正在这时，他又觉得猫把爪子收了回去，松开了他的喉咙。

"好了，"猫说，"这回够了，看在女主人的面上，这次我饶了你。我只想让你知道，咱们俩现在究竟谁厉害。"

接着，猫就走开了，看上去像他来的时候一样温柔和善。男孩羞得连一句话也说不出来，赶紧溜到牛棚里去找小狐仙了。

牛棚里只有三头牛。但男孩进去的时候，却是吼声四起，一片混乱，听起来至少是三十头。

"哞，哞，哞。"那头名叫五月玫瑰的牛叫道，"好极了，天下还真有公道！"

"哞，哞，哞，"三头奶牛一齐叫起来。她们叫得一个比一个凶，男孩简直听不清她们叫的什么。

男孩想打听小狐仙在哪里，但是牛都吵翻了天，他根本无法使她们听见自己说的什么。那情景就像他平时把一只陌生的狗放进牛棚里时出现的情形一样。她们后腿乱踢，脖子乱晃，伸起头，把角对准了他。

"你过来，"名叫五月玫瑰的牛说，"我给你一蹄子，让你久久不能忘记！"

"你过来，"另一头名叫金百合的牛说，"我要让你在我的角上跳舞。"

"你过来，我也叫你尝尝去年夏天经常用木鞋打我的时候是什么滋味！"名叫星星的牛吼道。

"你过来，你曾经把马蜂放进我的耳朵，现在我要报仇！"金百合叫着。

五月玫瑰在她们中间年纪最大、最聪明，而且也最生气。"你过来，"她说，"你做的事都应该报应了。你曾多次从你母亲腿下抽走她挤奶时坐的小凳，你多次在你母亲提着奶桶走过时伸脚绊倒她，你多次气得她站在这里流眼泪！"

男孩想对她们说，过去他对她们不好，现在后悔了，只要告诉他小狐仙在哪里，以后他就再不捣蛋。但是牛都不听他说话。她们吵闹得非常凶，他真担心有的牛会挣断缰绳，所以他觉得还是趁早溜掉为妙。

他垂头丧气地从牛棚里走了出来。院子里不会有人帮他寻找小狐仙，这他是能够理解的。在这种情况下，即使找到小狐仙也没有多大用处。

他爬到了长满荆棘和黑莓藤蔓攀缘的厚石头围墙上。他在上面坐下来，思索着如果他不能变成人，后果将如何。父母亲从教堂回家后一定感到很吃惊。是的，全国都会吃惊；东威门荷格、陶里铺和司古罗铺都会有人来看；全威门荷格区都会有人来看。父母亲还可能会把他拿到克维克集市上去让大伙看呢。

这样一想太可怕了。他想，再没有人看见他才好呢。

他太不幸了。世界上没有任何人会像他那样不幸。他已不再是一个人，而是一个怪物了。

他渐渐开始明白，变不成人将是一种什么样的境况。现在他已经失去了一切：他再不能和其他孩子一起玩耍，不能继承父母的小田地，而且不能找到一个姑娘和他结婚。

他坐在那里环顾着自己的家。那是一座用石头砌墙、木头做支架的白色小房。好像被那高而陡的草顶压进了地里。其他附属的房屋也很小，耕地窄得几乎连马都无法在上面打滚。可是这地方无论怎么小怎么穷，对他来说已经够好的了。他现在除了在牛棚的地上找个洞外，再也不能要求更好的住所了。

这天天气好极了。水渠里流水潺潺，树上嫩芽满枝，小鸟在耳边欢唱。而他却坐在那里十分难过，再也不会有什么东西能引起他的兴致。

他从来没有见过天空像这样蓝。候鸟都回来了。他们从海外飞来，越过了波罗的海直奔斯密格虎克，正向北飞行。鸟的种类很多，但是别的鸟他都不认识，只认识那些排成"人"字形的大雁。

有几群大雁已经飞了过去。他们飞得很高，但是他们的叫声仍然能够听见："现在飞向高山，现在飞向高山。"

当大雁们看到在院子里漫游的家鹅时，就一边朝大地低飞一边喊着："跟我们来吧！跟我们来吧！现在飞向高山。"

家鹅不由得都抬起头听着大雁的叫声。但是他们聪明地回答说："我们这里生活得很好！我们这里生活得很好！"

如前所说，这天天气格外晴朗，空气清新，春风拂面，这时飞行真是一种享受。随着一群一群的大雁飞过，家鹅越来越动心了。他们中间有几只曾鼓翼欲飞，但是一只老母鹅总是说："别犯傻！他们一定会受冻挨饿的。"

大雁的呼叫却使一只年轻的雄鹅真的动了心。"再过来一群我就跟着飞去。"他说。

真的又过来一群大雁，他们照样呼唤。这时那只年轻的雄鹅答道："等一等！等一等！我就来。"

他张开翅膀朝天空飞去。但是他没有飞行的习惯，于是又落到了地上。

但大雁们还是听到了他的叫声。他们掉过头来慢慢地朝回飞，看他是不是真要跟着去。

"等一等！等一等！"他一面叫着一面进行新的尝试。

男孩坐在围墙上，对这一切都听得一清二楚。

"如果这只大雄鹅飞走，可是一个很大的损失，"他想，"父母从教堂回来时，雄鹅不见了，他们会伤心的。"

当他这样想的时候，他又忘记了他是多么弱小无力。他一下子从墙上跳下来，跑进鹅群里，用双臂抱住了雄鹅的脖子。"你可千万不要飞走啊！"他喊道。

恰恰就在这一瞬间，雄鹅学会了怎样腾空而起。他来不及抖掉男孩就飞向了天空。

他飞得那么快，男孩都感到头晕目眩了。等他想到应该放开雄鹅的脖子时，已经到了高空。如果他现在一松手，肯定会掉到地上摔死。

要想舒服一点，他唯一能做的就是设法爬到鹅背上去。他费了九牛二虎之力总算爬了上去了。然而要在两个扇动着的翅膀中间光滑的脊背上坐稳，也不是一件容易的事。为了不滑下来，他不得不用两手狠狠地抓住雄鹅的羽毛。

务虚笔记*（节选）

29

那无以计量的虚无结束于什么？结束于"我"。

我醒来，我睁开眼睛，虚无顷刻消散，我看见世界。

虚无从世界为我准备的那个网结上开始消散，世界从虚无由之消散的那个网结上开始拓展，拓展出我的盼望，或者随着我的盼望拓展……

30

我还记得我的第一次盼望。那是一个礼拜日，从早晨到下午，一直到天色昏暗下去。

那个礼拜母亲答应带我出去，去哪儿已经记不清了，可能是动物园，也可能是别的什么地方。总之她很久之前就答应了，就在那个礼拜日带我出去玩，这不会错；一个人平生第一次盼一个日子，都不会错。而且就在那天早晨母亲也还是这样答应的：去，当然去。我想到底是让我盼来了。起床，刷牙，吃饭，那是个春天的早晨，阳光明媚。走吗？等一会儿，等一会儿再走。我跑出

* 作者为中国当代作家史铁生，选自《务虚笔记》，人民文学出版社，2007年1月版。

去，站在街门口，等一会儿就等一会儿，我藏在大门后，藏了很久。我知道不会是那么简单的一会儿，我得不出声地多藏一会儿。母亲出来了，可我忘了吓唬她，她手里怎么提着菜篮？您说了去！等等，买完菜，买完菜就去。买完菜马上就去吗？嗯。这段时光不好挨。我踏着一块块方砖跳，跳房子，等母亲回来。我看着天看着云彩走，等母亲回来，焦急又兴奋。我蹲在土地上用树枝拨弄着一个蚁穴，爬着去找更多的蚁穴。院儿里就我一个孩子没人跟我玩儿。我蹲在草丛里翻看一本画报，那是一本看了多少回的电影画报，那上面有一大群比我大的女孩子，一个个都非常漂亮。我蹲在草丛里看她们，想象她们的家，想象她们此刻在干什么，想象她们的兄弟姐妹和她们的父母，想象她们的声音。去年的荒草丛里又有了绿色，院子很大，空空落落。母亲买菜回来却又翻箱倒柜忙开了。走吧，您不是说买菜回来就走吗？好啦好啦，没看我正忙吗？真奇怪，该是我有理的事呀？不是吗，我不是一直在等着，母亲不是答应过我了吗？整个上午我就跟在母亲腿底下：去吗？走吧，走吧，怎么还不走呀？走吧……我就这样念念叨叨地追在母亲的腿底下，看她做完一件事又去做一件事。我还没有她的腿高，那两条不停顿的腿至今都在我眼前晃动，它们不停下来，它们好几次绊在我身上，我好几次差点搅在它们中间把它们碰倒。下午吧，母亲说，下午，睡醒午觉再去。去，母亲说，下午，准去。但这次怨我，怨我自己，我把午觉睡过了头。醒来我看见母亲在洗衣服。要是那时就走还不晚。我看看天，还不晚。还去吗？去。走吧？洗完衣服。这一次不能原谅。我不知道那堆衣服要洗多久，可是母亲应该知道。我蹲在她身边，看着她洗。我一声不吭，盼着。

我想我再不离开半步，再不把觉睡过头，我想衣服一洗完我马上拉起她就走，决不许她再耽搁。我看着盆里的衣服和盆外的衣服，我看着太阳，看着光线。我一声不吭，看着盆里揉动的衣服和绽开的泡沫，我感觉到周围的光线渐渐地暗下去，渐渐地凉下去沉郁下去，越来越远越来越飘渺，我一声不吭，忽然有点儿明白了。我现在还能感觉到那光线漫长而急遽的变化，孤独而惆怅的黄昏到来，并且听得见母亲咔嚓咔嚓搓衣服的声音，那声音永无休止就像时光的脚步。那个礼拜日。就在那天。母亲发现男孩儿蹲在那儿一动不动，发现他在哭，在不出声地流泪。我感觉到母亲惊惶地甩了甩手上的水，把我拉过去拉进她的怀里。我听见母亲在说，一边亲吻我一边不停地说："噢，对不起，噢，对不起……"那个礼拜日，本该是出去的，去哪儿记不得了。男孩儿蹲在那个又大又重的洗衣盆旁，依偎在母亲怀里，闭上眼睛不再看太阳，光线正无可挽回地消逝，一派荒凉。

　　我平白地相信，这样的记忆也会是小姑娘O的记忆。无论在南方，还是在北方，小姑娘O必会有这样的记忆，只是她的那个院子也许更大、更空落，她的那块草地也许更大、更深茂，她的那片夕阳也许更大、更寂静，她的母亲也如我的母亲一样惊慌地把一个默默垂泪的孩子搂进怀中。不过O在其有生之年，却没能从那光线消逝的凄哀中挣脱出来。总是有这样的人，在残酷的春天我常感觉到他们的存在，无论是繁华还是偏僻的地方这世界上处处分布着他们荒凉的祈盼。O，无论是她死了还是她活着，从世界为我准备的那个网结上看，她都是蹲在春天的荒草丛中，蹲在深深的落日里的执拗于一个美丽梦境的孩子。

O一生一世没能从那春天的草丛中和那深深的落日里走出来，不能接受一个美丽梦境无可挽回地消逝，这便是O与我的不同，因故我还活着，而O已经从这个世界上离开。Z呢？在那个冬天的下午直至夜晚，他并没有落泪，也没有人把他搂进怀中，他从另一扇门中听见这世界中的一种消息，那消息进入一个男孩儿敏感的心，将日益膨胀喧嚣不止，这就是Z与我以及与O的不同。看似微小的这一点点儿不同，便是命运之神发挥它巨大想象力的起点。

别了，语文课*

自从我第三次默书不合格后，班主任张先生就给我调了位，从第四排第三行调到最前排的第一行。这样，上国语课的时候，张先生拿着课本讲书，总是不经意似的站在我的位子前边。这样，我不能竖起课本，用它来挡着先生的视线，在下边画公仔了；我不能偷偷写些笑话，把纸团传给坐在后边的同学了；我甚至不能假装俯下头看书，实际闭上眼睛打瞌睡了。

"陈小允。"张先生忽然叫我的名字，我心里"怦怦"地跳，站起来了。

"你回答我的问题，这一课寓言作者是谁？"张先生在向我提问。

唉，我虽然调到第一排，不敢画公仔，不敢传纸团，不敢打瞌睡，但不知为什么脑子总不能集中，刚才虽然双眼望着课本，但是思想溜到哪里去游逛了。我张着嘴要答话，但只能"嗯嗯"地发声，眼睛四处张望，希望有谁给我一点提示。

我看见坐在侧边的叶志聪，他故意龇着牙齿，双手像要拉紧

---

* 作者为中国香港儿童文学作家何紫，选自《别了语文课》，四川少年儿童出版社，1983 年 12 月版。

一个绳索。他真是我的救星！他的动作唤起我预习时的记忆，他"依"起牙齿拉绳索，对了，我急忙回答说："作者是伊索。"

张先生叫我坐下，我偷偷嘘一口气，回头对志聪眨眨眼睛，是对他感谢的眼色。

放学的时候我拉着志聪的手一起走，志聪对我扮个鬼脸说："你怎么搞的？坐在最前排也听不到先生讲书？你今天差点儿要留堂了。"

"别提了！说实在的，我不喜欢国语课，什么主题中心，什么词语解释，什么标点符号，什么文章体裁，这些东西都叫我发闷。"这是我的心里话。

"你不喜欢国语？我倒跟你相反，我觉得那是最有趣的一科，而且——你不喜欢也得啃，这是主要科，你不合格休想将来考到升中试！"

提起升中试，我就狠狠地把脚前一块石子踢得远远。志聪要拐个弯向那边走了，我说了声再见，便独自走我的路。我心里想：我实在并不是十分讨厌国语，但是提起默书就害怕，又要听默，又要背默，每次总有十来二十个字不会写，每次默书簿回来，张先生就把我叫到她身旁，责备我一番，督促我要好好改正，这样改正错字就写得手也酸软。我想，如果国语没有默书那一科，我大概也会喜欢国语的。

回到家里，妈妈叫我换了校服，说要带我到照相馆照相，我觉得奇怪。但妈妈催促着，我便忙着换了一套妈妈预备好的衣服——那是新年才穿的西装，还打领带，这样隆重我总觉得不寻常，到了照相馆，妈独个儿拍摄了半身像，接着我也拍摄了半身像。

回家的途中，妈妈才对我说了一点点儿：

"小允，我们一家要移民到中美洲去了，你喜欢吗？我们一家坐飞机呢！"

我听了搔搔头，心里有点高兴，我知道伯父住在中美洲的危地马拉，他在那边开了间商店。听妈妈说我们要移民到那里去，就是不再回来了。就问道：

"什么时候去？那么还要上学吗？"

"现在才办理手续，大约要再等一个月，当然还要继续上学啊！"

我知道我心里想的是什么，听到了要移民，我第一个念头就是以后不用再默书了，当然，我也知道将来到了外地，还是要再上学，也还一样要默书，但是，在那边，恐怕不用再默写那些艰深的中国字了吧？

我不知道是高兴还是发愁，妈妈打电话叫人来看家里的家什杂物，那套梳化椅要卖了，那电视机要卖了，那冰箱也要卖了，我心里总有点不是味儿。

第二天回到学校，班主任张先生又叫我到教员室去，我心里想："大约又要责备我默书不合格吧。不过，我最多让她唠叨两三次，以后，啊，以后这里什么事也和我不关痛痒了。"

果然，我看见张先生拿出我的默书簿，我低垂下头，默默地站在她身旁。她慢慢地翻开我的默书簿，第一页是三十分，第二页是四十分，第三页是四十五分，到了第四页，也是最近默书的一次，呀，我真不敢相信我的眼睛，是七十五分，不但合格，而且成绩居然不错。

张先生和蔼又严肃地说："陈小允，这次我叫你来，不是责备你了；你看，你的默书进步啦，今次只错了五个字，只要你上课留心听讲，回家勤恳温习，以后一定会进步更快的。你要知道，你是个堂堂正正的中国人，自己本国的文字也写不好，那不是笑话吗？小允，看见你默书进步我真高兴，我特地送你一份小小礼物，希望你继续努力。"

张先生说完了，从抽屉里拿出一本图书，书名是"怎样学好语文"。我接过张先生的图书，双手不禁颤抖起来。唉，我宁愿张先生像过去一样责备我，我真是个不长进的孩子，昨天听妈妈说要移民外国，居然第一个念头是高兴用不着再默写中国字了，但是，张先生对我的进步多么着急呀！

我离开教员室，看看张先生送给我的图书，不禁眼眶发热。回到课室的座位上，我翻开那本图书，第一段话映入眼帘：

"中国有悠久的历史，有优美的环境，长期地孕育着中国文化，使中国语言成为世界上最优美的语言之一。"

从来没有一本图书的内容这样震撼我的心灵，这一段话，好像有人用丰富的感情在我的耳畔诵读着。

钟声响了，第一堂是国语。以前我上这一门课时总是懒洋洋提不起劲，奇怪，今天我翻开国语书，另有一番滋味，我的脑子也忽然不再胡思乱想，全神贯注地听张先生授课，我为什么忽然会喜欢了国语科，觉得张先生每一句话都那么动听？这一堂课好像过得特别快，一下子就是下课钟声。

这天放学回家，我一口气读完张先生送给我的图书，这本书浅显地介绍了中国语文的发展，然后分述丰富的中国语文，简练的中国语文和优美的中国语文。最后还讲述学好中国语文的方法。我一下子对中国语文知道很多很多，我有点怪张先生，为什么不早点送这本书给我，让我早点知道中国语文的丰富和优越。我放下了书，走到爸爸跟前，问爸爸说：

"爸爸，我们将来移民到中美洲，我还有机会学习中国语文吗？"

爸爸说："我正为这件事操心。我知道那边华侨很少，没有为华侨办的学校。到了那儿，你便要学习那边的西班牙文。我担心你会渐渐忘记了中国语文了。"

我听了吓了一惊。我拿起一张报纸，单是大字标题就有不少字不认识，不要说报纸的内文了。我现在念五年级，可是因为我过去不喜欢国语科，语文实在学不好，大约实际只有三四年级的中文程度。

我张皇地拿出国语书，急急温习今天教过的课文，我觉得课文内容饶有趣味，我又拿出纸，用笔反复写熟新学的生字。我想起自己顶多还有一个月学习语文的机会，心里就难过，真希望把整本国语书，一下子全学会。

我一连两次默书都得到八十分，张先生每次都鼓励我；最近一次默书，我居然一个字也没有错，得到一百分！那天国语课，张先生拿出我的默书簿，翻开第一页给大家看，然后又翻到最后一页，高高举起让同学们看清楚。张先生说：

"陈小允的惊人进步是我们学习的好榜样。你们看，他学期开始默书总不合格，现在却得到一百分！"

有谁知道我心里绞痛！唉，语文课，在我深深喜爱上你的时候，我就要离开你了，我将要接受另一种完全不同的外语教育了，想到这里，我噙着泪。坐在我侧边的叶志聪看见，大惊说："张先生，陈小允哭啦！"

同学们都奇怪地注视着我。张先生走到我身旁，亲切地抚着我的头，说："小允，你为你的进步而哭吗？"

我抹拭着泪水，站起来，呜咽地说："张先生，我下星期要离开这里了，我们全家要移民到危地马拉，我……我再没有机会学习中国语文了。"

我的泪糊着眼睛，看不见同学和张先生的反应，只知道全班忽然异样地沉寂，张先生轻抚着我的头，叫我坐下。

离开这里的日子越来越逼近了。同学们都纷纷在我的纪念册上留言，声声叮嘱不要忘记中国，不要忘记中国语文。

这天，是我最后一次上国语课了，张先生带来一扎用鸡皮纸封好的包裹，她对全体同学说：

"陈小允是最后一天和大家相叙了。我们祝福他在外地健康快乐地成长。我没有什么送给他，只送他一套由小学六年级到中学五年级的语文课本，希望他远离祖国后，还可以好好自修，不要忘记母语。"

我接过这套书，心里极度难过。下课后，同学们都围上来，有人送我一本中文字典，有人送我一本故事书。他们的热情，使我一直热泪盈眶。

别了，我亲爱的老师，我亲爱的同学；我一定不会忘记中国语文，我会把我的默书簿一生一世留在身边，常常翻阅它，我会激励自己把中国语文自修好，像这本默书簿的成绩那样。

· 拓展阅读 ·

查找以下版本文章，阅读并思考与教材所选对应课文的异同：

1.《小蝌蚪找妈妈》，作者方惠珍、盛璐德，"幼儿文学60年经典"系列，中国少年儿童出版社，2009年6月版。

（补充阅读：《党和人民没有忘记我——访问〈小蝌蚪找妈妈〉的作者盛璐德》，作者盛祖宏，选自《人民教育》，1980年9期。）

2.《剃头大师》，作者秦文君，选自《调皮的日子》，春风文艺出版社，1998年1月版。

3.《方帽子店》，作者施雁冰，选自《儿童故事》，1949年第3卷第3期。

4.《乡下人家》，作者陈醉云，选自《名家散文百篇》，文化图书公司，1987年6月版。

5.《桂花雨》，作者琦君，选自《琦君散文》，浙江文艺出版社，2019年4月版。

6.《我的"长生果"》，作者叶文玲，选自《中学生阅读》，1985年第2期。

7.《腊八粥》，作者沈从文，选自《沈从文全集》第1卷，北岳文艺出版社，2002年12月版。

上述文章如未找到，可关注微信公众号"初阳台"（微信号：Guochuyang），在公众号中搜索所需篇名，即可阅读原文。

· 原作名与课文名对照表 ·

◎原作名	◎课文名	◎年级
大萝卜	拔萝卜	一年级
影子	影子	
口渴的冠乌	乌鸦喝水	
大鸦和狐狸	狐狸和乌鸦	
"咕咚"	咕咚	
一匹出色的马	一匹出色的马	二年级
小马过溪	小马过河	
小毛虫	小毛虫	
花的学校	花的学校	三年级
卖火柴的小女孩	卖火柴的小女孩	
总也倒不了的老屋	总也倒不了的老屋	
胡萝卜先生的胡子	胡萝卜先生的长胡子	
不会叫的狗	小狗学叫	
金色的草地	金色的草地	
杨梅	我爱故乡的杨梅	
农村的童年生活	读不完的大书	

◎原作名	◎课文名	◎年级
童年诗情二题	父亲、树林和鸟	三年级
一只灰雀	灰雀	
海燕	燕子	
一个少年的笔记	荷花	
昆虫备忘录	昆虫备忘录	
陶罐和铁罐	陶罐和铁罐	
北风和太阳	北风和太阳	
鹿和狮子	鹿角和鹿腿	
池塘与河流	池子与河流	
中国的石拱桥	赵州桥	
实验	蜜蜂	
尾巴它有一只猫	尾巴它有一只猫	
胰皂泡	肥皂泡	
呼兰河传（节选一）	火烧云	
"漏"	漏	
枣核	枣核	
繁星	繁星	四年级
一个豆荚里的五粒豆	一个豆荚里的五粒豆	
蟋蟀的住所和卵（节选）	蟋蟀的住宅	

◎原作名	◎课文名	◎年级
燕子窠	燕子窝	四年级
盘古开天辟地	盘古开天地	
普罗密修斯	普罗米修斯	
女娲补天	女娲补天	
麻雀	麻雀	
牛和鹅	牛和鹅	
一只窝囊的大老虎	一只窝囊的大老虎	
天窗	天窗	
玻璃棺材	琥珀	
白桦	白桦	
猫	猫	
母鸡	母鸡	
沙坪小屋的鹅	白鹅	
记金华的两个岩洞	记金华的双龙洞	
挑山工	挑山工	
自私的巨人	巨人的花园	
海的女儿	海的女儿	
落花生	落花生	五年级
珍珠鸟	珍珠鸟	

◎原作名	◎课文名	◎年级
猎人海力布	猎人海力布	五年级
金字塔夕照	金字塔夕照	
丁东草（三章）	白鹭	
月迹	月迹	
忆读书	忆读书	
呼兰河传（节选二）	祖父的园子	
月是故乡明	月是故乡明	
梅花魂	梅花魂	
青年刘伯承的故事	军神	
刷子李	刷子李	
我的朋友容容	我的朋友容容	
跳水	跳水	
傻子出国记（节选）	威尼斯的小艇	
荷兰风貌	牧场之国	
手指	手指	
童年的发现	童年的发现	
松鼠	松鼠	
鸟的天堂	鸟的天堂	
草原	草原	六年级

◎原作名	◎课文名	◎年级
丁香结·未解的结	丁香结	六年级
桥	桥	
穷人	穷人	
小站	小站	
向儿童说我童年的故事	表里的生物	
他们那时候多有趣啊	他们那时候多有趣啊	
北京的春节	北京的春节	
鲁滨逊漂流记（节选）	鲁滨逊漂流记（节选）	
骑鹅旅行记（节选）	骑鹅旅行记（节选）	
务虚笔记（节选）	那个星期天	
别了，语文课	别了，语文课